이썬 성능 높이기 2/e

파이썬 성능 높이기 2/e

프로그램 병목 찾기부터 파이썬 구현 선택, 병렬 시스템 확장까지

가브리엘레 라나로 지음

임혜연 옮김

| 지은이 소개 |

가브리엘레 라나로^{Gabriele Lanaro}

중대형 컴퓨터 시뮬레이션을 사용한 결정체의 형성과 성장 연구를 수행해왔다. 2017년 이론 화학에서 박사 학위를 취득했다. 머신 러닝과 수치 계산 시각화, 웹 기술에 관심사가 걸쳐 있다. 좋은 소프트웨어를 향한 열정을 갖고 있으며 오픈 소스 패키지인 chemlab, chemview의 저자다. 이 책의 초판인 『고성능 파이썬 프로그래밍』(에이콘, 2013)을 썼다.

비카스 티와리^{Vikas Tiwari}를 비롯한 팩트출판사 편집 팀의 지원에 감사드린다. 너무 오랫동안 책 쓰는 나날을 이해해야 했던 여자 친구 하라니^{Harani} 그리고 내내 함께 있어 주고 지원해준 친구들에게도 고마움을 전한다. 언제나처럼 야망을 추구할 기회를 주신 부모님께도 감사드린다.

마지막으로 전기와 카페인을 제공해 이 책의 실행 엔진에 힘을 실어준 블렌츠^{Blenz} 커피에 감사드린다.

| 기술 감수자 소개 |

윌 브레넌^{Will Brennan}

분자 역학 시뮬레이션을 작성한 경험이 있으며 런던에 거주하는 C++/파이썬 개발자다. 현재 고성능 이미지 처리 및 머신 러닝 애플리케이션을 개발하고 있다. 깃허브 https://github.com/WillBrennan을 참조하라.

| 옮긴이 소개 |

임혜연 (luvflute@gmail.com)

파이썬을 접한 후 파이썬 문법에 매료돼버린 개발자. 인간 언어와 프로그래밍 언어, 프론트엔드부터 백엔드까지 다 파고들고 싶은 욕심이 있는 사람이다. 옮긴 책으로 『데이터 접근 패턴』(에이콘, 2013), 『자연어 텍스트 처리를 통한 검색 시스템 구축』(에이콘, 2015)이 있다.

옮긴이의 말

파이썬은 최근에 굉장히 인기 있는 언어로 널리 쓰이고 있습니다. 머신 러닝부터 데이터 가공, 웹 애플리케이션까지 다양한 분야에서 파이썬을 활용할 수 있으며 사용하기 쉽고 직관적인 문법을 갖고 있어 진입 장벽도 낮은 편입니다. 그러나 또 개발자들은 파이썬으로 프로그램을 빨리 만들어 사용할 수는 있지만 규모가 커지면 성능상 문제가 일어날 것이기 때문에 중요한 곳에서는 사용할 수 없다고도 생각합니다. 그런 영역이 있을지도 모르지만, 저는 어쩌면 너무 빨리 파이썬을 포기하는 것이 아닐까 의심했습니다.

이 책은 파이썬을 사용하면서 충분한 성능을 얻을 수 있는 여러 가지 접근법에 대해 설명합니다. 첫 장에서는 일반적인 성능 개선에 대해 사용할 수 있는 프로파일링과 벤치마킹에 대해 다룹니다. 그 다음은 알고리즘과 데이터 구조 및 캐싱을 활용하는 순수 파이썬 최적화를 다룹니다. 데이터 분석에서 널리 사용되는 NumPy와 Pandas로 고속 배열 연산을 하는 방법도 설명하며, Cython으로 확장 파이썬 문법을 사용해 효율적인 C 코드를 얻고 사용하는 방법도 소개합니다. JIT 를 활용하는 파이썬 성능 개선 방법도 보여주며, 동시성과 병렬성, 분산 처리를 파이썬에서 구현하는 방법과 라이브러리에 대해서도 소개합니다. 이 과정에서 반응형 프로그래밍 개념, 테아노나 텐서플로, 스파크처럼 요즘 유명해진 라이브러리 등에 대해서도 소개합니다.

좀 더 확장된 파이썬 언어 구현이나 파이썬 성능을 높이는 다양한 방법에 대해 관심이 있다면 이 책이 좋은 길잡이 역할을 해줄 거라고 생각합니다.

언제나 제가 하는 일을 응원해주는 배우자와 책 내용에 관심을 가져주신 치킨 모임 사람들, 책을 만드는 과정 동안 함께해주신 에이콘출판사 여러분께 감사한 마음을 전합니다.

| 차례 |

1장   벤치마킹과 프로파일링   23

2장   순수 파이썬 최적화   57

| 들어가며 |

파이썬^{Python} 프로그래밍 언어는 문법이 직관적이고 재미있으면서 최고 품질의 서드파티 라이브러리가 다양한 덕분에 최근 몇 년 동안 급격히 큰 인기를 얻었다. 수많은 대학 입문 강좌와 고급 강좌에서 꼽힌 데 더해 과학과 엔지니어링 분야와 같이 집중적으로 숫자를 다루는 분야를 위해서도 선택됐다. 머신 러닝과 시스템 스크립팅, 웹 애플리케이션도 파이썬이 주로 활용되는 영역이다.

대부분이 C나 C++, 포트란^{Fortran}과 같은 저수준 언어에 비해 레퍼런스 파이썬 인터프리터인 CPython이 비효율적이라고 여긴다. CPython의 성능이 형편없는 이유는 프로그램 명령^{instruction}을 효율적인 기계어 코드로 컴파일하는 대신 인터프리터가 처리하기 때문이다. 인터프리터를 사용하면 이식성이 좋아지고 추가적 컴파일 단계가 없어지는 등 몇 가지 장점이 있지만 프로그램과 기계 사이에 간접 계층이 더해져 실행 효율성이 떨어진다.

몇 년에 걸쳐 CPython의 성능 문제를 극복하기 위해 많은 전략을 개발했다. 이 책의 목적은 그 간극을 메우고 일관적으로 파이썬 프로그램의 성능을 강하게 만들 방법을 가르치는 것이다.

이 책은 숫자를 다루는 코드 및 과학적 코드의 최적화를 다룰 뿐만 아니라 웹 서비스와 애플리케이션의 응답 시간을 개선하는 전략까지 다뤄 많은 독자들에게 도움될 것이다.

책을 처음부터 끝까지 차례대로 읽을 수도 있지만, 각 장을 독립적으로 설계했기 때문에 이전 주제에 이미 익숙하다면 관심 있는 부분으로 넘어갈 수 있다.

▌ 이 책에서 다루는 내용

1장, 벤치마크와 프로파일링 파이썬 프로그램 성능을 평가하는 방법과 코드의 느린 부분을 알아내고 고립시키는 실용적인 전략을 알려준다.

2장, 순수 파이썬 최적화 파이썬 표준 라이브러리와 순수 파이썬 서드파티 모듈이 제공하는 효율적인 데이터 구조와 알고리즘을 사용해 실행 시간을 수십 배 단위로 향상시키는 방법을 다룬다.

3장, NumPy와 Pandas를 사용한 고속 배열 연산 NumPy와 Pandas 패키지에 대해 안내한다. 이 패키지를 정복하면 빠르게 동작하는 수치적 알고리즘을 표현력 좋고 간결한 인터페이스로 구현할 수 있게 된다.

4장, Cython으로 C 성능 얻기 효율적인 C 코드를 생성하기 위해 파이썬 호환 문법을 사용하는 언어인 Cython을 살펴본다.

5장, 컴파일러 탐구 파이썬을 효율적 기계어 코드로 컴파일하는 데 사용할 수 있는 도구를 다룬다. 파이썬 함수를 최적화하는 컴파일러인 Numba와 파이썬 프로그램을 실행하면서 바로 최적화할 수 있는 대안 인터프리터인 PyPy를 사용하는 방법을 배운다.

6장, 동시성 구현 비동기 프로그래밍 및 반응형 프로그래밍에 대한 지침을 알아본다. 여기서는 주요 용어와 개념을 배우고, asyncio와 RxPy 프레임워크를 사용해 깔끔한 동시성 코드를 작성하는 방법을 시연할 것이다.

7장, 병렬 처리 다중 코어 프로세서와 GPU에서의 병렬 프로그래밍을 소개한다. multiprocessing 모듈을 사용하고 코드가 테아노^{Theano}와 텐서플로^{Tensorflow}를 사용하도록 해 병렬성을 얻는 법을 배운다.

8장, 분산 처리 대규모 문제와 빅데이터를 위한 분산 시스템에서 병렬 알고리즘을 실행하는 데 초점을 두고 7장의 내용을 확장한다. 대스크^{Dask,} 파이스파크^{PySpark}, mpi4py 라이브러리를 다룬다.

9장, 성능을 높이는 설계 고성능 파이썬 애플리케이션 개발과 테스트, 배포를 위한 일반적 최적화 전략과 모범 사례를 다룬다.

█ 준비 사항

이 책의 소프트웨어는 우분투 버전 16.04와 파이썬 버전 3.5 환경에서 테스트됐다. 그러나 예제 대부분이 윈도우와 맥OS X 운영체제에서도 실행된다.

파이썬과 연관 라이브러리를 설치할 때는 https://www.continuum.io/downloads에서 다운로드할 수 있는 리눅스 및 윈도우, 맥 OS X용 아나콘다^{Anaconda} 배포판을 사용하는 방법을 추천한다.

█ 이 책의 대상 독자

애플리케이션 성능을 개선하려는 파이썬 개발자를 대상으로 한다. 파이썬에 대한 기초 지식이 있다고 가정한다.

█ 편집 규약

이 책에서는 서로 다른 종류의 정보를 구별하기 위한 몇 가지 텍스트 스타일을 볼 수 있다. 여기서 몇 가지 스타일 사례와 그 스타일의 의미를 설명한다.

본문 중간의 코드 단어, 데이터베이스 테이블 이름, 폴더 이름, 파일 이름, 파일 확장자, 경로명, 더미 URL, 사용자 입력, 트위터 핸들은 다음과 같이 표시된다.

"요약하자면 ParticleSimulator.evolve_numpy라는 메소드를 구현하고 Particle Simulator.evolve_python으로 이름을 바꾼 순수 파이썬 버전 메소드와 비교해 벤치마크한다."

코드 블록은 다음과 같이 표시한다.

```
def square(x):
return x * x

inputs = [0, 1, 2, 3, 4]
outputs = pool.map(square, inputs)
```

코드 블록의 특정한 부분에 주의를 끌려고 하는 경우 관련 줄이나 대상은 굵게 표시한다.

```
def square(x):
return x * x

inputs = [0, 1, 2, 3, 4]
outputs = pool.map(square, inputs)
```

모든 명령행 입력과 출력은 다음과 같이 쓴다.

```
$ time python -c 'import pi; pi.pi_serial()'
real 0m0.734s
user 0m0.731s
sys 0m0.004s
```

새로운 용어와 **중요한 단어**는 굵은 글씨로 표시한다. 메뉴나 다이얼로그 박스처럼 화면에 표시되는 단어는 본문에 다음과 같이 나타낸다. "오른편에 Callee Map 탭을 클릭하면 함수 비용의 다이어그램이 표시된다."

경고나 중요한 노트는 이와 같이 나타낸다.

 팁과 요령은 이와 같이 나타낸다.

▌ 독자 의견

독자 의견은 언제나 환영한다. 좋은 점 또는 고쳐야 할 점에 대한 솔직한 의견을 말해주길 바란다. 독자 의견은 우리에게 매우 중요하다. 앞으로 더 좋은 책을 발행하는 데 큰 도움이 되기 때문이다.

일반적인 의견을 보내려면 전달하고자 하는 내용에 책 제목을 달아 feedback@packtpub.com으로 이메일을 보내면 된다.

여러분이 전문 지식을 가진 주제가 있고 책을 내거나 만드는 데 기여하고 싶다면 http://www.packtpub.com/authors에서 저자 가이드를 참조하길 바란다.

▌ 고객 지원

독자에게 최대의 혜택을 주기 위한 몇 가지 서비스를 제공받을 수 있다.

예제 코드 다운로드

이 책에서 사용된 예제 코드는 http://www.packtpub.com의 계정을 이용해 다운로드할 수 있다. 이 책을 다른 곳에서 구입했다면 http://www.packtpub.com/support를 방문해 등록하면 파일을 이메일로 직접 받을 수 있다.

다음 단계에 따라 코드 파일을 다운로드할 수 있다.

1. 이메일 주소와 암호를 사용해 웹사이트에 로그인하거나 등록한다.
2. 상단의 **SUPPORT** 탭에 마우스 포인터를 위치한다.
3. **Code Downloads&Errata**를 클릭한다.
4. **검색란**에 도서명을 입력한다.
5. 예제 코드 파일을 다운로드할 책을 선택한다.
6. 이 책을 구입한 드롭다운 메뉴에서 선택한다.
7. **코드 다운로드**를 클릭한다.

팩트출판사 웹사이트의 책 웹 페이지에서 코드 파일 버튼을 클릭해 코드 파일을 다운로 드할 수도 있다. 해당 페이지는 도서명을 검색해 접근할 수 있다. 단, 팩트출판사 계정으로 반드시 로그인해야만 한다. 파일을 다운로드한 후 다음의 최신 버전의 파일 압축 응용 프로그램을 사용해 폴더 또는 파일 압축을 해제한다.

- **윈도우용**: WinRAR/7-Zip
- **맥용**: Zipeg/iZip/UnRarX
- **리눅스용**: 7-Zip/PeaZip

이 책의 예제 코드는 https://github.com/PacktPublishing/Python-High-Performance-Second-Edition의 깃허브에서도 제공한다. https://github.com/PacktPublishing/에서 다양한 도서 및 비디오 카탈로그에 포함된 다른 예제 코드들을 제공하고 있다. 한번 방문해 확인해보자!

또한 에이콘출판사의 도서정보 페이지 http://www.acornpub.co.kr/book/python-high-2e에서도 코드 파일을 다운로드할 수 있다.

컬러 이미지 다운로드

이 책에서 사용하는 컬러 이미지를 제공한다. 컬러 이미지는 출력 결과의 변화를 더 잘 이해하는 데 도움이 될 것이다. 에이콘출판사 도서정보 페이지 http://www.acornpub. co.kr/book/python-high-2e에서 다운로드할 수 있다.

원서의 이미지를 확인하고 싶다면 다음의 주소에서 볼 수 있다. https://www.packt pub.com/sites/default/files/downloads/PythonHighPerformanceSecondEdition_ ColorImages.pdf

오탈자

오타 없이 정확하게 만들기 위한 모든 수단을 동원해서 책을 만들지만 실수가 있을 수 있다. 문장이나 코드에서 문제를 발견했다면 우리에게 알려주기 바란다. 다른 독자들의 혼란을 방지하고 차후 나올 개정판을 개선하는 데 도움이 되기 때문이다. 오류를 발견했다면 http://www.packtpub.com/submit-errata에서 책 제목을 선택하고 Errata Submission Form 링크를 클릭해 자세한 내용을 입력할 수 있다. 보내준 오류 내용이 확인되면 웹사이트에 그 내용이 올라가거나 해당 서적의 정오표 부분에 그 내용이 추가될 것이다.

기존 오류 수정 내용은 https://www.packtpub.com/books/content/support 검색창에 책 제목을 입력해보라. Errata 절 하단에 필요한 정보가 나타날 것이다.

한국어판은 에이콘출판사의 도서정보 페이지 http://www.acornpub.co.kr/book/ python-high-2e에서 찾아볼 수 있다.

저작권 침해

인터넷에서의 저작권 침해는 모든 매체에서 벌어지고 있는 심각한 문제다. 팩트출판사에

선 저작권과 라이선스 보호를 매우 심각하게 인식하고 있다. 어떤 형태로든 팩트출판사 서적의 불법 복제물을 인터넷에서 발견했다면 적절한 조치를 취할 수 있도록 해당 주소나 사이트명을 알려주길 바란다.

의심되는 불법 복제물 링크를 copyright@packtpub.com으로 보내주길 바란다. 저자를 보호하고 가치 있는 내용을 계속 만들 수 있도록 도와주는 독자 여러분의 마음에 깊은 감사의 뜻을 전한다.

질문

이 책과 관련해서 어떠한 종류의 질문이라도 있다면 questions@packtpub.com으로 문의하길 바란다. 최선을 다해 질문에 답하겠다. 한국어판에 관한 질문은 이 책의 옮긴이나 에이콘출판사 편집 팀(editor@acornpub.co.kr)으로 문의해주길 바란다.

01

벤치마킹과 프로파일링

코드 실행 속도를 높이는 데 있어서 프로그램의 실행이 느린 부분이 어디인지 인식하는 일이 가장 중요하다. 다행히 대부분의 경우 애플리케이션을 느리게 만드는 코드는 프로그램 코드의 매우 작은 부분일 뿐이다. 이렇게 속도에 결정적인 부분을 알아내 미세한 최적화에 시간을 낭비하지 않고 개선이 필요한 부분에 집중할 수 있다.

프로파일링Profiling은 애플리케이션에서 가장 자원이 집중되는 지점을 정밀하게 찾아내는 기법이다. 프로파일러Profiler는 애플리케이션을 실행시키고 각각의 함수 실행에 드는 시간을 모니터링해 애플리케이션이 실행 중 가장 많은 시간을 보내는 함수를 찾아내는 프로그램이다.

파이썬은 이러한 병목bottleneck을 찾아내고 중요한 성능 지표를 측정하는 데 도움을 주는 몇 가지 도구를 제공한다. 1장에서는 표준 cProfile 모듈과 line_profiler 서드파티 패키지의 사용법을 학습하겠다. `memory_profiler` 도구로 애플리케이션의 메모리 사용량을 프로파일링하는 방법도 배울 것이다. 다양한 프로파일러에서 생성한 데이터를 시각적으로 보여주는 데 사용할 수 있는 유용한 도구인 KCachegrind도 다룬다.

벤치마크는 애플리케이션의 실행 시간 전체를 측정하는 데 사용하는 작은 스크립트다. 벤치마크를 작성하는 방법과 프로그램의 실행 시간을 정확히 기록하는 법을 배우겠다.

1장에서 다룰 주제는 다음과 같다.

- 고성능 프로그래밍의 일반적 원칙
- 테스트와 벤치마크 작성
- 유닉스 time 명령
- 파이썬 timeit 모듈
- pytest를 이용한 테스트와 벤치마크
- 애플리케이션 프로파일링
- cProfile 표준 도구
- KCachegrind로 프로파일링 결과 해석하기
- line_profiler와 memory_profiler 도구
- dis 모듈을 통해 파이썬 코드 역어셈블disassemble하기

▌ 애플리케이션 설계

성능 집중적 프로그램을 설계할 때 가장 처음 할 일은 사소한 최적화에 구애받지 않고 코드를 작성하는 것이다.

> "너무 이른 최적화는 만악의 근원이다."

> – 도날드 크누스Donald Knuth

프로그램을 개발하는 초반 단계에서는 설계가 빠르게 변경될 수 있어서 코드베이스를 대량으로 다시 작성하거나 조직해야만 할 수 있다. 최적화의 부담 없이 다양한 프로토타입을 테스트함으로 프로그램이 올바른 결과를 내고 설계가 유연해지도록 시간과 에너지를 마음껏 쏟을 수 있다. 빠르지만 잘못된 답을 주는 애플리케이션을 누가 필요로 하겠는가?

코드를 최적화할 때 기억해야 하는 주문mantra은 다음과 같다.

- **동작하게 만들라**: 소프트웨어가 작동하는 상태로 만들어야 하고, 그 소프트웨어가 올바른 결과를 생성함을 보증해야 한다. 이 탐색 단계는 애플리케이션을 더 잘 이해하게 하고 주요 설계 문제를 이른 단계에서 찾아내게 한다.
- **올바르게 만들라**: 프로그램 설계가 견고함을 보장할 필요가 있다. 성능 최적화를 시도하기 전에 리팩터링을 마쳐야 한다. 애플리케이션을 관리하기 쉬운 독립적이고 응집된 단위로 분리하면 도움이 된다.
- **빠르게 만들라**: 프로그램이 동작하며 잘 구조화된 다음에는 성능 최적화에 집중할 수 있다. 메모리 사용량이 문제가 되는 경우 메모리 사용량도 최적화하고 싶을 수 있다.

이번 절에서는 입자 시뮬레이터라는 테스트 애플리케이션을 작성하고 프로파일링하겠다. 이 시뮬레이터는 몇 개의 입자를 두고 거기 적용하는 규칙을 따르는 입자의 움직임을 시간에 따라 시뮬레이트한다. 이 입자는 추상적 개체이거나 물리적 대상일 수 있다. 예를 들면 테이블 위에서 움직이는 당구공이나 가스 분자, 우주 속에서 움직이는 별, 연기 입자smoke particle, 방 안의 유체 등이다.

컴퓨터 시뮬레이션은 물리학과 화학, 천문학, 그 외 여러 분야에 유용하다. 시스템을 시뮬레이트히는 데 사용되는 애플리케이션은 특히 성능 집약적이며 과학자와 엔지니어 들은 이 코드를 최적화하는 데 과도하게 시간을 쓴다. 실제적 시스템을 연구하기 위해 종종 아주 많은 수의 물체와 작은 성능 증가분을 시뮬레이트해야 하는 경우가 있다.

첫 번째 예제에서는 시계의 두 팔과 같이 중심점 주변을 다양한 속도로 끊임없이 도는 입자를 포함하는 시스템을 시뮬레이트하겠다.

시뮬레이션을 실행하는 데 필요한 정보는 입자의 시작 위치, 속도, 회전 방향이다. 이러한 요소로부터 다음 순간에서의 입자 위치를 계산해야만 한다. 다음 그림에 예제 시스템을 나타냈다. 시스템의 원점은 (0, 0)이고, 위치는 x, y로 표시되며 속도는 vx, vy 벡터로 표시된다.

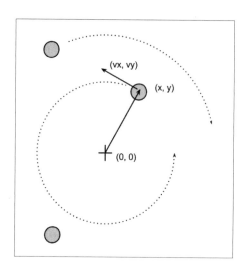

원운동은 기본적으로 입자가 언제나 입자와 중심점을 잇는 선에 수직인 방향으로 움직인다는 특징이 있다. 입자를 움직이기 위해, 다음 그림에서 보여주는 바와 같이 아주 작은 단계를 연속으로 취해(시스템을 아주 작은 시간 간격만큼 진행시키는 것에 해당) 간단히 움직임의 방향에 따라 위치를 바꾼다.

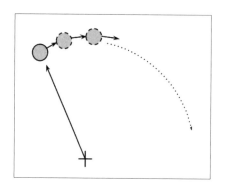

애플리케이션을 객체지향적 방식으로 설계하는 것부터 시작하자. 요구 사항에 따르면 입자 위치 x, y와 각속도 ang_vel을 저장하는 포괄적인 Particle 클래스를 두는 것이 자연스럽다.

```python
class Particle:
    def __init__(self, x, y, ang_vel):
        self.x = x
        self.y = y
        self.ang_vel = ang_vel
```

모든 매개변수의 값에 양수와 음수를 허용한다(ang_vel의 부호는 단순히 회전의 방향을 결정함).

ParticleSimulator라는 또 다른 클래스는 움직임의 법칙을 캡슐화하고 시간에 따라 입자의 위치를 변경하는 책임을 맡는다. __init__ 메소드는 Particle 인스턴스의 리스트를 저장하고 evolve 메소드는 법칙에 따라 입자의 위치를 변경한다.

입자들이 x=0, y=0 좌표에 해당하는 위치 주변을 일정한 속도로 회전하게 하려고 한다. 입자의 방향은 언제나 중심으로부터의 방향과 수직이다(1장 첫 그림을 참조하라). x, y축을 따르는 움직임의 방향(파이썬의 v_x와 v_y 변수에 해당함)을 찾으려면 다음 수식으로 충분하다.

```python
v_x = -y / (x**2 + y**2)**0.5
v_y = x / (x**2 + y**2)**0.5
```

얼마만큼의 시간 t가 지난 후에 입자 중 하나를 움직이게 했다면 원 경로를 따라 다른 위치에 이를 것이다. 시간 간격 t를 입자가 원의 접선에 따라 이동하는 아주 작은 시간 단계로 나누어 원형 궤적에 근사시킬 수 있다. 최종 결과는 원운동의 근사치일 뿐이다. 다음 그림에서 그린 것처럼 강하게 발산divergence하지 않게 하려면 아주 작은 시간 간격을 취해야 한다.

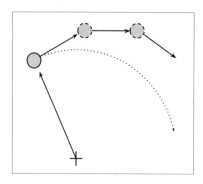

더욱 개략적인 방식으로, 시간 t에서 입자 위치를 계산하기 위해 다음 단계를 수행해야 한다.

1. 움직임의 방향을 계산한다(v_x와 v_y).

2. 시간 단계와 각속도, 회전 방향의 곱인 변위(d_x와 d_y)를 계산한다.

3. 전체 시간 t가 될 만큼 충분한 만큼 단계 1,2를 반복한다.

다음 코드는 완전한 ParticleSimulator 구현이다.

```
class ParticleSimulator:
    def __init__(self, particles):
        self.particles = particles

    def evolve(self, dt):
        timestep = 0.00001
        nsteps = int(dt/timestep)

        for i in range(nsteps):
            for p in self.particles:
                # 1. 방향을 계산한다
                norm = (p.x**2 + p.y**2)**0.5
                v_x = -p.y/norm
                v_y = p.x/norm

                # 2. 변위를 계산한다
```

```
        d_x = timestep * p.ang_vel * v_x
        d_y = timestep * p.ang_vel * v_y

        p.x += d_x
        p.y += d_y
        # 3. 모든 시간 단계를 반복한다
```

입자를 시각화하기 위해 matplotlib 라이브러리를 사용할 수 있다. 이 라이브러리는 파이썬 표준 라이브러리에 포함돼 있지 않고, pip install matplotlib 명령으로 쉽게 설치할 수 있다.

 그렇지 않으면 matplotlib과 이 책에서 사용하는 대부분의 서드파티 패키지를 포함하는 아나콘다 파이썬 배포판(https://store.continuum.io/cshop/anaconda/)[1]을 사용할 수도 있다. 아나콘다는 무료이며 리눅스, 윈도우, 맥에서 사용할 수 있다.

대화형 시각화 결과를 만들기 위해, 입자를 점으로 표시하는 데는 matplotlib.pyplot.plot 함수를 사용하고, 시간의 흐름에 따라 입자가 진전하는 모습을 애니메이션으로 표현하는 데는 matplotlib.animation.FuncAnimation 클래스를 사용하겠다.

visualize 함수는 하나의 ParticleSimulator 인스턴스를 인자로 받아 움직이는 도표^{plot}에 궤적을 표시한다. matplotlib 도구를 사용해 입자 궤적을 표시하는 데 필요한 단계는 다음과 같다.

- 축을 설정하고 plot 함수를 사용해 입자를 표시한다. plot 함수는 x와 y 좌표 리스트를 받는다.
- 초기화 함수 init과 line.set_data 메소드를 사용해 x와 y 좌표를 갱신하는 함수 animate를 작성한다.

---

1   2018년 11월 기준, https://www.anaconda.com/download/로 링크가 변경됐다. – 옮긴이

- init과 animate 함수, 갱신 주기를 나타내는 interval 매개변수, 이미지의 갱신 속도를 향상시키는 blit을 전달해 FuncAnimation 인스턴스를 생성한다.
- plt.show( )로 애니메이션을 실행한다. 입자를 표시하기 위해 축을 설정하고 plot 함수를 사용한다. plot은 x와 y 좌표 리스트를 받는다.

```python
from matplotlib import pyplot as plt
from matplotlib import animation

def visualize(simulator):
    X = [p.x for p in simulator.particles]
    Y = [p.y for p in simulator.particles]

    fig = plt.figure()
    ax = plt.subplot(111, aspect='equal')
    line, = ax.plot(X, Y, 'ro')

    # 축 한계
    plt.xlim(-1, 1)
    plt.ylim(-1, 1)

    # 이 코드는 애니메이션이 시작할 때 실행될 것이다
    def init():
        line.set_data([], [])
        return line, # 쉼표가 중요하다!

    def animate(i):
        # 0.01 시간 단위만큼 입자를 진전시킨다
        simulator.evolve(0.01)
        X = [p.x for p in simulator.particles]
        Y = [p.y for p in simulator.particles]

        line.set_data(X, Y)
        return line,
```

```
# animate 함수를 10ms마다 호출한다
anim = animation.FuncAnimation(fig,
                               animate,
                               init_func=init,
                               blit=True,
                               interval=10)
plt.show()
```

테스트를 위해 서로 다른 방향으로 회전하는 3개의 입자로 구성된 시스템을 애니메이트하는 작은 함수 test_visualize를 정의했다. 세 번째 입자가 다른 입자보다 세 번의 회전을 더 빨리 마친다.

```
def test_visualize():
    particles = [Particle(0.3, 0.5, 1),
                 Particle(0.0, -0.5, -1),
                 Particle(-0.1, -0.4, 3)]

    simulator = ParticleSimulator(particles)
    visualize(simulator)

if __name__ == '__main__':
    test_visualize()
```

test_visualize 함수는 시스템 시간 진전을 시각적으로 이해하는 데 도움이 된다. 다음 절에서 엄밀하게 프로그램의 정확성을 검증하고 성능을 측정하기 위한 더 많은 테스트 함수를 작성하겠다.

█ 테스트와 벤치마크 작성하기

이제 동작하는 시뮬레이터가 있으므로 시뮬레이터가 가능한 많은 입자를 처리할 수 있도록 성능 측정을 시작하고 코드를 조정할 수 있다. 첫 번째 단계로 테스트와 벤치마크를 작성하겠다.

시뮬레이션의 결과가 올바른지 아닌지 검사할 테스트가 필요하다. 일반적으로 여러 가지 전략을 사용해 프로그램을 최적화한다. 코드를 여러 번 다시 작성하는 데 따라서 버그가 쉽게 생길 수도 있다. 견고한 테스트 스위트는 매 이터레이션마다 구현이 올바름을 보장해, 테스트 스위트를 통과한다면 코드는 여전히 예상대로 동작한다고 믿고 최적화에 열중하며 새로운 방법을 시도할 수 있다.

테스트는 세 개의 입자를 받아 0.1시간 단위로 시뮬레이트해서 결과를 레퍼런스 구현과 비교하겠다. 애플리케이션의 서로 다른 측면(이나 부분) 각각에 대해 별도의 함수를 사용하면 테스트를 조직화하기에 좋다. 현재 테스트하려는 기능이 evolve 메소드에 포함돼 있으므로 테스트 함수의 이름은 test_evolve로 하겠다. 다음 코드는 test_evolve 구현을 보여준다. 이번 경우에는 fequal 함수를 통해 정해진 정밀도까지만 부동 소수점 숫자를 비교한다.

```
def test_evolve():
    particles = [Particle( 0.3,  0.5, +1),
                 Particle( 0.0, -0.5, -1),
                 Particle(-0.1, -0.4, +3)]

    simulator = ParticleSimulator(particles)

    simulator.evolve(0.1)

    p0, p1, p2 = particles

    def fequal(a, b, eps=1e-5):
        return abs(a - b) < eps

    assert fequal(p0.x, 0.210269)
    assert fequal(p0.y, 0.543863)
```

```
        assert fequal(p1.x, -0.099334)
        assert fequal(p1.y, -0.490034)

        assert fequal(p2.x,  0.191358)
        assert fequal(p2.y, -0.365227)

if __name__ == '__main__':
    test_evolve()
```

테스트는 기능이 올바르게 동작함을 보장하지만 실행 시간에 대한 정보는 거의 제공하지 않는다. 벤치마크는 애플리케이션의 실행 시간을 평가하기 위해 실행할 수 있는 단순하고 전형적인 사용 사례다. 벤치마크는 구현하는 새로운 버전마다 프로그램이 얼마나 빠르게 동작하는지를 나타내는 점수를 남겨두는 데 유용하다.

임의의 좌표와 각속도를 갖는 천 개의 Particle 개체 인스턴스를 만들고 이들을 Particle Simulator 클래스에 먹여서 전형적인 벤치마크를 작성할 수 있다. 그 다음 시스템을 0.1 시간 단위로 진전시킨다.

```
from random import uniform

def benchmark():
    particles = [Particle(uniform(-1.0, 1.0),
                 uniform(-1.0, 1.0),
                 uniform(-1.0, 1.0))
                 for i in range(1000)]

    simulator = ParticleSimulator(particles)
    simulator.evolve(0.1)

if __name__ == '__main__':
    benchmark()
```

벤치마크 시간 측정하기

유닉스 time 명령을 통해 벤치마크에 드는 시간을 아주 간단히 측정할 수 있다. time 명령을 다음과 같이 사용하면 임의의 프로세스 실행 시간을 쉽게 측정할 수 있다.

```
$   time python simul.py
real    0m1.051s
user    0m1.022s
sys     0m0.028s
```

 time 명령은 윈도우에서는 사용할 수 없다. 윈도우에 time과 같은 유닉스 도구를 설치하려면 공식 웹사이트(http://www.cygwin.com/)에서 다운로드해 cygwin 셸을 사용할 수 있다. 아니면 Measure-Command(https://msdn.microsoft.com/en-us/powershell/reference/5.1/microsoft .powershell.utility/measure-command)와 같은 유사한 파워셸(PowerShell) 명령을 실행 시간 측정에 사용할 수도 있다.

기본적으로 time은 세 가지 수치를 표시한다.

- real: 사람이 초시계로 잰 것처럼 프로세스 실행의 시작부터 끝까지 사용된 시간
- user: 계산하는 동안 모든 CPU가 사용한 누적 시간
- sys: 메모리 할당처럼 시스템 연관 작업 동안 모든 CPU가 사용한 누적 시간

여러 프로세서가 병렬로 작업하기 때문에 종종 user + sys가 real보다 클 수 있다.

 time은 풍부한 출력 형식 제어 옵션도 제공한다. 개요를 보기 위해 (man time 명령을 사용해) 매뉴얼을 탐색할 수 있다. 사용 가능한 모든 측정 항목에 대한 요약을 보고 싶다면 -v 옵션을 사용할 수 있다.

유닉스 time 명령은 프로그램을 벤치마크하는 가장 단순하고 비교적 직접적인 방법 중 하나다. 정확히 측정하기 위해 벤치마크는 충분히 긴 실행 시간(대략 수초 정도)을 가져서 애플리케이션 실행 시간에 비해 프로세스의 초기화setup와 종료teardown 시간이 작도록 설계돼야 한다. real 수치는 I/O 연산을 기다리면서 다른 프로세스가 사용한 시간도 포함하기 때문에 user 수치가 CPU 성능을 감시하기에 적합하다.

파이썬 스크립트의 시간을 측정하는 편리한 방법 또 한 가지는 timeit 모듈이다. 이 모듈은 루프의 코드 조각을 n번 실행하고 전체 실행 시간을 측정한다. 그 다음 같은 연산을 r번 반복한 다음(기본적으로 r의 값은 3) 측정한 시간 중 가장 좋은 값을 기록한다. 이러한 시간 측정 방식 때문에 timeit은 격리된 작은 구문의 시간을 정확히 측정하는 데 적합한 도구다.

timeit 모듈은 파이썬 패키지나 명령행, IPython에서 사용할 수 있다.

IPython은 파이썬 인터프리터의 상호 작용을 개선한 파이썬 셸이다. 탭 확장 완성tab completion을 향상시키며 코드 실행 시간을 측정하고 프로파일링하고 디버그하는 많은 유틸리티를 사용하기 쉽게 해준다. 책 전체에 걸쳐 코드 조각을 시험하는 데 이 셸을 사용하겠다. IPython 셸은 특수한 기능으로 이 셸을 향상시키는 매직 명령magic command—하나의 % 기호로 시작하는 문장—을 지원한다. %%로 시작하는 명령은 (셀이라고 하는) 여러 줄의 코드 조각에 적용될 수 있고 셀 매직cell magic이라고 한다.

pip를 통해 대다수의 리눅스 배포판에서 IPython을 사용할 수 있으며 아나콘다에 포함돼 있다.

TIP

IPython을 보통의 파이썬 셸(ipython)로 사용할 수도 있지만 또한 Qt 기반 버전(ipython qtconsole)으로도 사용할 수 있으며 강력한 브라우저 기반 인터페이스(jupyter notebook)도 사용할 수 있다.

IPython과 명령행 인터페이스에서 루프나 반복 횟수를 -n과 -r 옵션으로 지정할 수 있다. 지정하지 않았다면 timeit이 자동으로 횟수를 추정한다. timeit을 명령행에서 호출할 때 -s 옵션을 통해 벤치마크 전에 실행될 구성 코드도 전달할 수 있다. 다음 코드 조각에서 timeit의 IPython 명령행과 파이썬 모듈 버전의 사례를 보여준다.

```
# IPython 인터페이스
$ ipython
In [1]: from simul import benchmark
In [2]: %timeit benchmark()
1 loops, best of 3: 782 ms per loop

# 명령행 인터페이스
$ python -m timeit -s 'from simul import benchmark' 'benchmark()'
10 loops, best of 3: 826 msec per loop

# 파이썬 인터페이스
# 이 함수를 simul.py 스크립트에 넣어라
import timeit
result = timeit.timeit('benchmark()',
setup='from __main__ import benchmark',
number=10)

# 결과는 루프 전체를 실행하는 데 걸린 시간(초 단위)이다
result = timeit.repeat('benchmark()',
setup='from __main__ import benchmark',
number=10,
repeat=3)
# 결과는 반복 각각의 시간을 포함하는 리스트다(이 경우 repeat=3)
```

명령행과 IPython 인터페이스는 자동으로 합리적인 루프 수 n을 추정하지만 파이썬 인터페이스는 number 인자를 통해 명시적으로 값을 지정해야 한다.

▌ pytest-benchmark로 개선된 테스트와 벤치마크

유닉스 time 명령은 다양한 플랫폼에서 작은 프로그램의 실행 시간을 측정하는 데 사용할 수 있는 만능 도구다. 대규모 파이썬 애플리케이션과 라이브러리에 대해서는 pytest-benchmark 플러그인과 결합한 pytest가 테스트와 벤치마크를 다루는 더 포괄적인 솔루션이 된다.

이번 절에서는 pytest 테스팅 프레임워크를 사용해 예제 애플리케이션에 대한 간단한 벤치마크를 작성하겠다. 관심 있는 독자에게는 http://doc.pytest.org/en/latest/에서 찾을 수 있는 pytest 문서가 이 프레임워크 및 사용법을 더 자세히 배울 수 있는 최고의 자료다.

 pip install pytest 명령을 사용해 콘솔로 pytest를 설치할 수 있다. 비슷하게 벤치마크 플러그인도 pip install pytest-benchmark 명령을 내려 설치할 수 있다.

테스팅 프레임워크는 테스트 작성과 실행, 디버그를 단순화하며 테스트 결과에 대한 자세한 보고와 요약을 제공하는 도구 모음이다. pytest 프레임워크를 사용할 때는 테스트를 애플리케이션 코드와 별도로 사용하는 것을 권장한다. 다음 예제에서 우리는 test_evolve 함수를 포함하는 test_simul.py 파일을 생성한다.

```python
from simul import Particle, ParticleSimulator

def test_evolve():
    particles = [Particle( 0.3,  0.5, +1),
                 Particle( 0.0, -0.5, -1),
                 Particle(-0.1, -0.4, +3)]

    simulator = ParticleSimulator(particles)

    simulator.evolve(0.1)
```

```
    p0, p1, p2 = particles

    def fequal(a, b, eps=1e-5):
        return abs(a - b) < eps

    assert fequal(p0.x, 0.210269)
    assert fequal(p0.y, 0.543863)

    assert fequal(p1.x, -0.099334)
    assert fequal(p1.y, -0.490034)

    assert fequal(p2.x,  0.191358)
    assert fequal(p2.y, -0.365227)
```

파이썬 모듈에 포함된 테스트를 찾아서 실행하기 위해 pytest 실행 파일을 명령행
에서 사용할 수 있다. 특정한 테스트를 실행하기 위해 pytest path/to/module.py
::function_name 문법을 사용할 수 있다. test_evolve를 실행하기 위해, 간단하면서도
유익한 출력을 얻는 다음 명령을 콘솔에 입력할 수 있다.

```
$ pytest test_simul.py::test_evolve

platform linux -- Python 3.5.2, pytest-3.0.5, py-1.4.32, pluggy-0.4.0
rootdir: /home/gabriele/workspace/hiperf/chapter1, inifile: plugins:
collected 2 items

test_simul.py .
=========================== 1 passed in 0.43 seconds
===========================
```

테스트가 적절한 위치에 있으면 pytest-benchmark 플러그인을 사용해 테스트를 벤
치마크로 실행할 수 있다. 테스트 함수가 benchmark라는 이름의 인자를 받아들이도
록 변경하면, pytest 프레임워크는 자동으로 benchmark 리소스를 인자(pytest 용어로

는 이 리소스를 픽스처^{fixture}라고 함)로 전달할 것이다. 벤치마크하려는 함수를 첫 인자로, 그 다음으로 추가적인 인자를 넘겨 벤치마크 리소스를 호출한다. 다음 코드 조각에서 ParticleSimulator.evolve 함수를 벤치마크하기 위해 수정해야 하는 내용을 보여준다.

```
from simul import Particle, ParticleSimulator

def test_evolve(benchmark):
    # ... 이전 코드
    benchmark(simulator.evolve, 0.1)
```

벤치마크 실행은 pytest test_simul.py::test_evolve 명령을 재실행하기만 하면 된다. 출력 결과는 다음과 같이 test_evolve 함수의 자세한 경과 시간 정보를 포함한다.

```
========================================= test session starts =========================================
platform linux -- Python 3.5.2, pytest-3.0.5, py-1.4.32, pluggy-0.4.0
benchmark: 3.0.0 (defaults: timer=time.perf_counter disable_gc=False min_rounds=5 min_time=5.00us max_time=1.00s cal
ibration_precision=10 warmup=False warmup_iterations=100000)
rootdir: /home/gabriele/workspace/hiperf/chapter1, inifile:
plugins: benchmark-3.0.0
collected 2 items

test_simul.py .


------------------------------------- benchmark: 1 tests -------------------------------------
Name (time in ms)          Min       Max      Mean  StdDev    Median     IQR  Outliers(*)  Rounds  Iterations

test_evolve            29.4716   41.1791   30.4622  2.0234   29.9630  0.7376          2;2      34           1


(*) Outliers: 1 Standard Deviation from Mean; 1.5 IQR (InterQuartile Range) from 1st Quartile and 3rd Quartile.
========================================= 1 passed in 2.52 seconds =========================================
```

수집된 테스트마다 pytest-benchmark는 벤치마크 함수를 여러 번 실행하고 실행 시간에 대한 통계 요약을 제공한다. 앞서 보인 출력은 매번 실행할 때마다 실행 시간이 어떻게 달라지는지 보여주기 때문에 아주 흥미롭다.

이 예제에서 test_evolve의 벤치마크는 34회 실행됐고(Rounds 열), 경과 시간은 29에서 41ms이고(Min, Max), 평균^{Average}과 중간^{Median} 값은 얻어진 최고의 경과 시간과 실제로 아주 가까운 약 30ms 정도로 상당히 유사하다. 이 예제는 매번 실행할 때마다 어떻게 상당한 성능 차이가 생길 수 있는지를 보여주고, time과 같은 단발성 도구로 시간을 측정하는 경우에는 프로그램을 여러 번 실행시켜 최소나 중간과 같은 대표값을 기록하는 것이 좋음을 보여준다.

pytest-benchmark에는 정확한 시간 측정과 결과 분석에 사용할 수 있는 더 많은 기능과 옵션이 있다. 더 많은 정보는 http://pytest-benchmark.readthedocs.io/en/stable/usage.html을 참고하라.

▌ cProfile로 병목 찾기

프로그램의 정확성을 평가하고 실행 시간을 측정했기 때문에 성능을 위해 조정해야 하는 코드의 부분을 찾을 준비가 됐다. 조정할 부분은 보통 프로그램 크기에 비해 상당히 작다.

파이썬 표준 라이브러리를 통해 두 개의 프로파일링 모듈을 사용할 수 있다.

- profile 모듈: 순수하게 파이썬으로 작성됐으며 프로그램 실행에 상당한 부담을 준다. 표준 라이브러리에 이 모듈이 있는 이유는 다양한 플랫폼을 지원하며 확장하기 쉽기 때문이다.
- cProfile 모듈: profile과 동등한 인터페이스를 가진 주요 프로파일링 모듈이다. C로 작성됐고, 부담이 적으며 범용 프로파일러로 적합하다.

cProfile 모듈은 세 가지 다른 방법으로 사용할 수 있다.

- 명령행에서
- 파이썬 모듈로
- IPython과 함께

CProfile을 사용할 때는 소스 코드를 변경할 필요 없이 기존의 파이썬 스크립트나 함수에 CProfile을 직접 실행시킬 수 있다. cProfile을 명령행에서 다음과 같은 방법으로 사용할 수 있다.

```
$ python -m cProfile simul.py
```

이렇게 하면 애플리케이션에서 호출한 모든 함수에 대한 몇몇 프로파일링 측정 수치를 포함하는 긴 결과가 출력된다. 특정 수치에 따라 정렬하려면 -s 옵션을 사용할 수 있다. 여기서 설명할 tottime의 측정된 수치에 따라 다음 코드 조각에서 출력이 정렬됐다.

```
$ python -m cProfile -s tottime simul.py
```

-o 옵션을 전달해 cProfile이 생성한 데이터를 출력 파일에 저장할 수 있다. cProfile이 사용하는 형식은 stats 모듈과 다른 도구로 읽을 수 있다. -o 옵션을 사용하는 예제는 다음과 같다.

```
$ python -m cProfile -o prof.out simul.py
```

cProfile을 파이썬 모듈로 사용하려면 다음과 같은 방법으로 cProfile.run 함수를 호출해야 한다.

```
from simul import benchmark
import cProfile

cProfile.run("benchmark()")
```

다음과 같이 cProfile.Profile 객체의 메소드 호출 사이에 코드 일부를 감쌀 수도 있다.

```
from simul import benchmark
import cProfile

pr = cProfile.Profile()
pr.enable()
```

```
benchmark( )
pr.disable( )
pr.print_stats( )
```

cProfile은 IPython과 대화형으로도 사용할 수 있다. %prun 매직 명령으로 다음에서 보여주는 것과 같이 개별 함수 호출을 프로파일링할 수 있다.

```
  ●●●  IPython: chapter1/codes
(hperf) → codes ipython
Python 3.5.2 |Continuum Analytics, Inc.| (default, Jul  2 2016, 17:53:06)
Type "copyright", "credits" or "license" for more information.

IPython 5.1.0 -- An enhanced Interactive Python.
?         -> Introduction and overview of IPython's features.
%quickref -> Quick reference.
help      -> Python's own help system.
object?   -> Details about 'object', use 'object??' for extra details.

In [1]: from simul import benchmark

In [2]: %prun benchmark()
        707 function calls in 1.231 seconds

   Ordered by: internal time

   ncalls  tottime  percall  cumtime  percall filename:lineno(function)
        1    1.230    1.230    1.230    1.230 simul.py:21(evolve)
        1    0.000    0.000    0.001    0.001 simul.py:118(<listcomp>)
      300    0.000    0.000    0.000    0.000 random.py:342(uniform)
      100    0.000    0.000    0.000    0.000 simul.py:10(__init__)
      300    0.000    0.000    0.000    0.000 {method 'random' of '_random.Random' objects}
        1    0.000    0.000    1.231    1.231 {built-in method builtins.exec}
        1    0.000    0.000    1.231    1.231 <string>:1(<module>)
        1    0.000    0.000    1.231    1.231 simul.py:117(benchmark)
        1    0.000    0.000    0.000    0.000 simul.py:18(__init__)
        1    0.000    0.000    0.000    0.000 {method 'disable' of '_lsprof.Profiler' objects}

In [3]:
```

cProfile 결과는 다섯 개의 열로 나누어진다.

- ncalls: 함수가 호출된 횟수
- tottime: 다른 함수 호출을 고려하지 않은, 함수가 사용한 전체 시간
- cumtime: 다른 함수 호출을 포함한, 함수에서 보낸 시간
- percall: 함수의 단일 호출에 사용된 시간 ─ 전체 혹은 누적 시간을 호출 횟수로 나누어 구할 수 있다.
- filename:lineno: 파일명과 해당하는 행 번호. C 확장 모듈을 호출하는 경우 이 정보를 사용할 수 없다.

가장 중요한 측정 항목은 하위 호출을 제외하고 함수 본체에서 소모한 실제 시간으로 어디가 병목인지 바로 알려주는 tottime이다.

놀랍지 않지만 evolve 함수에서 가장 많은 시간을 사용했다. 코드 중 루프의 성능을 조정해야 한다고 생각할 수 있다.

cProfile은 함수 수준에서만 정보를 제공하며 어떤 특정한 문장이 병목을 일으키는지 알려주지 않는다. 다행히도 다음 절에서 볼 것처럼 line_profiler 도구가 함수 안에서 소모한 시간의 행 단위 정보를 제공할 수 있다.

수많은 호출과 하위 호출이 있는 큰 프로그램에 대해서는 cProfile 텍스트 출력을 분석하기 곤란할 수 있다. 몇몇 도구가 대화형 시각화 인터페이스로 탐색 방식을 개선해 분석 작업에 도움을 준다.

KCachegrind는 cProfile이 배출하는 프로파일링 출력을 분석하는 데 유용한 GUI Graphical User Interface이다.

 KCachegrind는 우분투 16.04 공식 저장소에서 찾을 수 있다. 윈도우를 위해 KCache grind의 Qt 이식 버전인 QCacheGrind를 http://sourceforge.net/projects/qcache grindwin에서 내려받을 수 있다. 맥 사용자는 http://blogs.perl.org/users/rurban/2013 /04/install-kachegrind-on-macosx-with-ports.html의 블로그 포스팅에 있는 절차에 따라 MacPorts(http://www.macports.org/)를 사용해 QCacheGrind를 컴파일할 수 있다.[2]

KCachegrind는 cProfile이 생성한 결과 파일을 바로 읽을 수 없다. 다행히 pyprof2 calltree라는 서드파티 파이썬 모듈이 cProfile 결과 파일을 KCachegrind가 읽을 수 있는 형식으로 변환할 수 있다.

2　brew(https://brew.sh/)를 사용하는 경우 brew install qcachegrind로 설치할 수 있다. – 옮긴이

pip install pyprof2calltree 명령을 사용해 pyprof2calltree를 파이썬 패키지 인덱스에서 설치할 수 있다.

KCachegrind 기능을 최적으로 보여주기 위해 더욱 다양한 구조를 갖는 다른 예제를 사용하겠다. 재귀적 함수 factorial과 factorial을 사용하는 두 개의 함수 tayler_exp, taylor_sin을 정의한다. 이들은 exp(x)와 sin(x)의 테일러 근사$^{Taylor\ approximation}$의 다항 계수를 나타낸다.

```python
def factorial(n):
    if n == 0:
        return 1.0
    else:
        return n * factorial(n-1)

def taylor_exp(n):
    return [1.0/factorial(i) for i in range(n)]

def taylor_sin(n):
    res = []
    for i in range(n):
        if i % 2 == 1:
            res.append((-1)**((i-1)/2)/float(factorial(i)))
        else:
            res.append(0.0)
    return res

def benchmark():
    taylor_exp(500)
    taylor_sin(500)

if __name__ == '__main__':
    benchmark()
```

프로파일 정보에 접근하기 위해 먼저 cProfile 결과 파일을 생성해야 한다.

```
$ python -m cProfile -o prof.out taylor.py
```

그 다음 결과 파일을 pyprof2calltree로 변환해 KCachegrind를 실행한다.

```
$ pyprof2calltree -i prof.out -o prof.calltree
$ kcachegrind prof.calltree # or qcachegrind prof.calltree
```

결과는 다음 스크린샷에서 볼 수 있다.

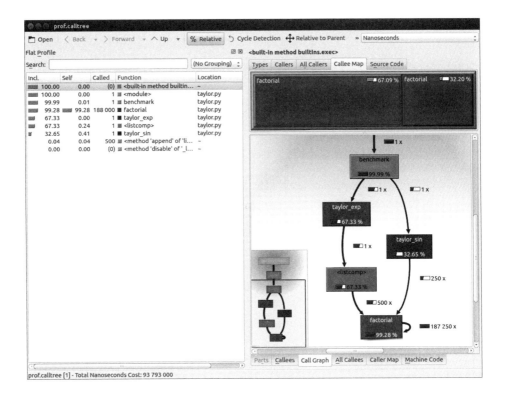

앞의 스크린샷은 KCachegrind 사용자 인터페이스를 보여준다. 왼편 출력은 cProfile과 상당히 유사하다. 실제 열 이름은 살짝 다르다. Incl.은 cProfile 모듈의 curtime으로 번역되며 Self는 tottime으로 번역된다. 이 값들은 메뉴 바의 Relative 버튼을 클릭하면 퍼센트로 나타난다. 열 헤더를 누르면 해당 속성에 따라 정렬할 수 있다.

우상단에서 Callee Map 탭을 클릭하면 함수 비용의 다이어그램이 표시된다. 이 다이어그램에서 함수가 사용한 시간 비율은 사각형의 크기에 비례한다. 사각형은 다른 함수로의 부분 호출을 나타내는 내부 사각형을 포함할 수 있다. 이번 경우, factorial 함수에 대한 두 개의 사각형을 쉽게 볼 수 있다. 왼편의 사각형은 taylor_exp의 호출에 해당하며 오른편은 taylor_sin의 호출에 해당한다.

우하단에서 Call Graph 탭을 클릭해 호출 그래프 다이어그램을 표시할 수 있다. 호출 그래프^{call graph}는 함수 간의 호출 관계에 대한 시각적 표현이다. 각 사각형은 함수를 나타내며 화살표는 호출 관계를 나타낸다. 예를 들어 taylor_exp는 factorial을 500회 호출했으며, taylor_sin은 250회 호출했다. KCachegrind는 재귀 호출도 감지한다. factorial은 자기 자신을 187,250회 호출했다.

사각형을 더블클릭해서 Call Graph나 Caller Map 탭을 탐색할 수 있다. 인터페이스는 경과 시간 속성이 선택된 함수에 상대적임을 나타내며 그에 따라 갱신된다. 예를 들어 taylor_exp를 더블클릭하면 그래프가 taylor_exp가 전체 비용에 기여하는 만큼만 보여주도록 변하게 된다.

 Gprof2Dot(https://github.com/jrfonseca/gprof2dot)은 호출 그래프를 생성하는 데 사용되는 또 다른 인기 있는 도구다. 지원하는 프로파일러 중 하나의 출력으로 이 도구는 호출 그래프를 나타내는 .dot 다이어그램을 만들어낼 것이다.

▌ line_profiler로 행 단위 프로파일

최적화해야 하는 함수를 알고 있으니 행 단위로 시간을 얼마나 쓰는지에 대한 정보를 제공하는 line_profiler 모듈을 사용할 수 있다. 이 모듈은 어떤 구문의 비용이 높은지 알아내기 어려운 경우 아주 유용하다. line_profiler 모듈은 파이썬 패키지 인덱스^{Python} ^{Package Index}에서 찾아볼 수 있으며 https://github.com/rkern/line_profiler의 지시에 따라 설치할 수 있다.

line_profiler를 사용하기 위해 감시하려는 함수에 @profile 데코레이터를 적용해야한다. profile 함수는 kernprof.py 프로파일링 스크립트가 실행될 때 전역 네임스페이스로 주입되기 때문에 다른 모듈에서 profile 함수를 임포트할 필요가 없다는 데 주의하라. 우리 프로그램에 대한 프로파일링 출력을 생성하려면 evolve 함수에 @profile 데코레이터를 추가해야 한다.

```
@profile
def evolve(self, dt):
    # 코드
```

kernprof.py 스크립트는 출력 파일을 생성하고 표준 출력에 프로파일링 결과를 출력할 것이다. 두 개의 옵션을 주어 스크립트를 실행해야 한다.

- line_profiler 함수를 사용하기 위한 -l
- 화면에 결과를 바로 출력하기 위한 -v

kernprof.py의 사용법을 다음 코드에 나타냈다.

```
$ kernprof.py -l -v simul.py
```

대화형으로 편집하기 위해 IPython 안에서 프로파일러를 실행시킬 수도 있다. lprun 매직 명령을 제공하는 line_profiler 확장을 먼저 적재해야 한다. 그 명령을 사용해 @ profile 데코레이터의 사용을 피할 수 있다.

```
IPython: chapter1/codes

In [1]: %load_ext line_profiler

In [2]: from simul import benchmark, ParticleSimulator

In [3]: %lprun -f ParticleSimulator.evolve benchmark()
Timer unit: 1e-06 s

Total time: 8.66675 s
File: /home/gabriele/workspace/hiperf/chapter1/codes/simul.py
Function: evolve at line 21

Line #      Hits         Time  Per Hit   % Time  Line Contents
==============================================================
    21                                           def evolve(self, dt):
    22         1            2      2.0      0.0       timestep = 0.00001
    23         1            4      4.0      0.0       nsteps = int(dt/timestep)
    24
    25     10001        12561      1.3      0.1       for i in range(nsteps):
    26   1010000       867457      0.9     10.0           for p in self.particles:
    27
    28   1000000      1859312      1.9     21.5               norm = (p.x**2 + p.y**2)**0.5
    29   1000000       972028      1.0     11.2               v_x = (-p.y)/norm
    30   1000000       921008      0.9     10.6               v_y = p.x/norm
    31
    32   1000000       982441      1.0     11.3               d_x = timestep * p.ang_vel * v_x
    33   1000000       974838      1.0     11.2               d_y = timestep * p.ang_vel * v_y
    34
    35   1000000      1058183      1.1     12.2               p.x += d_x
    36   1000000      1018915      1.0     11.8               p.y += d_y

In [4]:
```

출력은 상당히 직관적이며 여섯 개의 열로 나누어진다.

- Line #: 실행된 코드 행 번호
- Hits: 해당 행의 코드가 실행된 횟수
- Time: 마이크로초 단위의 해당 행 실행 시간
- Per Hit: Time/hits
- % Time: 행 실행 시간의 전체 시간에 대한 비율
- Line Contents: 행 내용

퍼센티지 열을 보면 어디에 시간이 쓰였는지 상당히 잘 알 수 있다. 이 경우 루프 본문 안에 각각 10~20퍼센트 정도의 비용을 갖는 몇 개의 구문이 있다.

코드 최적화

애플리케이션이 어디서 주로 시간을 쓰는지 정확히 찾아냈으니, 애플리케이션을 변경하고 성능 변경 정도를 평가할 수 있다.

순수 파이썬 코드를 조정하는 서로 다른 방법이 있다. 가장 인상적인 결과를 내는 방법은 사용된 알고리즘을 개선하는 것이다. 이 경우, 속도를 계산하고 작은 단계를 더하는 대신 움직임의 공식을 반지름 r, 각도 alpha(x, y 대신)에 대한 식으로 표현하고 원 위의 지점을 다음 수식으로 계산하는 것이 더 효율적이다(또한 근사치가 아니기 때문에 정확하다).

```
x = r * cos(alpha)
y = r * sin(alpha)
```

다른 방법은 명령어instruction 수를 최소화하는 데 있다. 예를 들어 시간에 따라 변경되지 않는 timestep * p.ang_vel 요소를 미리 계산할 수 있다. 루프 순서를 교환하고(먼저 입자에 대해 반복하고, 시간 단계에 대해 반복) 입자에 대한 루프 밖에 그 요소의 계산을 둘 수 있다.

행 단위 프로파일링 결과는 간단한 할당 연산조차도 상당한 양의 시간을 소모할 수 있음을 보여준다. 다음 구문은 전체 시간의 10퍼센트 이상을 차지한다.

```
v_x = (-p.y)/norm
```

수행된 할당 연산의 수를 줄여 루프의 성능을 개선할 수 있다. 그러기 위해 식을 조금 더 복잡한 단일 구문으로 재작성해—오른편은 왼편의 변수에 할당되기 전에 완전히 평가되는 데 유의하라—중간 변수를 피할 수 있다.

```
p.x, p.y = p.x - t_x_ang*p.y/norm, p.y + t_x_ang * p.x/norm
```

이렇게 하면 다음과 같은 코드가 된다.

```python
def evolve_fast(self, dt):
    timestep = 0.00001
    nsteps = int(dt/timestep)

    # 루프 순서가 변경된다.
    for p in self.particles:
        t_x_ang = timestep * p.ang_vel
        for i in range(nsteps):
            norm = (p.x**2 + p.y**2)**0.5
            p.x, p.y = (p.x - t_x_ang * p.y/norm,
                        p.y + t_x_ang * p.x/norm)
```

변경 사항을 적용한 다음 테스트를 실행해 결과가 여전히 같은지 검증해야 한다. 그 다음 벤치마크를 사용해 실행 시간을 비교할 수 있다.

```
$ time python simul.py # 성능 조정된 코드
real    0m0.756s
user    0m0.714s
sys     0m0.036s

$ time python simul.py # 원본
real    0m0.863s
user    0m0.831s
sys     0m0.028s
```

보다시피 순수 파이썬을 미세하게 최적화해 얻는 성능 향상의 정도는 그다지 크지 않다.

▌ dis 모듈

가끔 파이썬 구문이 얼마나 많은 연산을 할지 추정하기 어렵다. 이번 절에서는 개별 구문의 성능을 추정하기 위해 파이썬 내부를 파고들겠다. CPython 인터프리터에서 파이썬 코드는 먼저 중간 표현인 바이트코드로 변환된 다음 파이썬 인터프리터에 의해 실행된다.

코드가 어떻게 바이트코드로 변환되는지 검사하기 위해 dis 파이썬 모듈(dis는 disassemble을 뜻함)을 사용할 수 있다. 사용법은 아주 간단하다. 그저 ParticleSimulator .evolve 메소드에서 dis.dis 함수를 호출하면 된다.

```
import dis
from simul import ParticleSimulator
dis.dis(ParticleSimulator.evolve)
```

이렇게 하면 함수의 각 행마다 바이트코드 명령어 목록을 출력한다. 예를 들어 v_x = (-p.y)/norm 구문은 다음과 같은 명령어 집합으로 확장된다.

```
29   85 LOAD_FAST              5 (p)
     88 LOAD_ATTR              4 (y)
     91 UNARY_NEGATIVE
     92 LOAD_FAST              6 (norm)
     95 BINARY_TRUE_DIVIDE
     96 STORE_FAST             7 (v_x)
```

LOAD_FAST는 p 변수의 참조^{reference}를 스택에 로드하고, LOAD_ATTR은 스택의 최상단 항목의 y 속성을 로드한다. 다른 명령어 UNARY_NEGATIVE와 BINARY_TRUE_DIVIDE는 단순히 스택 상단 항목에 대해 산술 연산을 한다. 마지막으로 결과가 v_x에 저장된다(STORE_FAST).

dis 출력을 분석해 첫 버전의 루프는 51개의 바이트코드 명령어를 생성하지만 두 번째 버전은 35개의 명령어로 변환됨을 볼 수 있다.

dis 모듈은 구문들이 어떻게 변환되는지 알아내는 데 도움을 주며 파이썬 바이트코드 표현의 탐구와 학습 도구로 주로 기능한다.

성능을 더욱 크게 개선하려면 명령어 수를 줄이는 다른 접근법을 알아내기 위해 계속 노력해야 한다. 그러나 이 접근법은 분명히 파이썬 인터프리터의 속도에 궁극적으로 제한되며, 작업에 적합한 도구가 아닐 수도 있다. 이어지는 다른 장에서 저수준 언어(C나 포트란 등)로 작성한 특수한 고속 버전을 실행해 인터프리터가 제한한 계산 속도를 높이는 방법을 보겠다.

▌ memory_profiler를 통한 메모리 사용량 프로파일링

어떤 경우 메모리 사용량이 높아 문제가 된다. 수많은 입자를 다루려고 하면 많은 Particle 인스턴스를 생성하기 때문에 메모리 부담을 초래할 것이다.

memory_profiler 모듈은 line_profiler와 유사한 방식으로 프로세스의 메모리 사용량을 요약한다.

 memory_profiler 패키지도 파이썬 패키지 인덱스에서 찾을 수 있다. memory_profiler를 상당히 빠르게 만들어 줄 psutil 모듈(https://github.com /giampaolo/psutil)도 선택적으로 설치해야 할 수 있다.

line_profiler처럼 memory_profiler도 감시하려는 함수에 @profile 데코레이터를 붙여 소스 코드에 장치해야 한다. 이번 경우 benchmark 함수를 분석하려고 한다.

상당히 많은(100000) Particle 인스턴스를 인스턴스화하고 시뮬레이션 시간을 줄이는 식으로 benchmark를 살짝 바꿀 수 있다.

```
def benchmark_memory():
    particles = [Particle(uniform(-1.0, 1.0),
                 uniform(-1.0, 1.0),
                 uniform(-1.0, 1.0))
                 for i in range(100000)]
    simulator = ParticleSimulator(particles)
    simulator.evolve(0.001)
```

다음 스크린샷에서처럼 memory_profiler를 %mprun 매직 명령을 통해 IPython 셸에서
사용할 수 있다.

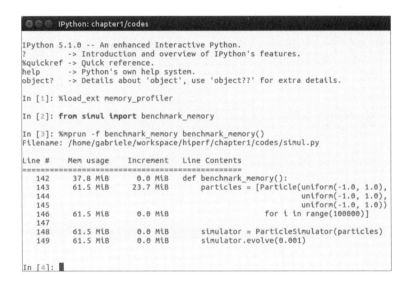

 @profile 데코레이터를 추가한 다음 mprof run 명령을 사용해 memory_profiler를 셸에
서 실행시킬 수도 있다.

Increment 열에서 100,000개의 Particle 객체가 23.7MiB의 메모리를 사용함을 볼 수
있다.

1MiB(mebibyte)는 1,048,576바이트와 동일하다. 1MiB는 1,000,000바이트인 1MB (megabyte)와 다르다.

메모리 사용량을 줄이기 위해 Particle 클래스의 __slots__를 사용할 수 있다. 이 기능은 내부 딕셔너리에 인스턴스의 변수를 저장하지 않게 해서 메모리를 절약한다. 그러나이 전략에는 단점이 있다. __slots___에 지정된 것들을 제외한 속성을 추가하지 못하게된다.

```python
class Particle:
    __slots__ = ('x', 'y', 'ang_vel')

    def __init__(self, x, y, ang_vel):
        self.x = x
        self.y = y
        self.ang_vel = ang_vel
```

이제 메모리 소모량의 변화를 평가하기 위해 벤치마크를 재실행할 수 있다. 다음 스크린샷에 결과가 표시됐다.

```
IPython: chapter1/codes

IPython 5.1.0 -- An enhanced Interactive Python.
?         -> Introduction and overview of IPython's features.
%quickref -> Quick reference.
help      -> Python's own help system.
object?   -> Details about 'object', use 'object??' for extra details.

In [1]: %load_ext memory_profiler

In [2]: from simul import benchmark_memory

In [3]: %mprun -f benchmark_memory benchmark_memory()
Filename: /home/gabriele/workspace/hiperf/chapter1/codes/simul.py

Line #    Mem usage    Increment   Line Contents
================================================
   142     38.0 MiB      0.0 MiB   def benchmark_memory():
   143     51.7 MiB     13.7 MiB       particles = [Particle(uniform(-1.0, 1.0),
   144                                             uniform(-1.0, 1.0),
   145                                             uniform(-1.0, 1.0))
   146     51.7 MiB      0.0 MiB                   for i in range(100000)]
   147
   148     51.7 MiB      0.0 MiB       simulator = ParticleSimulator(particles)
   149     51.7 MiB      0.0 MiB       simulator.evolve(0.001)

In [4]:
```

Particle 클래스를 __slots___를 사용해 재작성함으로써 약 10MiB의 메모리를 절약했다.

▌요약

1장에서는 최적화의 기본 원리를 소개하고 테스트 애플리케이션에 이 원리를 적용했다. 최적화할 때는 처음 해야 하는 일은 애플리케이션의 병목을 테스트하고 찾아내는 것이다. time 유닉스 명령과 파이썬 timeit 모듈, 본격적인 pytest-benchmark 패키지를 사용해 벤치마크를 작성하고 시간을 측정하는 방법을 봤다. cProfile, line_profiler를 사용해 애플리케이션을 프로파일링하는 방법과 프로파일링 데이터를 KCachegrind로 분석하고 탐색하는 방법을 배웠다.

2장에서는 파이썬 표준 라이브러리가 제공하는 알고리즘과 데이터 구조를 사용해 성능을 개선하는 방법을 살펴보겠다. 스케일링scaling과 몇 가지 데이터 구조의 사용법 예제를 다루고 캐싱이나 메모이제이션memoization과 같은 기법을 배울 것이다.

02

순수 파이썬 최적화

1장에서 언급한 것처럼 개선된 알고리즘과 데이터 구조를 사용하면 애플리케이션의 성능을 가장 효율적으로 향상시킬 수 있다. 파이썬 표준 라이브러리는 애플리케이션에 바로 포함시켜 즉시 사용할 수 있는 다양한 알고리즘과 데이터 구조 여러 가지를 제공한다. 2장에서 소개하는 도구를 학습하면 작업에 적합한 알고리즘을 사용해 속도 측면에서 큰 이득을 얻을 수 있게 될 것이다.

오랫동안 많은 알고리즘을 사용해왔지만 시간이 가면서 더 많은 데이터를 점점 더 지속적으로 생산하고 소비하며 분석하는 데 따라 오늘날 알고리즘의 의의가 더욱 각별하다. 용량이 더 큰 서버를 구매하거나 미세 최적화microoptimizing를 하면 특정 경우의 문제를 해결할 수 있지만, 알고리즘 개선을 통해 확장성을 높이면 문제를 궁극적으로 해결할 수 있다.

2장에서 표준 알고리즘과 데이터 구조를 사용해 확장성을 높이는 방법을 학습하겠다. 서드파티 라이브러리를 이용한 고급 예제도 다룬다. 메모리나 디스크 공간을 약간 희생해서 응답 시간을 빠르게 하는 데 사용되는 기법인 캐싱을 구현하는 도구에 대해서도 배우겠다.

2장에서 다룰 주제는 다음과 같다.

- 계산 복잡도 소개
- 리스트와 덱
- 딕셔너리
- 딕셔너리를 사용한 역색인 구축 방법
- 집합
- 힙과 우선순위 큐
- 트라이를 사용해 자동완성 구현하기
- 캐싱 소개
- functools.lru_cache 데코레이터를 사용한 메모리 내 캐싱
- joblib.Memory를 사용한 디스크상 캐시
- 조건제시법과 제너레이터를 사용한 메모리 효율적인 고속 루프

▌유용한 알고리즘 및 데이터 구조

알고리즘을 개선하면 성능을 효율적으로 향상시킬 수 있다. 대개 알고리즘을 개선하면 애플리케이션을 더욱 큰 입력에 대해 확장하기 쉬워지기 때문이다.

알고리즘 실행 시간은 작업을 수행하는 데 필요한 자원의 특성인 계산 복잡도computational complexity에 따라 분류된다. 통상 이러한 분류를 입력 크기에 종속적인, 작업을 실행하는 데 필요한 연산의 상한값upper bound인 대문자 O 표기법Big-O notation으로 표현한다.

예를 들어 for 루프를 사용해 리스트 요소 각각의 값을 증가시키는 작업을 다음과 같이 구현할 수 있다.

```python
input = list(range(10))
for i, _ in enumerate(input):
    input[i] += 1
```

이 연산이 입력의 크기에 종속적이지 않다면(이를테면 리스트의 첫 요소 접근) 알고리즘은 상수 또는 O(1) 시간을 소모한다고 한다. 얼마나 데이터가 많든 간에 알고리즘을 수행하는 데 걸리는 시간은 언제나 같다는 뜻이다.

이 단순한 알고리즘에서 입력의 크기만큼 input[i] += 1 연산을 10회 반복한다. 입력 배열의 크기를 두 배로 늘린다면 연산 횟수도 비례해서 증가할 것이다. 연산 횟수가 입력 크기에 비례하기 때문에 이 알고리즘은 입력 배열의 크기가 N일 때 O(N) 시간을 소모한다.

어떤 경우 실행 시간은 입력의 구조-컬렉션의 정렬 여부 또는 중복된 값의 빈도와 같은-에 종속적일 수 있다. 이러한 경우 알고리즘은 최고, 평균, 최악의 실행 시간을 서로 다르게 가질 수 있다. 별도로 언급하지 않는 경우 2장에서 제시된 실행 시간은 평균 실행 시간으로 간주한다.

이번 절에서 파이썬 표준 라이브러리에 구현된 주요 알고리즘과 데이터 구조의 실행 시간을 검토하고, 실행 시간을 개선하면 어떤 큰 이득이 있는지와 어떤 식으로 대규모 문제를 간결히 해결할 수 있는지 알아보겠다.

주피터^{Jupyter}로 열어볼 수 있는 Algorithms.ipynb 노트북에서 2장의 벤치마크를 실행하는 데 사용된 코드를 찾아볼 수 있다.

리스트와 덱

파이썬 리스트는 순서 있는 요소의 컬렉션이다. 파이썬에서는 리스트를 크기를 바꿀 수 있는 배열로 구현한다. 배열은 일련의 연속적인 메모리 위치로 구성됐으며 각 위치가 파이썬 객체의 참조를 갖는 기본 데이터 구조다.

리스트^{List}는 요소에 접근하거나 요소를 변경하고 추가하는 데 효과적이다. 요소에 접근하거나 요소를 변경하는 작업은 하부 배열의 적절한 위치에서 객체 참조를 얻어 오는 작업이며 복잡도는 O(1)이다. 요소 추가 또한 굉장히 빠르다. 빈 리스트가 생성되면 거기에 고정 크기 배열이 할당되며 요소를 삽입할 때 배열의 슬롯이 점차 채워진다. 모든 슬롯이 채워지면 이 리스트는 하부 배열의 크기를 증가시켜야 하며, 따라서 O(N) 시간 복잡도를 갖는 메모리 재할당을 시작한다. 그렇더라도 이러한 메모리 할당이 자주 일어나지 않아서 추가 연산의 시간 복잡도는 분할 상환된^{amortized} 시간 O(1)이라고 한다.

효율성 문제를 겪을 수 있는 리스트 연산에는 리스트의 처음(이나 중간 어딘가)에 요소를 추가하거나 제거하는 것이 있다. 항목이 리스트의 처음에 추가되거나 제거되는 경우 모든 이어지는 배열 항목의 위치를 하나씩 옮겨야 하고, 따라서 O(N)의 시간이 소요된다.

다음 표에서 크기가 10,000인 리스트에 대한 서로 다른 연산에 대한 시간을 보겠다. 리스트의 처음이나 끝에서 추가와 제거 연산의 성능이 얼마나 극적으로 다른지 볼 수 있다.

코드	N=10000(µs)	N=20000(µs)	N=30000(µs)	시간
list.pop( )	0.50	0.59	0.58	O(1)
list.pop(1)	4.20	8.36	12.09	O(N)
list.append(1)	0.43	0.45	0.46	O(1)
list.insert(0, 1)	6.20	11.97	17.41	O(N)

어떤 경우, 컬렉션의 시작과 끝 양쪽 모두에서 삽입과 제거를 효율적으로 수행해야만 할 수 있다. 파이썬은 이러한 특성을 갖는 데이터 구조를 collection.deque 클래스로 제공

한다. 덱^{Deque}은 양쪽에 끝이 있는 큐$^{double\text{-}ended\ queue}$를 의미하는데, 이 자료 구조가 컬렉션의 시작과 끝에서 큐와 같이 효율적으로 요소를 추가하거나 제거하도록 설계됐기 때문이다. 파이썬에서 덱은 이중 연결된$^{doubly\text{-}linked}$ 리스트로 구현된다.

덱은 pop과 append 연산에 더해 O(1) 실행 시간을 갖는 popleft와 appendleft 메소드도 노출한다.

코드	N=10000(μs)	N=20000(μs)	N=30000(μs)	시간
deque.pop( )	0.41	0.47	0.51	O(1)
deque.popleft( )	0.39	0.51	0.47	O(1)
deque.append(1)	0.42	0.48	0.50	O(1)
deque.appendleft(1)	0.38	0.47	0.51	O(1)

이러한 장점이 있기는 하지만, 대부분의 경우 덱을 일반적인 리스트를 대체하는 용도로 사용하지 말아야 한다. appendleft와 popleft 연산이 보이는 효율성은 비용을 추가한다. 다음 테이블에서 보여주는 것과 같이 덱의 중간에 있는 요소에 접근하는 연산은 O(N) 연산이다.

코드	N=10000(μs)	N=20000(μs)	N=30000(μs)	시간
deque[0]	0.37	0.41	0.45	O(1)
deque[N - 1]	0.37	0.42	0.43	O(1)
deque[int(N / 2)]	1.14	1.71	2.48	O(N)

리스트의 항목을 찾는 연산은 보통 O(N) 연산이며 list.index 메소드를 사용해 수행된다. 리스트 검색의 속도를 높이는 간단한 방법은 배열을 정렬된 상태로 유지하면서 bisect 모듈을 사용해 이진 검색을 하는 것이다.

bisect 모듈은 정렬된 배열을 빠르게 검색할 수 있게 한다. 배열을 정렬된 순서대로 유지하면서 정렬된 리스트에 요소를 추가할 인덱스를 찾기 위해 bisect.bisect 함수를 사용할 수 있다. 다음 예제에서 컬렉션의 정렬을 유지하면서 배열에 요소 3을 추가하려면 3을 세 번째 위치(인덱스 2에 해당하는)에 추가해야 한다는 것을 볼 수 있다.

```
insert bisect
collection = [1, 2, 4, 5, 6]
bisect.bisect(collection, 3)
# 결과: 2
```

이 함수는 O(log(N)) 실행 시간을 갖는 이진 검색 알고리즘을 사용한다. 이러한 실행 시간은 대단히 빠른 것이고 본질적으로 실행 시간이 입력 크기를 두 배 증가시킬 때마다 어떤 상수만큼 증가함을 의미한다. 예를 들어 프로그램이 입력 크기 1,000에서 1초 소요됐다면 2,000에는 2초, 4,000에는 3초와 같은 식으로 계속 늘어난다는 의미다. 100초가 있다면 이론적으로는 입력 크기 10^{33}을 처리할 수 있으며, 이 숫자는 사람 몸에 있는 원자 수보다 크다.

추가하려는 값이 리스트에 이미 존재한다면 bisect.bisect 함수는 이미 존재하는 값 다음의 위치를 돌려준다. 따라서 (https://docs.python.org/3.5/library/bisect.html에 있는 모듈 문서 항목에서 가져온) 다음과 같은 방식으로 올바른 인덱스를 돌려주는 변형인 bisect.bisect_left를 사용할 수 있다.

```
def index_bisect(a, x):
    'x와 완전히 동일한 가장 좌측의 값의 위치를 찾는다'
    i = bisect.bisect_left(a, x)
    if i != len(a) and a[i] == x:
        return i
    raise ValueError
```

다음 테이블에서 bisect 솔루션의 실행 시간이 주어진 입력 크기에서는 거의 영향받지 않으며 따라서 초 대규모 컬렉션을 검색할 때 적합한 해결책이 됨을 볼 수 있다.

코드	N=10000(μs)	N=20000(μs)	N=30000(μs)	시간
list.index(a)	87.55	171.06	263.17	O(N)
index_bisect(list, a)	3.16	3.20	4.71	O(log(N))

딕셔너리

딕셔너리Dictionary는 파이썬 언어에서 대단히 쓰임새가 많고 널리 사용되는 자료 구조다. 해시 맵으로 구현되며 요소 삽입, 삭제, 접근에 아주 좋다. 이 모든 연산은 평균 시간 복잡도 O(1)을 갖는다.

 파이썬 버전 3.5까지 딕셔너리는 순서 없는 컬렉션이었다. 파이썬 3.6부터 딕셔너리는 삽입 순서에 따라 요소를 유지할 수 있게 됐다.

해시 맵은 키-값 쌍을 연결하는 데이터 구조다. 해시 맵에 숨겨진 원리는 키 각각에 특정 인덱스를 배정해 연결된 값이 배열에 저장될 수 있게 하는 것이다. 인덱스는 해시 함수를 사용해 얻을 수 있다. 파이썬은 몇몇 데이터 형식에 대한 해시 함수를 구현한다. 예제에서 해시 코드를 얻는 제네릭 함수는 hash이다. 다음 예제에서 "hello" 문자열에 대한 해시 코드를 얻는 방법을 보겠다.

```
hash("hello")
# 결과: -1182655621190490452
# 숫자를 사용할 수 있는 어떤 범위로 제한하기 위해
# 모듈로(%) 연산자
```

```
hash("hello") % 10
# 결과: 8
```

해시 맵은 서로 다른 두 개의 객체가 같은 해시 코드를 갖는 경우 일어나는 충돌을 처리해야 하기 때문에 구현하기 까다롭다. 그러나 모든 복잡한 내용은 구현 뒤에 정연하게 숨겨졌고 기본적 충돌 해결책이 대부분의 실세계 시나리오에서 잘 동작한다.

딕셔너리 항목에 대한 접근, 삽입, 제거는 딕셔너리의 크기에 따라 O(1)로 확장된다. 그러나 해시 함수에서 계산이 여전히 필요하고 문자열의 경우 이 계산은 문자열의 길이에 따라 확장됨을 주의하라. 보통 문자열 키의 길이가 비교적 짧기 때문에 실제로는 문제를 일으키지 않는다.

리스트에 있는 고유한 요소들을 효율적으로 세는 데 딕셔너리를 사용할 수 있다. 이번 예제에서는 리스트를 받아 리스트에 있는 각 값의 출현 횟수를 담은 딕셔너리를 반환하는 counter_dict 함수를 정의하겠다.

```
def counter_dict(items):
    counter = {}
    for item in items:
        if item not in counter:
            counter[item] = 0
        else:
            counter[item] += 1
    return counter
```

이 코드는 새로운 키에 대해 자동적으로 기본값을 할당하는 딕셔너리를 생성하는 데 사용되는 collections.defaultdict를 사용해 얼마 동안 단순화할 수 있다. 다음 코드에서 defaultdict(int) 호출은 모든 새로운 요소에 자동적으로 0의 값을 할당하며 계산을 간소화하는 데 사용될 수 있는 딕셔너리를 생성한다.

```
from collections import defaultdict
 def counter_defaultdict(items):
    counter = defaultdict(int)
    for item in items:
        counter[item] += 1
    return counter
```

collections 모듈은 같은 목적을 한 줄의 코드로 구현할 수 있는 Counter 클래스도 포함한다.

```
from collections import Counter
counter = Counter(items)
```

속도에 대해 이 모든 방식의 계산은 동일한 시간 복잡도를 갖지만 Counter 구현이 다음 테이블에서 보는 것처럼 가장 효율적이다.

코드	N=10000(µs)	N=20000(µs)	N=30000(µs)	시간
Counter(items)	51.48	96.63	140.26	O(N)
counter_dict(items)	111.96	197.13	282.79	O(N)
counter_defaultdict(items)	120.90	238.27	359.60	O(N)

해시 맵을 사용한 인메모리 검색 색인 구축

검색엔진과 비슷하게 딕셔너리를 문서 리스트의 단어를 빠르게 찾는 데 사용할 수 있다. 이번 절에서는 리스트이 딕셔너리에 기반한 역색인 구축 방법을 배우겠다. 네 개의 문서로 된 컬렉션이 있다고 가정해보자.

```
docs = ["the cat is under the table",
 "the dog is under the table",
 "cats and dogs smell roses",
 "Carla eats an apple"]
```

질의에 일치하는 모든 문서를 얻는 간단한 방법은 각 문서를 스캔하면서 단어의 존재 여부를 검사하는 것이다. 예를 들어 단어 table이 출현한 문서를 찾고 싶다면 다음 필터링 연산을 사용할 수 있다.

```
matches = [doc for doc in docs if "table" in doc]
```

이 방법은 간단하며 일회성 질의를 갖는 경우 잘 동작한다. 그러나 아주 자주 컬렉션에 질의해야 할 경우 질의 시간을 최적화하면 좋다. 선형 스캔의 질의당 비용이 O(N)이기 때문에 확장성을 개선하면 훨씬 규모가 큰 문서 컬렉션을 다룰 수 있게 될 것이다.

개선된 전략은 질의 시점에 찾기 쉽도록 문서를 전처리하는 데 시간을 들이는 것이다. 컬렉션의 단어 각각을 그 단어가 존재하는 문서의 리스트와 연결하는 역색인^{inverted index} 구조를 구축할 수 있다. 앞서의 예제에서 단어 "table"은 인덱스 0과 1에 해당하는 "the cat is under the table"과 "the dog is under the table" 문서에 연결됐다.

이러한 매핑은 문서 컬렉션을 검사해서 단어가 출현한 문서의 인덱스를 딕셔너리에 저장하는 식으로 구현된다. 이 구현은 카운터를 증가시키는 대신 현재 단어를 포함하는 문서의 리스트의 크기를 증가시킨다는 점을 제외하면 counter_dict 함수와 유사하다.

```
# 인덱스 구축
index = {}
for i, doc in enumerate(docs):
    # 문서의 단어 각각에 대해 반복한다
    for word in doc.split():
        # 단어가 출현한 인덱스를 포함하는 리스트를 만든다
        if word not in index:
```

```
        index[word] = [i]
    else:
        index[word].append(i)
```

인덱스를 한번 구축하고 나면 질의를 수행할 때는 단순히 참조하기만 하면 된다. 예를 들어 단어 table을 포함한 모든 문서를 반환하고 싶다면 간단히 인덱스에 질의해 해당 문서를 얻을 수 있다.

```
results = index["table"]
result_documents = [docs[i] for i in results]
```

컬렉션에 질의할 때 딕셔너리에만 접근하면 되기 때문에 이 인덱스는 질의를 시간 복잡도 O(1)로 처리할 수 있다. 역색인 덕에 이제 문서가 얼마나 있든 간에 (메모리에 들어가는 한) 상수 시간에 질의할 수 있다. 말할 필요도 없이 인덱싱은 검색엔진만이 아니라 데이터베이스나 고속 검색해야 하는 어떤 시스템에서도 데이터를 빠르게 얻기 위해 널리 사용되는 기법이다.

역색인 구축은 비용이 큰 연산이며 모든 발생 가능한 질의를 인코드해야 한다는 데 유의하라. 큰 비용이라는 상당한 단점이 있지만 역색인을 구축해 얻는 이득이 크며, 유연성이 줄어든다는 비용을 지불할 만한 가치가 있다.

집합

집합^set은 요소 각각이 반드시 유일하다는 제약이 추가된 순서 없는 요소의 컬렉션이다. 집합을 사용하기 적합한 주요 사용 사례에는 소속 검사(요소가 컬렉션에 존재하는지 여부 검사)와 당연하지만 합집합, 차집합, 교집합을 구하는 집합 연산이 있다.

파이썬에서 집합은 사전과 비슷하게 해시 기반 알고리즘을 사용해 구현된다. 따라서 추가, 삭제, 소속 여부 검사는 컬렉션의 크기에 따라 O(1)로 확장된다.

집합은 유일한 요소들만 가진다. 집합을 활용하는 것이 당연한 사용 사례로는 컬렉션을 단순히 집합 생성자로 넘겨 해낼 수 있는 컬렉션의 중복 제거가 있다.

```
# 중복을 포함하는 리스트 생성
x = list(range(1000)) + list(range(500))
# 집합 *x_unique*는
# x에서 유일한 요소들만 포함할 것이다
x_unique = set(x)
```

중복 제거의 시간 복잡도는 O(N)인데 입력을 읽어 집합에 각 요소를 넣어야 하기 때문이다. 집합은 합집합, 교집합, 차집합과 같은 연산들을 노출한다. 두 집합의 합집합은 양 집합의 모든 요소를 포함하는 새로운 집합이다. 교집합은 두 집합이 공통적으로 갖는 요소만 포함하는 새로운 집합이고, 차집합은 첫 번째 집합의 요소 중 두 번째 집합에 포함되지 않는 요소만 포함하는 새로운 집합이다. 다음 테이블에 이러한 연산에 대한 시간 복잡도를 보였다. 서로 다른 두 가지의 입력 크기를 갖기 때문에 첫 번째 집합(s)의 크기를 나타내는 데 문자 S를, 두 번째 집합(t)의 크기를 나타내는 데 문자 T를 사용한다는 데 유의하라.

코드	시간
s.union(t)	O(S + T)
s.intersection(t)	O(min(S, T))
s.difference(t)	O(S)

집합 연산의 활용 예는 불리언 질의가 있다. 이전 절의 역색인 예제로 돌아가, 복수의 단어를 포함하는 질의를 지원하려 할 수 있다. 예를 들어 단어 cat과 table을 포함하는 모든 문서를 찾으려 할 수 있다. 이런 유형의 질의는 cat과 table을 포함하는 문서 집합 간의 교집합을 구해 효율적으로 계산할 수 있다.

이러한 연산을 효율적으로 지원하기 위해, 단어 각각이 문서 집합(리스트 대신)에 연결되도록 인덱싱 코드를 변경할 수 있다. 이렇게 변경하고 나면 고급 질의 계산은 적당한 집합 연산을 적용하는 문제가 된다. 다음 코드에서 집합 기반 역색인과 집합 연산을 사용한 질의를 보이겠다.

```
# 집합을 사용한 인덱스 구축
index = {}
for i, doc in enumerate(docs):
    # 문서의 단어 각각에 대해 반복한다
    for word in doc.split():
        # 단어가 출현한 인덱스를 포함하는 집합을 만든다
        if word not in index:
            index[word] = {i}
        else:
            index[word].add(i)

# "cat"과 "table"을 모두 포함하는 문서 질의
index['cat'].intersection(index['table'])
```

힙

힙Heaps은 컬렉션의 최대, 혹은 최솟값을 빠르게 찾고 얻기 위해 설계된 데이터 구조다. 힙을 사용하는 전형적인 사례는 유입되는 일련의 작업을 최고 우선순위 순서로 처리하는 것이다.

이론적으로는 bisect 모듈의 도구를 사용해 정렬된 리스트를 사용할 수 있다. 하지만 최솟값을 꺼내는 시간은 O(1)인데 반해 (list.pop을 사용해) 삽입에는 O(N) 시간이 들 것이다(삽입 지점을 찾는 데 O(log(N)) 시간이 든다고 해도 리스트 중간의 요소 삽입은 여전히 O(N) 연산임을 기억하라). 힙은 삽입과 최댓값 추출을 모두 O(log(N)) 시간 복잡도로 할 수 있으므로 정렬된 리스트보다 더 효율적인 데이터 구조다.

파이썬에서 힙은 하부 리스트에 대해 heapq에 포함된 프로시저를 사용해 구축된다. 예를 들어 10개의 요소가 있는 리스트가 있다면 이것을 heapq.heapify 함수를 사용해 재정리할 수 있다.

```python
import heapq

collection = [10, 3, 3, 4, 5, 6]
heapq.heapify(collection)
```

힙에 대해 삽입과 추출 연산을 수행하기 위해 heapq.heappush와 heapq.heappop 함수를 사용할 수 있다. heapq.heappop 함수는 컬렉션의 최솟값을 $O(\log(N))$ 시간에 추출하며 다음과 같은 방식으로 사용할 수 있다.

```python
heapq.heappop(collection)
# 3을 반환
```

이와 비슷하게, heapq.heappush 함수로 정수 1을 다음과 같이 넣을 수 있다.

```python
heapq.heappush(collection, 1)
```

덤으로 스레드 및 프로세스에 안전하기까지 한 queue.PriorityQueue 클래스를 사용하는 것도 쉬운 선택지다. PriorityQueue 클래스는 PriorityQueue.put 메소드를 사용해 요소로 채워질 수 있으며 PriorityQueue.get으로 컬렉션의 최솟값을 추출할 수 있다.

```python
from queue import PriorityQueue

queue = PriorityQueue()
for element in collection:
    queue.put(element)
```

```
queue.get()
# 3을 반환
```

최댓값이 필요한 경우에 사용하는 간단한 요령은 리스트의 모든 값에 −1을 곱하는 것
이다. 이렇게 하면 요소의 순서는 반대가 된다. 또한 어떤 객체(예를 들면 실행할 작업)를 숫
자(우선순위를 나타내는)에 연결하고 싶다면 (숫자, 객체) 형식의 튜플을 삽입할 수 있다. 튜
플의 비교 연산자는 다음 예제에서 보여주는 것과 같이 첫 요소에 따라 순서를 정한다.

```
queue = PriorityQueue()
queue.put((3, "priority 3"))
queue.put((2, "priority 2"))
queue.put((1, "priority 1"))

queue.get()
# (1, "priority 1") 반환
```

트라이

어쩌면 덜 유명하지만 실제로 대단히 유용한 데이터 구조는 트라이^{trie}(종종 접두사 트리^{prefix}
^{tree}라고도 함)다. 트라이는 접두사에 문자열 목록을 일치시키는 데 극도로 빠르다. 이것은
입력과 동시에 검색$^{search-as-you-type}$이나 자동완성과 같이 가능한 완성 상태는 굉장히 많으
며 응답 시간이 짧아야 하는 기능을 구현하는 데 특히 유용하다.

불행히도 파이썬은 표준 라이브러리에 트라이 구현을 포함하고 있지 않지만, PyPI를 통
해 쉽게 사용할 수 있는 효율적 구현이 많이 있다. 이번 절에서 사용할 구현은 패트리
샤─트라이$^{patricia-trie}$로 단일 파일에 순수 파이썬으로 구현한 트라이다. 예제로 `patricia-`
`trie`를 문자열 집합에 대해 가장 긴 접두사를 찾는 작업을 수행하는 데 (자동완성처럼) 사
용하겠다.

일례로 문자열 리스트를 트라이가 얼마나 빠르게 찾을 수 있는지 보여주겠다. 대량의 고유한 무작위 문자열을 생성하기 위해 random_string이라는 함수를 정의할 수 있다. random_string 함수는 무작위의 대문자로 구성된 문자열을 반환하며, 중복 문자열을 얻을 수 있지만 문자열을 충분히 길게 만든다면 중복 발생 가능성을 무시할 수 있는 정도로까지 크게 줄일 수 있다. random_string 함수의 구현은 다음과 같다.

```
from random import choice
from string import ascii_uppercase

def random_string(length):
    """ 대문자 아스키 문자 *length*개로 이루어진 무작위 문자열을 생성 """
    return ''.join(choice(ascii_uppercase) for i in range(length))
```

무작위 문자열의 리스트를 구축하고 str.startswith 함수를 사용해 접두사(이번 경우 "AA" 문자열)을 얼마나 빠르게 찾는지 측정할 수 있다.

```
strings = [random_string(32) for i in range(10000)]
matches = [s for s in strings if s.startswith('AA')]
```

리스트 조건 제시법과 str.startwith는 이미 대단히 최적화된 연산이며 이 작은 데이터 셋에서는 이 검색에 몇 밀리초 정도 소요된다.

```
%timeit [s for s in strings if s.startswith('AA')]

1000 loops, best of 3: 1.76 ms per loop
```

이제 동일한 연산에 트라이를 사용해보자. 이번 예제에서는 pip로 설치 가능한 patricia-trie 라이브러리를 사용하겠다. patricia.trie 클래스는 딕셔너리와 유사한 인터페이스를 갖는 트라이 데이터 구조의 변형을 구현한다. 다음과 같이 문자열 리스트로부터 딕셔너리를 생성해 트라이를 초기화할 수 있다.

```
from patricia import trie
strings_dict = {s:0 for s in strings}
# 모든 값이 0인 딕셔너리
strings_trie = trie(**strings_dict)
```

patricia-trie에 일치하는 접두사에 대해 질의하기 위해 일치하는 문자열에 대한 반복자를 반환하는 trie.iter 메소드를 사용할 수 있다.

```
matches = list(strings_trie.iter('AA'))
```

이제 트라이의 초기화 방법과 질의 방법을 알았으니 연산 시간을 측정할 수 있다.

```
%timeit list(strings_trie.iter('AA'))
10000 loops, best of 3: 60.1 us per loop
```

면밀히 살펴본다면 이 입력 크기에 대한 시간 측정은 60.1이며 이것은 선형 검색보다 30배 정도(1.76ms=1760us) 빠르다! 트라이 접두사 검색이 더 나은 계산 복잡도를 가졌기 때문에 이렇게 인상적으로 속도가 개선됐다. 트라이 질의는 S가 컬렉션의 최장 문자열의 길이일 때 O(S)의 시간 복잡도를 갖지만 단순 선형 스캔의 시간 복잡도는 N이 컬렉션의 크기일 때 O(N)의 시간 복잡도를 갖는다.

일치하는 모든 접두사를 반환하고 싶다면 실행 시간은 접두사와 일치하는 결과의 수에 비례하게 되는 데 유의하라. 따라서 시간 측정 벤치마크를 설계하는 경우 항상 같은 수의 결과를 반환하도록 주의를 기울여야 한다.

10개의 접두사를 갖는 서로 다른 크기의 데이터 집합에 대한 트라이와 선형 스캔의 확장 속성은 다음 테이블에 나타냈다.

알고리즘	N=10000(µs)	N=20000(µs)	N=30000(µs)	시간
트라이	17.12	17.27	17.47	O(S)
선형 스캔	1978.44	4075.72	6398.06	O(N)

흥미로운 사실은 patricia-trie의 구현은 정말로 단일 파이썬 파일이라는 점이다. 이는 영리한 알고리즘이 얼마나 단순하고 강력할 수 있는지 분명히 보여준다. 추가적인 기능과 성능을 위해서 datrie나 marisa-trie와 같은 C−최적화된 트라이 라이브러리 또한 사용할 수 있다.

■ 캐싱과 메모이제이션

캐싱은 광범위한 애플리케이션 성능 향상에 사용되는 강력한 기법이다. 캐싱의 발상은 비용이 큰 결과를 메모리나 디스크, 원격 위치에 둘 수 있는 일시적인 위치인 캐시에 저장하는 것이다. 웹 애플리케이션은 캐싱을 광범위하게 사용한다. 애플리케이션에서 사용자들이 동시에 특정 페이지를 요청하는 상황이 종종 있다. 이 경우 웹 애플리케이션은 사용자마다 페이지를 다시 계산하는 대신 한 번 계산해서 사용자에게 이미 만들어진 페이지를 제공할 수 있다. 원칙적으로 페이지가 갱신돼야 하는 경우 사용자에게 제공하기 전에 다시 계산하기 위해 캐싱에는 무효화 메커니즘도 필요하다. 지능적으로 캐싱하면 웹 애플리케이션이 적은 자원으로 증가하는 사용자를 처리할 수 있다. 온라인으로 동영상을 보는 동안 그 동영상의 뒷부분을 버퍼링하는 것과 같이 선제적으로도 캐싱할 수 있다.

캐싱은 특정 알고리즘의 성능을 향상시키는 데도 사용할 수 있다. 주된 예제는 피보나치 수열 계산이 있다. 피보나치 수열의 다음 숫자를 계산하려면 수열의 이전 숫자들이 필요하기 때문에 이전 결과를 저장해 극적으로 실행 시간을 개선할 수 있다. 애플리케이션에서 이전 함수 호출의 결과를 저장하고 재사용하는 것을 보통 메모이제이션memoization이라고 부른다. 캐싱의 일종이다. 다른 몇몇 알고리즘도 인상적인 성능을 향상시키기 위해 메모이제이션을 이용할 수 있다. 이 프로그래밍 기법을 일반적으로 동적 프로그래밍^{dynamic} ^{programming}이라고 한다.

그러나 캐싱의 이득은 무상으로 주어지지 않는다. 캐싱이 실제로 하는 일은 애플리케이션의 속도를 향상시키려고 공간을 약간 희생하는 것이다. 추가적으로 캐시가 네트워크상의 위치에 저장된다면 이동 비용과 통상적인 통신에 필요한 시간을 발생시킬 수도 있다. 캐시를 사용하기에 편리한 경우와 속도 증가에 대해 얼마만큼 공간을 맞바꿀 의향이 있는지 평가해야 한다.

이 기법이 유용하기 때문에 파이썬 표준 라이브러리는 바로 사용할 수 있는 메모리상의 캐시를 functools 모듈에 포함한다. functools.lru_cache 데코레이터를 함수의 결과를 쉽게 캐시하는 데 사용할 수 있다. 다음 예제에서 문장을 하나 출력하고 두 숫자의 합을 반환하는 sum2라는 함수를 만들겠다. 이 함수를 두 번 실행하면 처음에는 sum2 함수가 "Calculating..."이라는 문자열을 내보내지만 두 번째는 함수를 실행하지 않고 결과를 반환함을 볼 수 있다.

```python
from functools import lru_cache

@lru_cache()
def sum2(a, b):
    print("Calculating {} + {}".format(a, b))
    return a + b


print(sum2(1, 2))
# 결과:
# 1 + 2 계산
# 3

print(sum2(1, 2))
# 결과:
# 3
```

lru_cache 데코레이터는 다른 기본 기능도 제공한다. 캐시의 크기를 제한하기 위해 유지하려는 요소의 수를 max_size 인자로 설정할 수 있다. 캐시 크기에 제한을 두고 싶지 않다면 None 값을 지정할 수 있다. max_size의 용례를 여기 보여주겠다.

```
@lru_cache(max_size=16)
def sum2(a, b):
    ...
```

이런 식으로 하면 sum2를 다른 인자와 같이 실행하는 데 따라 캐시는 최대 크기 16에 도달할 것이고 더 많이 계산하게 요청하면 새로운 값이 캐시의 오래된 값을 대체할 것이다. lru 접두사는 이 전략에서 나온 것으로 최소 최근 사용least recently used을 의미한다.

lru_cache 데코레이터는 데코레이터를 사용한 함수에 그 외의 기능도 더할 수 있다. 예를 들어 다음과 같이 cache_info 메소드로 캐시 성능을 검사할 수 있고 cache_clear 메소드로 캐시를 재설정할 수 있다.

```
sum2.cache_info()
# 결과: CacheInfo(hits=0, misses=1, maxsize=128, currsize=1)
sum2.cache_clear()
```

예제로 피보나치 수열 계산과 같은 어떤 문제가 캐싱에서 어떻게 이득을 얻는지 알 수 있다. fibonacci 함수를 정의하고 실행 시간을 측정할 수 있다.

```
def fibonacci(n):
    if n < 1:
        return 1
    else:
        return fibonacci(n - 1) + fibonacci(n - 2)

# 메모이제이션 미적용 버전
```

```
%timeit fibonacci(20)
100 loops, best of 3: 5.57 ms per loop
```

실행에는 아주 긴 시간인 5.57밀리초가 들었다. 이 방식으로 작성된 함수의 확장은 성능이 좋지 않다. 이전에 계산된 피보나치 수열이 재사용되지 않아 이 알고리즘이 대략 $O(2^N)$의 지수적 확장성을 갖게 되기 때문이다.

캐싱은 이미 계산한 피보나치 수를 저장하고 재사용해 알고리즘을 개선할 수 있다. lru_cache 데코레이터를 원본 fibonacci 함수에 적용하기만 하면 캐싱 버전이 구현된다. 또한 적절한 벤치마크를 설계하기 위해 매번 실행할 때마다 새로운 캐시가 인스턴스화되는 것을 보장해야 한다. 이를 위해 다음 예제와 같이 timeit.repeat 함수를 사용할 수 있다.

```
import timeit
setup_code = '''
from functools import lru_cache
from __main__ import fibonacci
fibonacci_memoized = lru_cache(maxsize=None)(fibonacci)
'''

results = timeit.repeat('fibonacci_memoized(20)',
                        setup=setup_code,
                        repeat=1000,
                        number=1)
print("Fibonacci took {:.2f} us".format(min(results)))
# 결과: Fibonacci took 0.01 us
```

알고리즘에 단순한 데코레이터를 추가하여 변경했지만 실행 시간은 1마이크로초보다도 훨씬 작다. 캐싱 덕에 지수적 시간이 아니라 신형 시간 알고리즘이 됐기 때문이다.

lru_cache 데코레이터는 애플리케이션에 단순한 메모리상 캐싱을 구현하는 데 사용할 수 있다. 고급 사용 사례에는 서드파티 모듈로 더 강력한 구현과 디스크상 캐싱을 사용할 수 있다.

JOBLIB

joblib은 단순한 라이브러리, 그중에서도 단순한 디스크상 캐시를 제공하는 라이브러리다. 이 패키지는 결과가 디스크에 저장되며 실행 사이에 캐시가 존속한다는 점을 제외하면 lru_cache와 유사한 방식으로 사용할 수 있다.

 joblib 모듈은 pip install joblib 명령으로 PyPI에서 설치할 수 있다.

joblib 모듈은 Memory.cache 데코레이터를 사용해 함수를 메모이즈하는 데 사용할 수 있는 Memory 클래스를 제공한다.

```
from joblib import Memory
memory = Memory(cachedir='/path/to/cachedir')

@memory.cache
def sum2(a, b):
    return a + b
```

이 함수는 결과가 Memory 초기화 시점에 cachedir 인자에 지정된 디스크 디렉터리에 저장되는 것을 제외하면 lru_cache와 유사하게 동작한다. 거기 더해 저장된 결과는 이어지는 실행 동안에도 존속될 것이다!

Memory.cache 메소드는 정해진 인자가 변경될 때만 다시 계산하도록 할 수도 있고 데코레이트된 함수는 캐시를 초기화하고 분석하는 기본적 기능을 지원한다.

어쩌면 joblib 최고의 기능은 지능적 해시 알고리즘 덕에 numpy 배열에 동작하는 효율적인 함수 메모이제이션을 제공하며 과학과 공학 애플리케이션에 특히 유용하단 것일지도 모른다.

■ 조건 제시법과 제너레이터

이번 절에서는 조건 제시법comprehension과 제너레이터generator를 사용해 파이썬 루프의 속도를 높이는 간단한 전략을 몇 가지 알아보겠다. 파이썬에서 조건 제시법과 제너레이터 표현식은 상당히 최적화된 연산이므로 명시적인 for-루프보다 이러한 표현식을 선호해야 한다. 가독성도 이러한 구조를 사용해야 할 이유가 된다. 표준 루프보다 크게 속도가 증가하지 않더라도 조건 제시법과 제너레이터 문법은 더 압축적이며 (대부분의 경우) 더욱 직관적이다.

다음 예제에서 sum 함수와 결합된 리스트 조건 제시법과 제너레이터 표현식이 명시적인 루프보다 빠름을 볼 수 있다.

```python
def loop():
    res = []
    for i in range(100000):
        res.append(i * i)
    return sum(res)

def comprehension():
    return sum([i * i for i in range(100000)])

def generator():
    return sum(i * i for i in range(100000))

%timeit loop()
100 loops, best of 3: 16.1 ms per loop
%timeit comprehension()
100 loops, best of 3: 10.1 ms per loop
%timeit generator()
100 loops, best of 3: 12.4 ms per loop
```

리스트처럼 딕셔너리를 조금 더 효율적이고 압축적으로 구축하는 데 다음 코드와 같이 dict 조건 제시법을 사용할 수 있다.

```
def loop():
    res = {}
    for i in range(100000):
        res[i] = i
    return res
def comprehension():
    return {i: i for i in range(100000)}
%timeit loop()
100 loops, best of 3: 13.2 ms per loop
%timeit comprehension()
100 loops, best of 3: 12.8 ms per loop
```

(특히 메모리 관점에서) 효율적인 루프는 filter와 map처럼 반복자^{iterator}와 함수를 사용해 구현할 수 있다. 예제로 리스트 조건 제시법을 사용해 일련의 연산을 리스트에 적용하고 최댓값을 얻는 문제를 생각해보라.

```
def map_comprehension(numbers):
    a = [n * 2 for n in numbers]
    b = [n ** 2 for n in a]
    c = [n ** 0.33 for n in b]
    return max(c)
```

이 접근 방식의 문제는 모든 리스트 조건 제시문이 새 리스트를 할당하며 메모리 사용량을 늘린다는 것이다. 리스트 조건 제시법을 사용하는 대신 제너레이터를 도입할 수 있다. 제너레이터는 반복^{iterate}시키면 그때그때 값을 계산해 결과를 반환하는 객체다.

예를 들어 map 함수는 두 개의 인자─함수와 반복자─를 받고 컬렉션의 모든 요소에 함수를 적용하는 제너레이터를 반환한다. 중요한 점은 이 연산이 우리가 반복할 때만 일어나고 map이 실행될 때 일어나는 것이 아니라는 점이다.

map을 사용하고 리스트 대신 중간 단계 제너레이터를 생성해 값을 중간 저장 없이 계산

함으로 메모리를 줄이도록 이전 함수를 다시 작성할 수 있다.

```
def map_normal(numbers):
    a = map(lambda n: n * 2, numbers)
    b = map(lambda n: n ** 2, a)
    c = map(lambda n: n ** 0.33, b)
    return max(c)
```

IPython 세션에서 memory_profiler 확장을 사용해 두 해결책의 메모리를 프로파일할 수 있다. 이 확장은 다음 코드 조각에서 보여주는 것과 같이 %timeit과 유사한 방식으로 파이썬 구문의 메모리 사용량을 측정하게 도와주는 작은 유틸리티인 %memit을 제공한다.

```
%load_ext memory_profiler
numbers = range(1000000)
%memit map_comprehension(numbers)
peak memory: 166.33 MiB, increment: 102.54 MiB
%memit map_normal(numbers)
peak memory: 71.04 MiB, increment: 0.00 MiB
```

위에서 봤듯이 첫 버전의 메모리 사용량은 102.54MiB인데 비해 두 번째 버전은 0.00MiB를 소모했다! 관심이 있는 독자를 위해, 일반적인 반복 패턴을 다루기 위해 설계된 유틸리티를 제공하는 itertools 모듈에서 더 많은 제너레이터 반환 함수를 발견할 수 있다.

▌요약

알고리즘 최적화는 더욱 더 큰 데이터를 처리하면서 애플리케이션이 확장하는 방식을 개선시킨다. 2장에서는 리스트, 덱, 딕셔너리, 힙, 트라이와 같이 파이썬에서 사용할 수 있는 가장 일반적인 데이터 구조의 사용 사례와 실행 시간을 보였다. 또한 약간의 메모리 혹은 디스크상의 공간과 애플리케이션의 응답성 향상을 맞바꾸는 데 사용할 수 있는 기법인 캐싱을 다뤘다. for-루프를 리스트 조건 제시법과 제너레이터 표현식과 같은 고속 구조로 대체해서 성능상 이득을 적절히 보는 방법도 보였다.

3장에서는 NumPy와 같은 수치 라이브러리를 사용해 성능을 더 향상시키는 방법과 Cython의 도움을 받아 저수준 언어로 확장 모듈을 작성하는 방법을 배우겠다.

03

NumPy와 Pandas를 사용한 고속 배열 연산

파이썬 과학적 컴퓨팅에 있어서 NumPy는 사실상 표준이다. NumPy는 빠르고 간결한 수학 계산을 가능하게 하는 유연한 다차원 배열로 파이썬을 확장한다.

NumPy는 간결한 문법을 사용해 복잡한 수학 연산을 표현하도록 설계된 공통 데이터 구조와 알고리즘을 제공한다. 다차원 배열 numpy.ndarray의 내부는 C 배열을 기반으로 한다. 이렇게 했기 때문에 성능상 이득을 얻는 데 더해 NumPy 코드가 기존의 C와 FORTRAN 루틴과 쉽게 상호작용할 수도 있다. NumPy는 C나 포트란으로 작성된 기존 코드와 파이썬 사이를 연결하는 데 도움이 된다.

3장에서는 NumPy 배열을 생성하고 다루는 방법을 학습하겠다. 복잡한 수식을 효율적이고 간결한 방식으로 다시 작성하는 데 사용되는 NumPy의 브로드캐스팅^{broadcasting} 기능도 살펴보겠다.

Pandas는 NumPy를 많이 사용하는 도구이며 거기에 데이터 분석을 목적으로 하는 데이터 구조와 알고리즘을 제공한다. Pandas의 주요 기능과 용례를 설명하겠다. Pandas 데이터 구조 및 연산 벡터화로 성능을 높이는 방법도 학습하겠다.

3장에서 다루는 주제는 다음과 같다.

- NumPy 배열 생성하고 조작하기
- 신속하고 간결한 벡터 연산을 위해 NumPy의 브로드캐스팅 기능 정복하기
- NumPy로 입자 시뮬레이터 개선하기
- numexpr로 최적의 성능에 도달하기
- Pandas 기초
- Pandas를 사용한 데이터베이스 방식의 연산

█ NumPy 시작하기

NumPy 라이브러리는 다차원 배열 객체인 `numpy.ndarray`를 중심으로 움직인다.

NumPy 배열은 동일한 데이터 형식을 갖는 요소의 컬렉션이다. 이러한 기본적 제약이 있기 때문에 NumPy가 고성능 수학 연산이 가능한 방식으로 데이터를 압축할 수 있다.

배열 생성하기

`numpy.array` 함수를 사용해 NumPy 배열을 생성할 수 있다. 이 함수는 입력으로 리스트와 유사한 객체(또는 다른 배열)를 받으며 선택적으로 데이터 형식을 기술하는 문자열을 받는다. 다음과 같이 IPython 셸을 사용해 배열 생성을 대화형으로 시험해볼 수 있다.

```
import numpy as np
a = np.array([0, 1, 2])
```

모든 NumPy 배열은 dtype 속성을 사용해 접근할 수 있는 연결된 데이터 형식을 갖는다. 배열 a를 검사한다면 a의 dtype이 64비트 정수를 나타내는 int64임을 알 수 있다.

```
a.dtype
# 결과:
# dtype('int64')
```

정수를 float 형식으로 변환하려고 할 수도 있다. 그렇게 하기 위해 dtype 인자를 배열 초기화 시점에 전달하거나 astype 메소드를 사용해 배열을 다른 데이터 형식으로 변환할 수 있다. 다음 코드에 데이터 형식을 선택하는 두 가지 방식이 나와 있다.

```
a = np.array([1, 2, 3], dtype='float32')
a.astype('float32')
# 결과:
# array([ 0., 1., 2.], dtype=float32)
```

2차원 배열(배열의 배열)을 생성하기 위해 다음과 같이 중첩된 시퀀스를 사용해 초기화를 수행할 수 있다.

```
a = np.array([[0, 1, 2], [3, 4, 5]])
print(a)
# 출력:
# [[0 1 2]
# [3 4 5]]
```

이 방식으로 생성된 배열은 두 개의 차원, NumPy 특수 용어로는 두 개의 축axes을 갖는다. 이렇게 만들어진 배열은 두 개의 행과 세 개의 열을 갖는 테이블과 유사하다. ndarray.shape 속성을 사용해 축에 접근할 수 있다.

```
a.shape
# 결과:
# (2, 3)
```

배열은 차원의 생김이 배열의 전체 요소 수와 같은 한 (즉 전체 요소의 수가 보존되는 한) 형
태를 다르게 바꿀 수 있다. 예를 들어 16개의 요소를 가진 배열의 형태를 (2, 8), (4, 4),
(2, 2, 4)와 같이 바꿀 수 있다. 배열의 형태를 바꾸려면 ndarray.reshape 메소드를
사용하거나 ndarray.shape 튜플에 새로운 값을 할당할 수 있다. 다음 코드는 ndarray.
reshape 메소드 사용법을 보여준다.

```
a = np.array([0, 1, 2, 3, 4, 5, 6, 7, 8,
              9, 10, 11, 12, 13, 14, 15])
a.shape
# 출력:
# (16,)

a.reshape(4, 4) # a.shape = (4, 4) 와 동등함
# 출력:
# array([[ 0,  1,  2,  3],
#        [ 4,  5,  6,  7],
#        [ 8,  9, 10, 11],
#        [12, 13, 14, 15]])
```

이 속성을 활용하면 자유롭게 크기 1의 차원을 추가할 수 있다. 16개의 요소가 있는 배열
을 (16, 1), (1, 16), (16, 1, 1) 등으로 형태를 바꿀 수 있다. 다음 절에서는 이 기능
을 브로드캐스팅을 통해 복잡한 연산을 구현하는 데 널리 사용해보겠다.

NumPy는 다음 코드처럼 0이나 1로 채워진 배열이나 초깃값이 없는 배열(이 경우 실제 값
은 의미가 없으며 메모리 상태에 의존적)을 생성하는 편리한 함수를 제공한다. 이런 함수는 배
열의 형태를 튜플로 받으며 선택적으로 dtype을 받는다.

```
np.zeros((3, 3))
np.empty((3, 3))
np.ones((3, 3), dtype='float32')
```

예제에서 (0, 1) 범위의 임의의 부동소수점 숫자를 생성하는 데 numpy.random 모듈을 사용하겠다. numpy.random.rand는 배열의 형태를 받아 거기 맞는 난수 배열을 반환한다.

```
np.random.rand(3, 3)
```

가끔 배열을 다른 배열과 동일한 형태를 갖도록 초기화하면 편리한 경우가 있다. NumPy는 그 용도로 zeros_like, empty_like, ones_like와 같은 몇 가지 편리한 함수를 제공한다. 이 함수는 다음과 같이 사용할 수 있다.

```
np.zeros_like(a)
np.empty_like(a)
np.ones_like(a)
```

배열 접근하기

NumPy 배열 인터페이스는 얕은 수준에서 파이썬의 리스트와 유사하다. NumPy 배열은 정수 인덱스로 접근할 수 있으며 for 루프를 사용해 반복될 수 있다.

```
A = np.array([0, 1, 2, 3, 4, 5, 6, 7, 8])
A[0]
# 결과:
# 0
```

```
[a for a in A]
# 결과:
# [0, 1, 2, 3, 4, 5, 6, 7, 8]
```

NumPy에서 [ ] 연산자 안에 쉼표(,)로 구분되는 여러 값을 넣어 배열 요소와 부분 배열에 쉽게 접근할 수 있다. (3, 3) 배열(3개의 숫자쌍을 3개 가진 배열)이 있고, 인덱스 0으로 요소에 접근한다면 다음과 같이 첫 행을 얻는다.

```
A = np.array([[0, 1, 2], [3, 4, 5], [6, 7, 8]])
A[0]
# 결과:
# array([0, 1, 2])
```

쉼표로 구분된 다른 인덱스를 더해서 행에 인덱스로 다시 접근할 수 있다. 첫 행의 두 번째 요소에 접근하기 위해 (0, 1) 인덱스를 사용할 수 있다. A[0, 1] 표기법은 사실 A[(0,1)]의 축약이며 따라서 튜플을 사용한 인덱스 접근을 한다는 중요한 사실을 관찰할 수 있다. 두 버전을 모두 다음 코드 조각에 나타냈다.

```
A[0, 1]
# 결과:
# 1

# 튜플을 사용한 동등한 버전
A[(0, 1)]
```

NumPy를 사용해 배열을 여러 차원으로 슬라이스^{slice}할 수 있다. 첫 차원에 대해 슬라이스한다면 3개의 숫자 쌍의 컬렉션을 다음과 같이 얻을 수 있다.

```
A[0:2]
# 결과:
```

```
# array([[0, 1, 2],
#        [3, 4, 5]])
```

배열을 다시 두 번째 차원에 대해 0:2로 슬라이스하면 결국 앞에서 보인 3개의 숫자 쌍 컬렉션으로부터 첫 두 요소들만 뽑아내는 것이다. 이 결과는 (2,2) 형태의 배열이며 다음에 코드를 나타냈다.

```
A[0:2, 0:2]
# 결과:
# array([[0, 1],
#        [3, 4]])
```

배열의 값을 숫자 인덱스와 슬라이스를 모두 사용해 직관적으로 갱신할 수 있다.

다음 코드 조각이 예제다.

```
A[0, 1] = 8
A[0:2, 0:2] = [[1, 1], [1, 1]]
```

슬라이스 문법 인덱싱은 매우 빠르다. 리스트와 다르게 배열의 복사본을 생성하지 않기 때문이다. NumPy의 개념에서 인덱싱은 동일한 메모리 영역의 뷰를 반환한다. 원본 배열의 슬라이스를 가지고 그 값 중 하나를 바꾼다면 원본 배열도 따라서 갱신될 것이다. 다음 코드가 이 특징의 예를 보여준다.

```
a= np.array([1, 1, 1, 1])
a_view = a[0:2]
a_view[0] = 2
print(a)
# 출력:
# [2 1 1 1]
```

NumPy 배열을 변경할 때는 특히 주의해야 한다. 뷰끼리는 데이터를 공유하기 때문에 뷰에서 값을 변경하면 찾기 어려운 버그를 만들 수 있다. 부작용을 막기 위해 의도치 않은 배열 변경을 막도록 a.flags.writeable = False 플래그를 설정할 수 있다.

실제 환경에서 슬라이싱 문법이 어떻게 사용되는지 보여주는 예제를 한 가지 더 보겠다. 10개의 좌표 (x,y)를 갖는 배열인 r_i를 다음 코드에서 보이는 것과 같이 정의했다. 배열의 형태는 (10, 2)가 된다.

```
r_i = np.random.rand(10, 2)
```

 (10, 2)와 (2, 10) 형태의 배열과 같이 축 순서가 다른 배열을 구분하기 어렵다면, '크기가 (뒤의 숫자)인 요소를 (앞의 숫자)개 갖는 배열'로 읽으면 구별할 수 있다. 크기가 2인 요소를 10개 갖는 배열은 (10, 2)이다.

반대로, 크기가 10인 요소를 2개 갖는 배열은 (2, 10)이 된다.

각 좌표에서 x 성분을 추출하는 전형적으로 관심을 가질 만한 연산이 있다. 다르게 말하면 (0, 0), (1, 0), (2, 0) 등의 항목을 추출해서 (10,) 형태의 배열을 얻으려고 한다. 두 번째 인덱스가 0에 고정된 동안 첫 인덱스가 움직인다고 생각하면 도움이 된다. 앞서 설명을 염두에 두고, 다음 코드와 같이 첫 축(움직이는 것)의 모든 인덱스를 슬라이스하고 두 번째 축의 첫 번째 요소(고정된 값)를 얻을 것이다.

```
x_i = r_i[:, 0]
```

다른 한편으로 다음 표현식은 첫 번째 인덱스를 고정하고 두 번째 인덱스를 움직여 첫 (x, y) 좌표를 반환할 것이다.

```
r_0 = r_i[0, :]
```

마지막 축에 대해 모든 인덱스를 지정하는 슬라이싱을 반드시 할 필요가 없다. r_i[0]을 사용해도 r_i[0, :]와 같은 효과를 얻다.

NumPy를 사용하면 정수나 불리언^{Boolean} 값을 갖는 다른 NumPy 배열로 배열을 인덱싱 할 수 있는 팬시 인덱싱^{fancy indexing}이라는 기능을 지원한다.

배열(이름이 a인)을 다른 정수 배열(이름이 idx인)을 인덱스로 사용해 가리키면, NumPy는 정수를 인덱스로 해석하고 해당되는 값을 갖는 배열을 반환할 것이다. 10개의 요소를 갖는 배열을 np.array([0, 2, 3])으로 인덱스하면 0, 2, 3의 위치에 있는 요소를 포함하는 형태 (3,)인 배열을 얻을 것이다. 다음 코드는 이 개념을 설명한다.

```
a = np.array([9, 8, 7, 6, 5, 4, 3, 2, 1, 0])
idx = np.array([0, 2, 3])
a[idx]
# 결과:
# array([9, 7, 6])
```

여러 차원에 대한 팬시 인덱싱을 각 차원마다 배열을 하나씩 넘겨서 사용할 수 있다. (0, 2)와 (1, 3) 요소를 꺼내고 싶다면 첫 축에 대한 모든 인덱스를 하나의 배열로, 두 번째 축에 대한 모든 인덱스를 또 다른 배열로 묶어야 한다. 다음 코드에서 볼 수 있다.

```
a = np.array([[0, 1, 2], [3, 4, 5],
              [6, 7, 8], [9, 10, 11]])
idx1 = np.array([0, 1])
idx2 = np.array([2, 3])
a[idx1, idx2]
```

보통의 리스트도 인덱스 배열로 사용할 수 있지만 튜플은 아니다. 예를 들어 다음 두 구문은 동등하다.

```
a[np.array([0, 1])] # 이것은 아래와 동등하다
a[[0, 1]]
```

그렇지만 튜플을 사용한다면, NumPy는 다음 구문을 여러 차원에 대한 하나의 인덱스로 해석할 것이다.

```
a[(0, 1)] # 이것은 아래와 동등하다
a[0, 1]
```

인덱스 배열이 1차원일 필요는 없다. 어떤 형태로도 원본 배열에서 값을 가져올 수 있다. 예를 들어 다음에서 보는 것과 같이 원본 배열에서 (2, 2) 배열이 되도록 요소를 선택해 올 수 있다.

```
idx1 = [[0, 1], [3, 2]]
idx2 = [[0, 2], [1, 1]]
a[idx1, idx2]
# 출력:
# array([[ 0, 5],
#    [10, 7]])
```

배열 슬라이싱과 팬시 인덱싱 기능을 합칠 수 있다. 기능을 합쳐 사용하면 예를 들어 좌표 배열의 x와 y열을 맞바꾸는 경우 유용하다. 다음 코드에서 첫 인덱스는 모든 요소에 대해 실행되며 각각에 대해 위치 1(y)의 요소를 먼저 꺼내고 그 다음 위치 0(x)의 요소를 꺼낸다.

```
r_i = np.random(10, 2)
r_i[:, [0, 1]] = r_i[:, [1, 0]]
```

인덱스 배열이 bool 형식이면 규칙이 조금 다르다. bool 배열은 마스크와 같이 동작한다. True에 해당하는 모든 요소가 추출돼 결과 배열에 들어간다. 이 절차를 다음 코드에 표시했다.

```
a = np.array([0, 1, 2, 3, 4, 5])
mask = np.array([True, False, True, False, False, False])
a[mask]
# 출력:
# array([0, 2])
```

여러 차원을 다루는 경우에도 동일한 규칙이 적용된다. 게다가 인덱스 배열이 원본 배열과 동일한 형태를 갖는다면 True에 해당하는 요소가 선택돼 결과 배열에 들어간다.

NumPy의 인덱싱은 상당히 빠른 연산이다. 그래도 속도가 대단히 중요한 경우, 약간이라도 성능을 더 짜내기 위해 조금 빠른 numpy.take와 numpy.compress 함수를 사용할 수 있다. numpy.take의 첫 인자는 연산 대상인 배열이고 두 번째는 추출하고 싶은 인덱스의 리스트다. 마지막 인자는 축이다. 주어지지 않은 경우 평탄화된 배열에 대해 인덱스가 동작할 것이다. 주어졌다면 지정된 축을 따라 동작할 것이다.

```
r_i = np.random(100, 2)
idx = np.arange(50) # 0에서 50까지의 정수

%timeit np.take(r_i, idx, axis=0)
1000000 loops, best of 3: 962 ns per loop

%timeit r_i[idx]
100000 loops, best of 3: 3.09 us per loop
```

불리언 배열에 대한 비슷하지만 빠른 버전은 같은 방식으로 동작하는 numpy.compress이다. numpy.compress 사용법은 다음과 같다.

```
In [51]: idx = np.ones(100, dtype='bool') # 모두 True 값
In [52]: %timeit np.compress(idx, r_i, axis=0)
1000000 loops, best of 3: 1.65 us per loop
In [53]: %timeit r_i[idx]
100000 loops, best of 3: 5.47 us per loop
```

브로드캐스팅

NumPy의 진정한 위력은 고속 수학 연산에 있다. NumPy가 택한 접근법은 최적화된 C 코드로 요소별 계산을 수행해 파이썬 인터프리터의 작동을 피하는 것이다. 브로드캐스팅 broadcasting은 유사한 (혹은 동일하지는 않은) 형태의 배열을 위해 빠른 배열 계산을 가능하게 하는 똑똑한 규칙 집합이다.

두 배열에 대한 (곱셈과 같은) 산술 연산을 수행할 때마다, 두 피연산자가 동일한 형태를 갖는다면 연산은 요소별로 적용된다. 예를 들어 형태가 (2, 2)인 두 배열을 곱할 때 연산은 해당되는 요소의 쌍에 대해 일어나며 다음 코드에서와 같이 (2, 2) 배열을 생성한다.

```
A = np.array([[1, 2], [3, 4]])
B = np.array([[5, 6], [7, 8]])
A * B
# 출력:
# array([[ 5, 12],
#    [21, 32]])
```

피연산자의 형태가 일치하지 않으면 NumPy는 브로드캐스팅 규칙을 사용해 일치시키려고 한다. 피연산자 하나가 스칼라scalar 값(예를 들면 숫자) 하나라면 다음 코드에서 보여주는 것과 같이 배열의 모든 요소에 대해 이 값을 적용한다.

```
A * 2
# 출력:
```

```
# array([[2, 4],
#    [6, 8]])
```

피연산자가 또 다른 배열이라면 NumPy는 마지막 축부터 시작해 형태를 일치시키려고 한다. 예를 들어 (3, 2) 형태의 배열을 (2,) 형태와 합치려고 한다면 두 번째 배열이 (3, 2) 배열을 생성하기 위해 세 번 반복될 것이다. 달리 말하자면 배열의 형태를 다른 피연산자의 형태와 일치하게 만들기 위해 다음 그림에서와 같이 차원을 따라 배열이 브로드캐스팅된다.

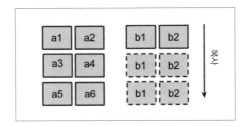

형태가 일치하지 않으면, 이를테면 (3,2) 배열을 (2,2) 배열에 합치려는 것과 같은 경우, NumPy에서 예외가 발생한다.

축의 크기가 1인 축이 있으면 배열은 그 축을 따라 형태가 일치할 때까지 반복될 것이다.

이 내용을 설명하기 위해서 다음과 같은 형태의 배열이 있다고 생각해보자.

```
5, 10, 2
```

이제 (5, 1, 2) 형태의 배열을 브로드캐스팅하려 한다고 생각해보자.

```
5, 10, 2
5, 1, 2 -> 반복됨
- - - -
5, 10, 2
```

앞에서 배열에 크기가 1인 축을 추가하기 위해 배열의 형태를 자유롭게 바꿀 수 있음을 보았다. numpy.newaxis 상수를 인덱싱하는 동안 사용하면 추가되는 차원이 도입된다. 예를 들어 (5, 2) 배열이 있고 이것을 (5, 10, 2) 배열과 결합하려면 호환 가능한 (5, 1, 2) 배열을 얻기 위해 다음 코드와 같이 중간에 여분의 축을 넣을 수 있다.

```
A = np.random.rand(5, 10, 2)
B = np.random.rand(5, 2)
A * B[:, np.newaxis, :]
```

이 기능은 두 배열의 모든 가능한 조합에 대해 동작하는 식으로 사용될 수 있다. 외적^{outer} product도 이러한 응용 중 하나다. 다음 두 배열을 생각해보자.

```
a = [a1, a2, a3]
b = [b1, b2, b3]
```

외적은 다음 코드 조각에서 보여주는 것처럼 두 행렬 요소의 모든 가능한 조합 (i, j)의 곱을 갖는 행렬이다.

```
a x b  = a1*b1, a1*b2, a1*b3
         a2*b1, a2*b2, a2*b3
         a3*b1, a3*b2, a3*b3
```

NumPy로 계산하기 위해 [a1, a2, a3] 요소를 한 차원에 대해 반복하고, [b1, b2, b3] 요소를 다른 차원에 대해 반복한 다음 요소별 곱을 다음 그림처럼 계산한다.

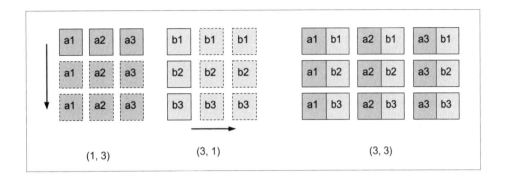

여기서의 전략은 코드를 사용해 배열 a를 (3,)에서 (3, 1) 형태로 변환하고 배열 b를 (3,)에서 (1, 3)으로 변환하는 것이다. 두 배열은 다음의 코드를 사용해 두 차원에 대해 브로드캐스트되고 같이 곱해진다.

```
AB = a[:, np.newaxis] * b[np.newaxis, :]
```

이 연산은 파이썬 루프를 사용하지 않으며 순수 C나 포트란 코드와 비교할 만한 속도로 많은 수의 요소를 처리할 수 있기 때문에 매우 빠르며 극도로 효율적이다.

수학 연산

NumPy는 기본적으로 브로드캐스팅을 지원하는 간단한 대수부터 삼각법, 반올림, 논리에 이르기까지 가장 널리 사용되는 수학 연산을 포함한다. 예를 들어 배열의 모든 요소에 대한 제곱근을 구하기 위해 다음 코드처럼 numpy.sqrt를 사용할 수 있다.

```
np.sqrt(np.array([4, 9, 16]))
# 결과:
# array([2., 3., 4.])
```

특정 요소들을 조건에 따라 걸러내려 하는 경우 비교 연산자가 유용하다. 0에서 1 사이의 무작위 숫자의 배열이 있고, 그중 0.5보다 큰 모든 숫자를 얻고 싶다고 상상해보겠다. 다음과 같이 bool 배열을 얻기 위해 > 연산자를 배열에 사용할 수 있다.

```
a = np.random.rand(5, 3)
a > 0.3
# 결과:
# array([[ True, False, True],
#    [ True, True, True],
#    [False, True, True],
#    [ True, True, False],
#    [ True, True, False]], dtype=bool)
```

결과 bool 배열은 0.5보다 큰 요소를 얻기 위한 인덱스로 다시 사용될 수 있다.

```
a[a > 0.5]
print(a[a>0.5])
# 결과:
# [ 0.9755 0.5977 0.8287 0.6214 0.5669 0.9553 0.5894 0.7196 0.9200 0.5781 0.8281
]
```

NumPy는 어떤 축에 대해 모든 요소의 합을 구하는 ndarray.sum과 같은 메소드도 구현한다. (5,3) 형태의 배열을 갖고 있다면 다음 코드 조각에서 보여주는 것과 같이 ndarray.sum 메소드를 첫 축이나 두 번째 축, 혹은 배열 전체에 대해 요소의 합을 구하는 데 사용할 수 있다.

```
a = np.random.rand(5, 3)
a.sum(axis=0)
# 결과:
# array([ 2.7454, 2.5517, 2.0303])
```

```
a.sum(axis=1)
# 결과:
# array([ 1.7498, 1.2491, 1.8151, 1.9320, 0.5814])

a.sum( ) # 인자가 없으면 평탄화된 배열에 대해 동작한다
# 결과:
# 7.3275
```

어떤 축을 가로질러 요소를 더하면 그 축이 제거된다는 데 유의하라. 앞서의 예제에서 축 0에서의 합은 (3,) 형태의 배열을 생성하는 반면 축 1의 합은 (5,) 형태의 배열을 생성한다.

노름 계산

이번 절에서 설명한 기본 개념을 좌표 집합의 노름[norm]을 계산하면서 복습할 수 있다. 2차원 벡터에 대해 노름은 다음과 같이 정의된다.

```
norm = sqrt(x**2 + y**2)
```

10개의 좌표 (x,y)로 구성된 배열이 주어졌을 때 각 좌표의 노름을 찾으려 한다. 다음 단계에 따라 노름을 계산할 수 있다.

1. 좌표를 제곱해서 (x**2, y**2)를 갖는 배열을 구한다.
2. 마지막 축을 가로질러 numpy.sum으로 더해준다.
3. numpy.sqrt로 요소별 제곱근을 구한다.

마지막 표현식은 한 줄로 줄여 쓸 수 있다.

```
r_i = np.random.rand(10, 2)
norm = np.sqrt((r_i ** 2).sum(axis=1))
```

```
print(norm)
# 출력:
# [ 0.7314 0.9050 0.5063 0.2553 0.0778 0.9143 1.3245 0.9486 1.010 1.0212]
```

▌ 입자 시뮬레이터를 NumPy로 다시 작성하기

이번 절에서는 입자 시뮬레이터의 코드 일부를 NumPy로 다시 작성해 최적화하겠다.
1장, '벤치마킹과 프로파일링'에서 했던 프로파일링으로 프로그램의 가장 느린 부분이
ParticleSimulator.evolve 메소드에 포함된 다음 루프임을 발견했다.

```
for i in range(nsteps):
    for p in self.particles:

        norm = (p.x**2 + p.y**2)**0.5
        v_x = (-p.y)/norm
        v_y = p.x/norm

        d_x = timestep * p.ang_vel * v_x
        d_y = timestep * p.ang_vel * v_y

        p.x += d_x
        p.y += d_y
```

루프의 본문이 현재 입자에 대해서만 단독으로 동작한다는 사실을 발견했을지도 모르
겠다. 입자의 위치와 각속도를 포함하는 배열을 갖고 있다면, 루프를 브로드캐스트된 연
산으로 재작성할 수 있다. 반면 루프 단계는 이전 단계에 의존적이며 이 방식으로 병렬화
할 수 없다.

이어서, nparticle이 입자의 수일 때 모든 배열 좌표를 (nparticles, 2) 형태의 배열에
저장하고 각속도를 (nparticles,) 형태의 배열에 저장하는 것은 자연스럽다. 이 배열을

100

r_i와 ang_vel_i라고 부르겠다.

```
r_i = np.array([[p.x, p.y] for p in self.particles])
ang_vel_i = np.array([p.ang_vel for p in self.particles])
```

벡터 (x, y)와 직각인 속도의 방향은 다음과 같이 정의된다.

```
v_x = -y / norm
v_y = x / norm
```

노름은 NumPy 시작하기 표제 하위에 있는 노름 계산 절에서 설명한 전략으로 계산할 수 있다.

```
norm_i = ((r_i ** 2).sum(axis=1))**0.5
```

(−y, x) 요소에 대해서는 다음 코드에서처럼 먼저 r_i에 있는 x와 y열을 맞바꾸고 그 다음 첫 열에 −1을 곱해야 한다.

```
v_i = r_i[:, [1, 0]] / norm_i
v_i[:, 0] *= -1
```

변위를 계산하기 위해 v_i, ang_vel_i, timestep의 곱을 계산해야 한다. ang_vel_i가 (nparticles,) 형태이기 때문에 (nparticles, 2) 형태인 v_i와 같이 연산하려면 새로운 축이 필요하다. 다음과 같이 numpy.newaxis를 사용해 수행하겠다.

```
d_i = timestep * ang_vel_i[:, np.newaxis] * v_i
r_i += d_i
```

루프 밖에서 다음과 같이 새로운 좌표 x와 y로 입자 인스턴스를 갱신해야 한다.

```
for i, p in enumerate(self.particles):
    p.x, p.y = r_i[i]
```

끝맺기 위해 ParticleSimulator.evolve_numpy라는 메소드를 구현하고 ParticleSimu
lator.evolve_python으로 이름을 변경한 순수 파이썬 버전과 비교해 벤치마크하겠다.

```
def evolve_numpy(self, dt):
    timestep = 0.00001
    nsteps = int(dt/timestep)

    r_i = np.array([[p.x, p.y] for p in self.particles])
    ang_vel_i = np.array([p.ang_vel for p in self.particles])

    for i in range(nsteps):
        norm_i = np.sqrt((r_i ** 2).sum(axis=1))
        v_i = r_i[:, [1, 0]]
        v_i[:, 0] *= -1
        v_i /= norm_i[:, np.newaxis]
        d_i = timestep * ang_vel_i[:, np.newaxis] * v_i
        r_i += d_i

    for i, p in enumerate(self.particles):
        p.x, p.y = r_i[i]
```

입자의 수와 시뮬레이션 메소드를 간편하게 변경하기 위해 다음과 같이 벤치마크도 갱신
하겠다.

```
def benchmark(npart=100, method='python'):
    particles = [Particle(uniform(-1.0, 1.0),
                 uniform(-1.0, 1.0),
```

```
                uniform(-1.0, 1.0))
                for i in range(npart)]

simulator = ParticleSimulator(particles)

if method=='python':
    simulator.evolve_python(0.1)
elif method == 'numpy':
    simulator.evolve_numpy(0.1)
```

IPython 세션에서 벤치마크를 실행시켜보자.

```
from simul import benchmark
%timeit benchmark(100, 'python')
1 loops, best of 3: 614 ms per loop
%timeit benchmark(100, 'numpy')
1 loops, best of 3: 415 ms per loop
```

약간 개선했지만 속도가 굉장히 증가한 것 같지는 않다. NumPy의 위력은 큰 배열을 처리할 때 드러난다. 입자의 수를 늘리면 성능이 상당히 향상됐음을 알아챌 것이다.

```
%timeit benchmark(1000, 'python')
1 loops, best of 3: 6.13 s per loop
%timeit benchmark(1000, 'numpy')
1 loops, best of 3: 852 ms per loop
```

다음 도표는 입자 수를 달리한 벤치마크를 실행시켜 얻은 것이다.

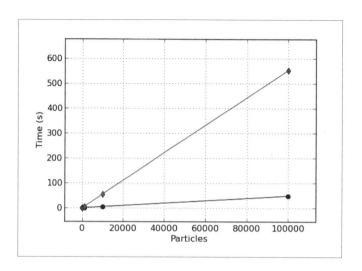

도표를 보면 구현 두 가지가 모두 입자 수에 선형적으로 비례하는 성능을 보이지만 순수 파이썬 버전의 실행 시간이 NumPy 버전에 비해 빠르게 증가한다. 크기가 클수록 NumPy의 이득이 더 커진다. 일반적으로 NumPy를 사용할 때는 숫자를 큰 배열로 묶은 다음 브로드캐스팅 기능을 사용해 계산을 그룹핑해야 한다.

■ numexpr로 최적의 성능에 도달하기

NumPy는 복잡한 표현식을 다룰 때 중간 결과를 메모리에 저장한다. 데이비드 M. 쿡 David M.Cooke은 배열 표현식을 저장 없이 곧바로 최적화하고 컴파일하는 numexpr이라는 패키지를 작성했다. 이 패키지는 CPU 캐시의 사용량을 최적화하고 여러 개의 프로세서를 사용하는 이점을 살려 동작한다.

사용 방식은 대체로 간단하며 numexpr.evaluate라는 단일 함수에 기반한다. 이 함수는 배열 표현식을 포함하는 문자열을 첫 인자로 받는다. 이 문법은 NumPy의 문법과 기본적으로 동일하다. 예를 들어 간단한 a + b * c 표현식을 다음 방식으로 계산할 수 있다.

```
a = np.random.rand(10000)
b = np.random.rand(10000)
c = np.random.rand(10000)
d = ne.evaluate('a + b * c')
```

numexpr 패키지는 거의 모든 상황에서 성능을 향상시키지만 이익을 충분히 보려면 큰 배열에 대해 numexpr 패키지를 사용해야 한다. 거리 행렬의 계산은 큰 배열이 반드시 필요한 애플리케이션이다. 입자계에서 거리 행렬은 입자 간의 가능한 모든 거리를 포함한다. 계산하기 위해서 먼저 어떤 두 입자 (i, j)를 연결하는 모든 벡터를 다음과 같이 계산해야 한다.

```
x_ij = x_j - x_i
y_ij = y_j - y_i
```

그 다음 이 벡터의 길이를 다음 코드에서처럼 노름을 취해 계산해야 한다.

```
d_ij = sqrt(x_ij**2 + y_ij**2)
```

보통의 브로드캐스팅 규칙을 적용해서 위의 계산을 NumPy로 작성할 수 있다(이 연산은 외적과 유사하다).

```
r = np.random.rand(10000, 2)
r_i = r[:, np.newaxis]
r_j = r[np.newaxis, :]
d_ij = r_j - r_i
```

마지막으로 다음 코드를 사용해 마지막 축을 가로지른 노름을 계산한다.

```
d_ij = np.sqrt((d_ij ** 2).sum(axis=2))
```

numexpr 문법을 사용해 동일한 표현식을 다시 작성하는 것은 극히 쉽다. numexpr 패키지는 배열 표현식에서 슬라이싱을 지원하지 않는다. 따라서 먼저 다음과 같이 브로드캐스팅의 피연산자를 추가 차원을 더해 준비해야 한다.

```
r = np.random(10000, 2)
r_i = r[:, np.newaxis]
r_j = r[np.newaxis, :]
```

이 지점에서 상당량의 최적화가 가능하도록 가능한 많은 연산을 하나의 표현식에 넣어야 한다.

NumPy 수학 연산 대부분을 numexpr에서도 사용할 수 있다. 그러나 축소 연산(sum과 같이 축을 줄이는 연산)을 마지막에 해야 한다는 제약이 있다. 따라서 먼저 sum을 계산하고 numexpr에서 빠져나온 다음 다른 표현식에서 제곱근을 마지막으로 구해야 한다.

```
d_ij = ne.evaluate('sum((r_j - r_i)**2, 2)')
d_ij = ne.evaluate('sqrt(d_ij)')
```

numexpr 컴파일러는 중간 결과를 저장하지 않아 메모리 할당을 중복하지 않는다. 가능한 경우 여러 프로세서로 연산을 분산하기도 한다. distance_matrix.py 파일에서 두 버전을 구현하는 두 함수 distance_matrix_numpy와 distance_matrix_numexpr를 발견할 수 있다.

```
from distance_matrix import (distance_matrix_numpy,
                             distance_matrix_numexpr)
%timeit distance_matrix_numpy(10000)
1 loops, best of 3: 3.56 s per loop
%timeit distance_matrix_numexpr(10000)
1 loops, best of 3: 858 ms per loop
```

표현식이 numexpr을 사용하도록 단순히 변환해서 표준 NumPy 대비 4.5배 성능 증가를 얻을 수 있었다. 큰 배열과 복잡한 연산을 수반하는 NumPy 표현식을 최적화할 필요가 있을 때마다 numexpr 패키지를 사용할 수 있으며, 코드를 최소한으로 변경하면서 최적화할 수 있다.

▌ Pandas

Pandas는 원래 웨스 매키니$^{Wes\ McKinney}$가 개발한 라이브러리로, 데이터 집합을 매끄럽고 효율적으로 분석하기 위해 설계됐다. 최근 몇 년 동안 파이썬 커뮤니티에서 이 강력한 라이브러리는 놀라운 성장세를 보였고 널리 채택됐다. 이번 절에서는 Pandas 라이브러리가 제공하는 주요 개념과 도구를 소개하고, 이것을 NumPy의 벡터화된 연산과 브로드캐스팅으로 다룰 수 없는 다양한 사용 사례의 성능을 높이는 데 사용하겠다.

Pandas 기초

NumPy는 대체로 배열을 다루는 반면 Pandas의 주요 데이터 구조는 pandas.Series, pandas.DataFrame, pandas.Panel이다. 3장에서는 pandas를 pd라고 줄여 쓰겠다.

pd.Series와 np.array 간의 주된 차이점은 pd.Series 객체가 배열의 요소마다 특정한 키를 연결한다는 것이다. 실제 pd.Series 객체가 어떻게 동작하는지 예제로 살펴보겠다.

새로운 혈압 약을 시험해, 약을 투여한 이후 환자의 혈압 개선 여부를 나타내는 자료를 환자별로 저장하려 한다고 가정해보자. 이 정보를 (정수로 표현하는) 피험자 아이디마다 약이 효과가 있었으면 참^{True}을, 없었으면 거짓^{False}을 연결해서 부호화할 수 있다.

환자를 나타내는 키 배열을 약효를 나타내는 값 배열과 연결해 pd.Series 객체를 생성할 수 있다. 다음 코드 조각에서 보여주듯 Series 생성자에 index 인자를 사용해 키 배열을 넘길 수 있다.

```
import pandas as pd
patients = [0, 1, 2, 3]
effective = [True, True, False, False]

effective_series = pd.Series(effective, index=patients)
```

0부터 N까지의 정수를 값 집합에 연결하는 것은 np.array를 사용해 기술적으로 구현할 수 있다. 이 경우 키는 단순히 배열 요소의 위치가 될 것이기 때문이다. Pandas의 키는 정수로 제한되지 않으며 문자열이나 부동소수점 실수도 키가 될 수 있고 보편적인 (즉 해시 가능한) 파이썬 객체도 키가 될 수 있다. 예를 들면 ID를 다음 코드 조각에서 보여주는 것과 같이 약간의 수고만 들여 문자열로 쉽게 바꿀 수 있다.

```
patients = ["a", "b", "c", "d"]
effective = [True, True, False, False]

effective_series = pd.Series(effective, index=patients)
```

여기서 관찰 결과 흥미로운 점은 NumPy 배열은 파이썬 리스트와 유사한 연속적인 값의 컬렉션으로 간주할 수 있는 반면 Pandas의 pd.Series 객체는 파이썬 딕셔너리와 유사하게 키를 값으로 연결하는 구조로 간주할 수 있다는 것이다.

환자마다 최초와 최종 혈압을 저장하고 싶다면 어떻게 할까? Pandas의 pd.DataFrame 객체를 사용해 키마다 각각 여러 데이터를 연결할 수 있다.

pd.DataFrame은 pd.Series 객체와 유사하게 열을 나타내는 딕셔너리와 인덱스를 넘겨서 초기화할 수 있다. 다음 예제에서 환자의 수축기 혈압과 확장기 혈압의 초깃값과 최종값을 나타내는 네 개의 열이 있는 pd.DataFrame 객체를 어떻게 만드는지 살펴보겠다.

```
patients = ["a", "b", "c", "d"]

columns = {
```

```
    "sys_initial": [120, 126, 130, 115],
    "dia_initial": [75, 85, 90, 87],
    "sys_final": [115, 123, 130, 118],
    "dia_final": [70, 82, 92, 87]
}
df = pd.DataFrame(columns, index=patients)
```

마찬가지로 pd.DataFrame을 pd.Series의 컬렉션으로 간주할 수 있다. 사실 pd.Series 인스턴스의 딕셔너리로 pd.DataFrame을 직접 초기화할 수 있다.

```
columns = {
    "sys_initial": pd.Series([120, 126, 130, 115], index=patients),
    "dia_initial": pd.Series([75, 85, 90, 87], index=patients),
    "sys_final": pd.Series([115, 123, 130, 118], index=patients),
    "dia_final": pd.Series([70, 82, 92, 87], index=patients)
}
df = pd.DataFrame(columns)
```

pd.DataFrame이나 pd.Series 객체의 내용을 검사하기 위해 데이터 집합의 첫 몇 개 행을 출력해주는 pd.Series.head와 pd.DataFrame.head 메소드를 사용할 수 있다.

```
effective_series.head()
# 출력:
# a True
# b True
# c False
# d False
# dtype: bool

df.head()
# 출력:
#       dia_final    dia_initial    sys_final    sys_initial
# a            70             75          115            120
```

```
# b          82          85          123         126
# c          92          90          130         130
# d          87          87          118         115
```

pd.DataFrame을 사용해 pd.Series의 컬렉션을 저장하는 것처럼 pd.Panel을 사용해 pd.DataFrame의 컬렉션을 저장할 수 있다. pd.Panel은 pd.Series나 pd.DataFrame처럼 자주 사용되지 않기 때문에 pd.Panel의 사용법에 대해서는 다루지 않겠다. pd.Panel에 대해 더 알아보려면 http://pandas.pydata.org/pandas-docs/stable/dsintro.html#panel에 있는 잘 설명된 문서를 참고할 수 있다.

Series와 DataFrame 객체 인덱싱

키가 있을 때 pd.Series에서 데이터를 얻으려면 직관적으로 pd.Series.loc 속성을 인덱싱하면 된다.

```
effective_series.loc["a"]
# 결과:
# True
```

pd.Series.iloc 속성으로 하부 배열의 위치를 사용해 요소에 접근할 수도 있다.

```
effective_series.iloc[0]
# 결과:
# True
```

혼합해 접근하는 경우 pd.Series.ix 속성을 사용할 수도 있다. 키가 정수가 아니면 키와 일치시켜 보고, 정수라면 그 수가 표현하는 위치에 있는 요소를 뽑을 것이다. pd.Series에 직접 접근하는 경우에도 비슷한 일이 일어난다. 다음 예제가 이러한 개념을 보여준다.

```
effective_series.ix["a"] # 키에 따라
effective_series.ix[0]    # 위치에 따라

# 동등한 표현
effective_series["a"] # 키에 따라
effective_series[0]    # 위치에 따라
```

인덱스가 정수로 구성됐다면 ix 메소드도 loc처럼 키로만 접근하는 메소드로 동작하는
데 주의하라. 이러한 상황에서 위치로 인덱싱하는 방법은 iloc 메소드가 유일하다.

pd.DataFrame의 인덱싱도 비슷한 방식으로 동작한다. 예를 들면 키 값에 따라 행을 얻
기 위해서는 pd.DataFrame.loc을, 데이터프레임에서 행의 위치로 행을 얻기 위해서는
pd.DataFrame.iloc을 사용할 수 있다.

```
df.loc["a"]
df.iloc[0]
# 결과:
# dia_final 70
# dia_initial 75
# sys_final 115
# sys_initial 120
# Name: a, dtype: int64
```

이 경우 반환하는 데이터 형식은 각 열을 새로운 키로 갖는 pd.Series라는 점이 중요
하다. 특정 행과 열을 얻기 위해 다음 코드를 사용할 수 있다. loc은 행과 열을 모두 키로
인덱싱하고, iloc은 행과 열을 정수로 인덱싱한다.

```
df.loc["a", "sys_initial"] # 는 다음과 동등하다
df.loc["a"].loc["sys_initial"]

df.iloc[0, 1] # 는 다음과 동등하다
df.iloc[0].iloc[1]
```

pd.DataFrame을 ix 속성으로 인덱싱하면 인덱스와 위치 기반 인덱싱을 섞어 사용하기 편리하다. 예를 들어 위치 0에 있는 행의 "sys_initial" 열 값을 다음과 같이 얻을 수 있다.

```
df.ix[0, "sys_initial"]
```

일반 인덱싱이나 속성 접근으로 pd.DataFrame에서 이름으로 열을 얻을 수 있다. 위치로 열을 얻기 위해, iloc이나 pd.DataFrame.column 속성으로 열의 이름을 얻을 수 있다.

```
# 이름으로 열 얻기
df["sys_initial"] # 는 다음과 동등하다
df.sys_initial

# 위치로 열 얻기
df[df.columns[2]] # 는 다음과 동등하다
df.iloc[:, 2]
```

언급된 메소드들은 NumPy의 메소드와 비슷하게 bool과 리스트, int 배열을 사용한 것과 같은 고급 인덱싱도 지원한다.

이제 성능 고려 사항을 살펴보겠다. Pandas의 인덱스와 딕셔너리 사이에는 약간 차이가 있다. 이를테면 딕셔너리의 키는 중복 값을 가질 수 없지만 Pandas 인덱스는 반복되는 요소를 가질 수 있다. 그러나 이러한 유연성에는 비용이 있다(유일하지 않은 값으로 요소에 접근하려 한다면 상당한 성능상 손해를 본다). 이 접근은 딕셔너리처럼 O(1)이 아니라 선형 탐색과 같은 O(N)의 비용이 든다.

이러한 효과를 완화하는 방법 중 하나는 인덱스를 정렬하는 것이다. 그렇게 하면 Pandas가 계산 복잡도가 O(log(N))으로 훨씬 나아진 이진 탐색 알고리즘을 사용할 수 있다. 다음 코드와 같이 pd.Series.sort_index 함수를 사용해 인덱스를 정렬할 수 있다(동일한 내용이 pd.DataFrame에도 적용된다).

```
# 중복된 인덱스를 갖는 시리즈를 생성한다
index = list(range(1000)) + list(range(1000))

# 보통의 시리즈에 접근하는 연산의 비용은 O(N)
series = pd.Series(range(2000), index=index)

# 인덱스를 정렬하면 탐색이 O(log(N))으로 개선된다.
series.sort_index(inplace=True)
```

서로 다른 버전으로 시간을 측정한 결과를 다음 표에 요약했다.

인덱스 유형	N=10000	N=20000	N=30000	시간
고유함	12.30	12.58	13.30	O(1)
중복됨	494.95	814.10	1129.95	O(N)
중복됨(정렬)	145.93	145.81	145.66	O(log(N))

Pandas를 사용한 데이터베이스 방식의 연산

앞에서 테이블 형식의 데이터가 보통 데이터베이스에 저장되는 데이터와 유사하다는 것을 인지했을지도 모른다. 보통 기본 키primary key를 사용해 데이터베이스를 인덱스하며 pd.DataFrame처럼 다양한 열은 서로 다른 데이터 형식을 가질 수 있다.

Pandas의 인덱스 연산이 효과적이기 때문에 Pandas의 인덱스 연산이 카운트, 조인, 그룹, 집계aggregation와 같은 데이터베이스 식의 조작에 적합하다.

매핑

Pandas는 NumPy와 같이 요소별 연산을 지원한다(어쨌든 pd.Series는 np.array를 사용해 데이터를 저장한다). 예를 들어 pd.Series와 pd.DataFrame 모두에 변환을 매우 쉽게 적용할 수 있다.

```
np.log(df.sys_initial)    # 시리즈의 로그
df.sys_initial ** 2       # 시리즈의 제곱
np.log(df)                # 데이터프레임의 로그
df ** 2                   # 데이터프레임의 제곱
```

두 pd.Series 간의 요소별 연산 또한 NumPy와 비슷한 방법으로 수행할 수 있다. 주된 차이점은 피연산자들이 위치가 아니라 키 값에 따라 연결된다는 점이다. 인덱스가 일치하지 않으면 결괏값은 NaN으로 설정된다. 다음 코드 예제에서 두 시나리오에 대한 전형적인 예제를 모두 보여준다.

```
# 일치하는 인덱스
a = pd.Series([1, 2, 3], index=["a", "b", "c"])
b = pd.Series([4, 5, 6], index=["a", "b", "c"])
a + b
# 결과:
# a 5
# b 7
# c 9
# dtype: int64

# 일치하지 않는 인덱스
b = pd.Series([4, 5, 6], index=["a", "b", "d"])
# 결과:
# a 5.0
# b 7.0
# c NaN
# d NaN
# dtype: float64
```

유연성을 높이기 위해 Pandas는 특정한 변환을 적용하는 데 사용할 수 있는 map, apply, applymap 메소드를 노출한다.

pd.Series.map 메소드는 값마다 함수를 실행하고 각각의 결과를 포함하는 pd.Series를 반환하는 데 사용할 수 있다. 다음 예제에서 어떻게 pd.Series의 요소 각각에 superstar 함수를 적용하는지 보이겠다.

```
a = pd.Series([1, 2, 3], index=["a", "b", "c"])
def superstar(x):
    return '*' + str(x) + '*'
a.map(superstar)

# 결과:
# a *1*
# b *2*
# c *3*
# dtype: object
```

pd.DataFrame.applymap 함수는 pd.Series.map과 동등하지만 DataFrame에 적용하는 함수다.

```
df.applymap(superstar)
# 결과:
#       dia_final    dia_initial    sys_final    sys_initial
# a        *70*         *75*          *115*         *120*
# b        *82*         *85*          *123*         *126*
# c        *92*         *90*          *130*         *130*
# d        *87*         *87*          *118*         *115*
```

마지막으로 pd.DataFrame.apply 함수는 전달한 함수를 요소별 값에 적용하지 않고 열마다 또는 행마다 적용할 수 있다. axis 인사로 석용 방향을 선택할 수 있는데, 0(기본값)은 열에, 1은 행에 해당된다. apply의 반환값은 pd.Series인 데에도 유의하라.

```
df.apply(superstar, axis=0)
# 결과:
# dia_final *a 70nb 82nc 92nd 87nName: dia...
# dia_initial *a 75nb 85nc 90nd 87nName: dia...
# sys_final *a 115nb 123nc 130nd 118nName:...
# sys_initial *a 120nb 126nc 130nd 115nName:...
# dtype: object

df.apply(superstar, axis=1)
# 결과:
# a *dia_final 70ndia_initial 75nsys_f...
# b *dia_final 82ndia_initial 85nsys_f...
# c *dia_final 92ndia_initial 90nsys_f...
# d *dia_final 87ndia_initial 87nsys_f...
# dtype: object
```

Pandas는 편리한 eval 메소드를 사용해 효율적인 numexpr 방식의 표현식도 지원한다. 예를 들어 최초와 최종 혈압의 차이를 계산하고 싶다면 다음 코드에서 보이는 것과 같이 식을 문자열로 작성할 수 있다.

```
df.eval("sys_final - sys_initial")
# 결과:
# a -5
# b -3
# c 0
# d 3
# dtype: int64
```

pd.DataFrame.eval 표현식에서 할당 연산자를 사용해 새로운 열을 생성할 수도 있다. inplace=True 인자를 사용했다면 연산이 pd.DataFrame 원본에 직접 적용되며, 사용하지 않았다면 새로운 데이터프레임을 반환한다. 다음 예제에서 sys_final과 sys_initial 간의 차이를 계산해 sys_delta 행에 저장하겠다.

```
df.eval("sys_delta = sys_final - sys_initial", inplace=False)
# 결과:
#       dia_final    dia_initial    sys_final    sys_initial    sys_delta
# a           70             75          115            120           -5
# b           82             85          123            126           -3
# c           92             90          130            130            0
# d           87             87          118            115            3
```

그룹핑, 집계, 변환

Pandas의 기능 중 평가가 가장 좋은 특징 하나는 데이터를 그룹핑하고 변환하고 집계하는 데이터 분석 파이프라인을 단순하고 간결하게 표현한다는 점이다. 이 개념을 실제로 보이기 위해 예제 데이터 집합에 치료를 받지 않은 환자─보통 대조군이라고 한다─ 두 명의 정보를 추가해보자. 환자가 치료를 받았는지 여부를 기록하는 drug_admst 열도 추가한다.

```
patients = ["a", "b", "c", "d", "e", "f"]

columns = {
    "sys_initial": [120, 126, 130, 115, 150, 117],
    "dia_initial": [75, 85, 90, 87, 90, 74],
    "sys_final": [115, 123, 130, 118, 130, 121],
    "dia_final": [70, 82, 92, 87, 85, 74],
    "drug_admst": [True, True, True, True, False, False]
}

df = pd.DataFrame(columns, index=patients)
```

이 지점에서 두 그룹의 혈압이 어떻게 달라졌는지 알고 싶을 수 있다. pd.DataFrame.groupby 함수를 사용해 환자를 drug_amst 값에 따라 그룹핑할 수 있다. 반환값은

DataFrameGroupBy 객체로, drug_admst 값 각각에 대해 새로운 pd.DataFrame을 얻기 위해 이 객체에 대한 접근을 반복할 수 있다.

```
df.groupby('drug_admst')
for value, group in df.groupby('drug_admst'):
    print("Value: {}".format(value))
    print("Group DataFrame:")
    print(group)
# 출력:
# Value: False
# Group DataFrame:
#     dia_final    dia_initial    drug_admst    sys_final    sys_initial
# e       85             90           False         130           150
# f       74             74           False         121           117
# Value: True
# Group DataFrame:
#     dia_final    dia_initial    drug_admst    sys_final    sys_initial
# a       70             75            True         115           120
# b       82             85            True         123           126
# c       92             90            True         130           130
# d       87             87            True         118           115
```

DataFrameGroupBy 객체에 대한 반복 접근은 대체로 절대 필요하지 않은데, 메소드 연쇄^{method chaining} 덕에 그룹 연관된 속성을 직접 계산할 수 있기 때문이다. 예를 들어 각 그룹에 대한 산술 평균이나 최댓값, 표준편차를 계산하려고 할 수 있다. 데이터를 어떤 방식으로 요약하는 이 모든 연산을 집계^{aggregation}라고 하며 agg 메소드를 사용해 수행할 수 있다. 다음 코드에서 설명하는 것과 같이 agg의 결과는 그룹핑 변수와 집합의 결과를 연관시키는 또 다른 pd.DataFrame이다.

```
df.groupby('drug_admst').agg(np.mean)
#                dia_final    dia_initial    sys_final    sys_initial
# drug_admst
```

```
# False              79.50           82.00          125.5          133.50
# True               82.75           84.25          121.5          122.75
```

DataFrame 그룹에 대한 데이터 요약이 아닌 데이터 처리도 수행할 수 있다. 흔히 볼 수 있는 요약이 아닌 연산은 누락된 값을 채우는 연산이다. 그러한 중간 단계를 변환이라고 한다.

이 개념을 예제로 설명할 수 있다. 예제 데이터 집합에 몇 개의 값이 누락됐으며 우리는 이 값을 같은 그룹에 있는 다른 값의 평균으로 대체하려 한다고 가정해보자. 다음과 같이 변환을 이용해 대체할 수 있다.

```
df.loc['a','sys_initial'] = None
df.groupby('drug_admst').transform(lambda df: df.fillna(df.mean()))
#         dia_final     dia_initial      sys_final     sys_initial
# a             70              75           115     123.666667
# b             82              85           123     126.000000
# c             92              90           130     130.000000
# d             87              87           118     115.000000
# e             85              90           130     150.000000
# f             74              74           121     117.000000
```

조인

조인Join은 다른 테이블 사이에 흩어진 데이터를 모으는 데 유용하다. 데이터 집합의 환자 정보에 측정한 병원의 위치 정보를 추가하려 한다고 해보자. 각 환자의 병원 위치를 H1, H2, H3 레이블로 참조하고, 병원의 주소와 식별자를 hospital 테이블에 저장할 수 있다.

```
hospitals = pd.DataFrame(
    { "name" : ["City 1", "City 2", "City 3"],
      "address" : ["Address 1", "Address 2", "Address 3"],
```

```
        "city": ["City 1", "City 2", "City 3"] },
      index=["H1", "H2", "H3"])

hospital_id = ["H1", "H2", "H2", "H3", "H3", "H3"]
df['hospital_id'] = hospital_id
```

이제 환자의 혈압을 측정한 도시를 찾으려고 한다. hospital_id 열에서 얻은 키를 hospitals 테이블에 저장된 도시에 연결해야 한다.

딕셔너리를 사용해 이 연결을 확실히 파이썬으로 구현할 수 있다.

```
hospital_dict = {
    "H1": ("City 1", "Name 1", "Address 1"),
    "H2": ("City 2", "Name 2", "Address 2"),
    "H3": ("City 3", "Name 3", "Address 3")
    }
cities = [hospital_dict[key][0]
    for key in hospital_id]
```

이 알고리즘은 N이 hospital_id의 크기일 때 $O(N)$ 복잡도로 효율적으로 실행된다. Pandas는 이와 동일한 연산을 간단한 인덱싱을 사용해 표현할 수 있게 해준다. join이 아주 많이 최적화된 Cython에서 효율적인 해싱 알고리즘을 사용해 수행된다는 이점이 있다. 앞서의 간단한 파이썬 표현을 이 방식을 사용해 쉽게 Pandas로 변환할 수 있다.

```
cities = hospitals.loc[hospital_id, "city"]
```

고급 조인을 pd.DataFrame.join 메소드를 사용해도 수행할 수 있다. 이 메소드는 환자에 병원 정보를 붙인 새로운 pd.DataFrame을 만든다.

```
result = df.join(hospitals, on='hospital_id')
result.columns
```

```
# 결과:
# Index(['dia_final', 'dia_initial', 'drug_admst',
# 'sys_final', 'sys_initial',
# 'hospital_id', 'address', 'city', 'name'],
# dtype='object')
```

▌ 요약

3장에서는 NumPy 배열을 조작하는 방법과 배열 브로드캐스팅을 사용해 고속 수학 표현식을 작성하는 방법을 배웠다. 더 간결하고 표현력이 좋은 코드를 작성하며 동시에 상당한 성능 이득을 보는 데 도움이 될 것이다. 최소한의 노력으로 NumPy 계산의 속도를 더 높이는 numexpr 라이브러리도 소개했다.

Pandas는 큰 데이터 집합을 분석할 때 유용한 효율적인 데이터 구조를 구현한다. 특히 Pandas는 데이터를 정수가 아닌 키로 인덱스하는 데 뛰어나며 아주 빠른 해싱 알고리즘을 제공한다.

NumPy와 Pandas는 큰 동종의 입력을 잘 처리하지만 표현식이 복잡해지고 이 라이브러리가 제공하는 도구로 연산을 표현할 수 없는 경우에는 적합하지 않다. 그러한 경우에는 Cython 패키지를 사용해 C와 인터페이싱하는 것으로 파이썬의 결합 언어로의 역량을 활용할 수 있다.

04

Cython으로 C 성능 얻기

Cython은 함수와 변수, 클래스에 형식 선언을 지원하는 방식으로 파이썬을 확장한 언어이다. 형식 있는 선언이 있어서 Cython이 파이썬 스크립트를 효율적인 C 코드로 컴파일할 수 있다. Cython은 외부의 C 루틴과 C++ 루틴에 대한 인터페이스를 작성하는 데 사용하기 쉬운 개념 요소를 제공하기 때문에 파이썬과 C 사이의 가교도 될 수 있다. 4장에서는 다음 내용을 학습하겠다.

- Cython 문법 기초
- Cython 프로그램을 컴파일하는 방법
- 빠른 코드를 생성하기 위해 정적 형식화를 사용하는 방법
- 형식 있는 메모리뷰memoryview를 사용해 배열을 효율적으로 다루는 방법
- 견본 입자 시뮬레이터 최적화

- 주피터 노트북에서 Cython을 사용하는 팁
- Cython과 사용할 수 있는 프로파일링 도구

C에 대한 최소한의 지식이 도움이 되긴 하지만, 4장에서는 파이썬 최적화 맥락에서의 Cython에만 집중하겠다. 따라서 이 맥락에서는 C 배경지식이 전혀 필요하지 않다.

▌ Cython 확장 컴파일

설계 의도에 따라 Cython 문법은 파이썬 문법을 포함하는 상위 집합이다. 약간의 예외를 제외하면 대부분의 파이썬 모듈을 전혀 변경하지 않고 Cython으로 컴파일할 수 있다. Cython 소스 파일은 .py 확장자를 가지며 cython 명령으로 컴파일해서 C 파일을 생성할 수 있다.

첫 Cython 스크립트는 "Hello, World!"를 출력하는 간단한 함수를 포함한다.

다음 코드를 갖는 hello.py 파일을 새로 만들라.

```
def hello():
    print('Hello, World!')
```

cython 명령은 hello.py를 읽어 hello.c 파일을 만들 것이다.

```
$ cython hello.pyx
```

hello.c를 파이썬 확장 모듈로 컴파일하기 위해 GCC 컴파일러를 사용하겠다. 운영체제에 따라 파이썬 특화된 컴파일 옵션을 몇 가지 추가할 필요가 있다. 헤더 파일이 있는 디렉터리를 지시하는 것은 중요하다. 다음 예제에서 그 디렉터리는 /usr/include/python3.5/이다.

```
$ gcc -shared -pthread -fPIC -fwrapv -O2 -Wall -fno-strict-aliasing -lm I/ usr/
include/python3.5/ -o hello.so hello.c
```

 파이썬 include 디렉터리를 찾기 위해 disutils 유틸리티 sysconfig.get_python_inc를 사용할 수 있다. 이를 실행하려면 간단하게 python –c "from distutils import sysconfig; print(sysconfig.get_python_inc())" 명령을 내리면 된다.

그렇게 해서 파이썬 세션에 직접 불러올 수 있는 C 확장 모듈인 hello.so라는 파일을 생성한다.

```
>>> import hello
>>> hello.hello( )
Hello, World!
```

Cython은 파이썬 2와 파이썬 3을 모두 입출력 언어로 허용한다. 다르게 말하면 파이썬 3 스크립트 hello.py 파일을 –3 옵션으로 컴파일할 수 있다.

```
$ cython -3 hello.pyx
```

생성된 hello.c는 -l 옵션을 주어 파이썬 2와 파이썬 3 중에 해당되는 헤더를 다음과 같이 인클루드해 코드를 변경하지 않고 파이썬 2와 파이썬 3으로 컴파일할 수 있다.

```
$ gcc -I/usr/include/python3.5 # ... 그 외 옵션
$ gcc -I/usr/include/python2.7 # ... 그 외 옵션
```

표준 파이썬 패키징 도구인 distutils를 사용해 Cython 프로그램을 더 간단한 방식으로 컴파일할 수 있다. setup.py 스크립트를 작성해 .pyx 파일을 직접 확장 모듈로 컴파

일할 수 있다. hello.py 예제를 컴파일하기 위해 다음 코드를 포함하는 최소한의 setup.py를 작성할 수 있다.

```
from distutils.core import setup
from Cython.Build import cythonize

setup (
    name='Hello',
    ext_modules = cythonize('hello.pyx')
)
```

앞서의 코드 중 첫 두 줄에서 setup 함수와 cythonize 도우미를 임포트한다. setup 함수는 빌드해야 하는 애플리케이션 및 확장의 이름을 지정하는 몇 개의 키와 값 쌍을 포함한다.

cythonize 도우미는 컴파일하려는 Cython 모듈을 담은 문자열이나 문자열의 리스트를 받는다. 다음 코드를 사용해 glob 패턴을 사용할 수도 있다.

```
cythonize(['hello.pyx', 'world.pyx', '*.pyx'])
```

distutils를 사용해 확장 모듈을 컴파일하기 위해 setup.py 스크립트를 다음 코드를 사용해 실행할 수 있다.

```
$ python setup.py build_ext --inplace
```

build_ext 옵션은 스크립트에게 ext_modules가 가리키는 확장 모듈을 빌드하라고 지시하며, 한편 --inplace 옵션은 hello.so 출력 파일을 소스 파일과 같은 위치(build 디렉터리 대신)에 두라고 지시한다.

pyximport를 사용해 Cython 모듈을 자동적으로 컴파일할 수도 있다. 그저 스크립트의 시작에 pyximport.install()을 호출하면 된다(혹은 그 명령을 인터프리터에서 실행해야한다). 호출한 다음 .pyx 파일을 직접 임포트할 수 있으며 pyximport가 해당되는 Cython모듈을 투명하게 컴파일할 것이다.

```
>>> import pyximport
>>> pyximport.install()
>>> import hello # hello.pyx가 컴파일된다
```

불행히도 pyximport가 모든 유형의 설정에서 동작하지는 않지만(예를 들면 C와 Cython파일의 조합이 있다든가 하는 경우), 간단한 스크립트를 시험해볼 때는 편리하게 사용할 수있다.

0.13 버전부터 IPython은 반응형으로 일련의 Cython 구문을 작성하고 시험할 수 있는 cythonmagic 확장을 포함한다. load_ext를 사용해 IPython 셸에 확장을 적재할 수있다.

```
%load_ext cythonmagic
```

확장을 적재하고 나면 여러 줄의 Cython 코드 조각을 작성하는 데 %%cythoncell 매직을 사용할 수 있다. 다음 예제에서는 컴파일되어 IPython 세션 네임스페이스에 추가될hello_snippet 함수를 정의한다.

```
%%cython
def hello_snippet():
    print("Hello, Cython!")

hello_snippet()
Hello, Cython!
```

▌ 정적 형식 추가

파이썬에서는 프로그램 실행 도중에 변수를 다른 형식의 객체에 연결할 수 있다. 이 기능이 파이썬 언어를 유연하고 동적으로 만드는 데는 좋지만 실행 시간에 변수의 형식과 메소드를 찾아야 하며 따라서 최적화를 다양하게 하기 어렵기 때문에 인터프리터에 상당한 부담을 주기도 한다. 컴파일 결과로 효율적인 C 확장을 생성하기 위해 Cython은 명시적 형식 선언을 더해 파이썬 언어를 확장한다.

Cython에서 데이터 형식을 선언하는 주요 방법은 cdef 구문을 사용하는 것이다. cdef 키워드는 변수, 함수, 확장 형식(정적으로 형식화된 클래스) 등과 같이 여러 맥락에서 사용될 수 있다.

변수

Cython에서 변수 앞에 cdef와 변수에 지정할 형식을 붙여 변수의 형식을 선언할 수 있다. 예를 들어 다음 방법으로 변수 i를 16비트 정수로 선언할 수 있다.

```
cdef int i
```

cdef 구문은 다음 줄에서 보듯이 같은 줄에 선택적 초기화와 같이 여러 변수 이름을 지원한다.

```
cdef double a, b = 2.0, c = 3.0
```

형식화된 변수는 표준적인 변수와 다르게 취급된다. 파이썬에서 변수를 종종 메모리 객체를 참조하는 레이블로 설명한다. 예를 들어 프로그램의 어디서나 제약 없이 'hello'라는 값을 a 변수에 할당할 수 있다.

```
a = 'hello'
```

a 변수는 'hello' 문자열에 대한 참조를 담고 있다. 그 이후의 코드에서 동일한 변수에 다른 값(예를 들어 정수 1)을 자유롭게 할당할 수도 있다.

```
a = 1
```

파이썬은 변수 a에 어떤 문제도 없이 정수 1을 할당할 것이다.

형식화된 변수는 상당히 다르게 동작하며 보통 데이터 컨테이너로 형식화된 변수를 설명한다. 데이터 형식에 따라 결정되는 컨테이너에 맞는 값만 저장할 수 있다. 예를 들어 변수 a를 int로 선언하고, 그 변수에 double을 할당하려 하면 다음 코드에서 보는 것처럼 Cython이 오류를 발생시킬 것이다.

```
%%cython
cdef int i
i = 3.0

# 출력을 자름
...cf4b.pyx:2:4 Cannot assign type 'double' to 'int'
```

정적 형식화 덕분에 컴파일러가 유용한 최적화를 하기 편리해진다. 예를 들어 루프 인덱스를 int로 선언하면 Cython이 그 루프를 파이썬 인터프리터에게 넘길 필요 없는 순수 C로 재작성할 것이다. 형식화 선언은 컴파일러가 프로그램 정확성을 위협하지 않고도 최적화를 자유롭게 수행하게 하기 위해 인덱스의 형식이 언제나 int이며 실행 시간에 덮어쓰일 수 없음을 보장한다.

이러한 경우의 성능 이득을 작은 테스트 케이스로 평가할 수 있다. 다음 예제에서 변수 a를 백 번 증가시키는 단순한 루프를 구현한다. Cython으로 example 함수를 다음과 같이 작성할 수 있다.

```
%%cython
def example():
    cdef int i, j=0
    for i in range(100):
        j += 1
    return j

example()
# 결과:
# 100
```

유사한 계산을 하는 형식화되지 않은 순수 파이썬 루프의 속도를 비교할 수 있다.

```
def example_python():
    j=0
    for i in range(100):
        j += 1
    return j

%timeit example()
10000000 loops, best of 3: 25 ns per loop
%timeit example_python()
100000 loops, best of 3: 2.74 us per loop
```

이 간단한 형식 선언을 구현해서 얻은 성능 이득은 100배로 엄청나다. Cython 루프가 먼저 순수 C로 변환된 다음 효율적인 기계 코드로 변환되는 반면 파이썬 루프는 느린 인터프리터에 여전히 의존하기 때문에 최적화가 유효하다.

Cython에서는 어떤 표준 C 형식의 변수를 선언할 수 있으며, 전통적인 C 구조인 struct, enum, typedef를 사용한 사용자 생성 형식을 정의하는 것도 가능하다. 흥미로운 예제는 변수를 object 형식으로 선언하면 그 변수는 어떤 종류의 파이썬 객체도 허용한다는 것이다.

```
cdef object a_py
# 'hello'와 1은 모두 파이썬 객체
a_py = 'hello'
a_py = 1
```

변수를 object로 선언하면 이 객체에 접근하고 객체를 조작하려면 여전히 하부 형식과
속성과 메소드를 찾기 위해 인터프리터가 필요하기 때문에 성능 이득이 없다.

때때로 어떤 데이터 형식(float과 int 숫자와 같은)들은 서로의 형식으로 변환될 수 있다는
의미에서 호환된다. Cython에서 다음 코드에서처럼 목적 형식을 뾰족한 괄호로 둘러싸
형식 간 변환(캐스트)을 할 수 있다.

```
cdef int a = 0
cdef double b
b = <double> a
```

함수

각각의 파이썬 함수 인자 이름 앞에 형식을 지정해서 파이썬 함수의 인자에 형식 정보를
추가할 수 있다. 이 방식으로 명시된 함수는 일반적인 파이썬 함수와 같이 동작하지만 인
자의 형식이 검사될 것이다. 두 정수 중 큰 값을 반환하는 max_python 함수를 작성할 수
있다.

```
def max_python(int a, int b):
    return a if a > b else b
```

이 방식으로 명시된 함수는 형식 검사를 수행하고 인자를 cdef 정의처럼 형식화된 변수
로 취급한다. 그러나 이 함수는 여전히 파이썬 함수이며 여러 번 호출할 때 여전히 인터

프리터로 돌아갈 필요가 있다. Cython이 함수 호출 최적화를 할 수 있게 하려면 반환 형식을 cdef 구문으로 선언해야 한다.

```
cdef int max_cython( int a, int b):
    return a if a > b else b
```

이 방식으로 선언된 함수는 네이티브 C 함수로 번역돼 파이썬 함수에 비해 훨씬 적은 부담을 갖는다. 호출 최적화되는 함수는 파이썬에서 사용할 수 없고 Cython에서만 사용할 수 있으며 정의 파일에 노출하지 않는 한('선언 공유' 절 참조) 동일한 Cython 파일로 범위가 한정된다는 큰 결점이 있다.

다행히 Cython은 파이썬에서 호출 가능하며 성능 좋은 C 함수로 변환할 수 있는 함수를 정의할 수 있게 허용한다. 함수를 cpdef 구문으로 선언하면 Cython은 함수를 두 버전으로 생성한다. 하나는 인터프리터가 사용할 수 있는 파이썬 버전이고 다른 하나는 Cython에서 사용할 수 있는 고속 C 함수다. cpdef 문법은 다음에서 보여주듯 cdef와 동일하다.

```
cpdef int max_hybrid( int a, int b):
    return a if a > b else b
```

때때로 호출 부담은 C 함수에서조차 성능 문제가 될 수 있다. 특히 동일한 함수가 중요 루프에서 여러 번 호출될 때 문제가 된다. 함수 본문이 짧으면 함수 정의 앞에 inline 키워드를 더하면 편리하다. 함수 호출을 함수 본문 자체로 대체한다. max 함수도 인라이닝하기에 좋은 후보다.

```
cdef inline int max_inline( int a, int b):
    return a if a > b else b
```

클래스

cdef 클래스 구문을 사용하고 클래스 본문에 속성을 선언해 확장 형식을 정의할 수 있다. 예를 들어 다음 코드에서 보듯이 double 형식의 두 좌표를 저장하는 확장 형식 Point를 생성할 수 있다.

```
cdef class Point
    cdef double x
    cdef double y

    def __init__(self, double x, double y):
        self.x = x
        self.y = y
```

클래스 메소드에서 선언된 속성에 접근하면 Cython이 하부 C struct의 해당 필드에 직접 접근해 비싼 파이썬 속성 탐색을 회피할 수 있다. 그렇기 때문에 형식화된 클래스의 속성에 접근하는 연산은 극도로 빠르다. cdef 클래스를 코드에서 사용하려면 컴파일 시점에 사용하려는 변수의 형식을 명시적으로 선언해야 한다. (Point 같은) 확장 형식 이름을 (double, float, int와 같은) 표준 형식을 사용하는 어떤 맥락에서도 사용할 수 있다. 예를 들어 Point 형식의 원점에서부터의 거리를 계산하는 Cython 함수(예제에서는 이 함수의 이름을 norm이라고 한다)를 작성하려고 한다면 다음 코드에서 보이듯 입력 변수를 반드시 Point로 선언해야 한다.

```
cdef double norm(Point p):
    return (p.x**2 + p.y**2)**0.5
```

형식화된 함수와 같이 형식화된 클래스는 몇 가지 한계가 있다. 확장 형식 속성을 파이썬에서 접근하려고 한다면 다음과 같이 AttributeError를 얻을 것이다.

```
>>> a = Point(0.0, 0.0)
>>> a.x AttributeError: 'Point' object has no attribute 'x'
```

파이썬 코드에서 속성에 접근하려면 다음 코드에서 보이듯 public(읽기/쓰기 접근)이나 readonly 지정자를 속성 선언에서 사용해야만 한다.

```
cdef class Point:
    cdef public double x
```

거기 더해 일반 함수에서처럼 메소드를 cpdef 구문과 같이 선언할 수 있다.

실행 시간에 확장 형식에 추가 속성을 더하는 동작은 지원하지 않는다. 추가 속성을 더하려면 형식화된 클래스의 하위 클래스인 파이썬 클래스를 정의하고 순수 파이썬으로 속성과 메소드를 확장해야 한다.

▌ 선언 공유

Cython 모듈을 작성할 때 가장 자주 사용하는 함수와 클래스를 다른 모듈이 재사용할 수 있도록 그 정의를 별도의 파일로 재조직하려 할 수 있다. Cython은 이러한 구성 요소를 정의 파일에 넣고 cimport 구문으로 그 요소에 접근할 수 있게 해준다.

max와 min 함수가 있는 모듈이 있고, 여러 Cython 프로그램에서 이 함수들을 재사용하려 한다고 해보자. 함수 뭉치를 pyx 파일 하나로 단순히 작성한다면 그 선언은 같은 파일에서만 사용할 수 있게 제한될 것이다.

 정의 파일은 Cython을 외부 C 코드와 인터페이스하는 데도 사용된다. 그 방법은 형식과 함수 프로토타입을 정의 파일에 복사(더 정확히는 번역)하고 별도의 단계에서 컴파일 및 링크될 외부 C 코드에게 구현을 맡기는 것이다.

max와 min 함수를 공유하기 위해 .pxd 확장자를 갖는 정의 파일을 작성해야 한다. .pxd 정의 파일은 다른 모듈과 공유하려는 형식과 함수 프로토타입, 즉 공개 인터페이스만 포함한다. max와 min 함수 프로토타입을 mathlib.pxd라는 파일에 다음과 같이 선언할 수 있다.

```
cdef int max(int a, int b)
cdef int min(int a, int b)
```

앞에서 봤듯이 함수 본문을 구현하지 않고 함수 이름과 인자만 작성했다. 함수 구현은 동일한 기본 이름을 갖지만 .pyx 확장을 갖는 구현 파일인 mathlib.pyx로 들어간다.

```
cdef int max(int a, int b):
    return a if a > b else b

cdef int min(int a, int b):
    return a if a < b else b
```

이제 이 `mathlib` 모듈을 다른 Cython 모듈에서 임포트할 수 있다.

새 Cython을 테스트하기 위해 chebyshev라는 함수를 갖는 distance.pyx 파일을 만들겠다. 이 함수는 두 지점 간의 체비셰프 거리를 다음 코드에서 보이는 바와 같이 계산할 것이다. 두 좌표 (x1, y1)과 (x2, y2) 간의 체비셰프 거리는 각 좌표 간의 차이 중 가장 큰 값으로 정의된다.

```
max(abs(x1 - x2), abs(y1 - y2))
```

chebyshev 함수를 구현하기 위해 mathlib.pxd에 선언한 max 함수를 다음 코드 조각에서 보이는 바와 같이 `cimport` 구문으로 임포트해서 사용하겠다.

```
from mathlib cimport max

def chebyshev(int x1, int y1, int x2, int y2):
    return max(abs(x1 - x2), abs(y1 - y2))
```

cimport 구문은 distance.c 파일을 생성하는 데 사용할 hello.pxd와 max 정의를 읽어들일 것이다.

▌ 배열 다루기

고성능 수치 계산에서는 배열을 자주 활용한다. Cython은 배열과 상호작용하는 쉬운 방법을 직접 저수준 C 배열이나 더 보편적으로 형식화된 메모리뷰^{memoryview}를 사용해 제공한다.

C 배열과 포인터

C 배열은 메모리상에 연속적으로 저장되며 동일한 형식을 갖는 항목의 컬렉션이다. 세부 사항에 파고들기 전에 C가 메모리를 관리하는 방식을 이해(복습)하면 도움이 된다.

C의 변수는 컨테이너와 같다. 변수를 저장할 때 메모리 공간이 그 값을 저장하기 위해 예약된다. 예를 들어 64비트 부동소수점 숫자(double)을 담는 변수를 생성한다면 그 프로그램은 메모리를 64비트(16바이트) 할당할 것이다. 메모리 위치에 대한 주소를 통해 이 부분의 메모리에 접근할 수 있다.

변수의 주소를 얻기 위해 & 기호로 표시하는 주소 연산자를 사용할 수 있다. 변수의 주소를 출력하기 위해 다음과 같이 libc.stdio Cython 모듈로 사용 가능한 printf 함수를 사용할 수도 있다.

```
%%cython
cdef double a
from libc.stdio cimport printf
printf("%p", &a)
# Output: # 0x7fc8bb611210
```

다음과 같이 변수 이름 앞에 * 접두사를 붙여 정의하는 포인터라는 특별한 변수에 메모리 주소를 저장할 수 있다.

```
from libc.stdio cimport printf
cdef double a
cdef double *a_pointer
a_pointer = &a # a_pointer와 &a는 동일한 형식
```

포인터가 있고 포인터가 가리키는 주소에 들어 있는 값을 얻고 싶다면 * 기호로 표시하는 역참조 연산자를 사용할 수 있다. 이 맥락에서 사용하는 *가 변수 정의 맥락에서 사용하는 *와 다른 의미를 갖는 데 주의하라.

```
cdef double a
cdef double *a_pointer
a_pointer = &a a = 3.0
print(*a_pointer) # 3.0 출력
```

C 배열을 선언하면 프로그램이 요청된 모든 요소를 수용하기에 충분한 공간을 할당한다. 예를 들어 10개의 double 값(각각 16바이트)을 갖는 배열을 생성하기 위해 프로그램은 메모리상에 16 * 10 = 160바이트의 연속적인 공간을 예약할 것이다. Cython에시는 다음 문법을 사용해 그러한 배열을 선언할 수 있다.

```
cdef double arr[10]
```

또한 5개의 행과 2개의 열을 갖는 것과 같은 다차원 배열도 다음 문법을 사용해 선언할 수 있다.

```
cdef double arr[5][2]
```

이 배열의 메모리가 행 다음 행이 오는 식의 단일한 메모리 덩어리로 할당될 것이다. 이 순서를 보통 행-우선이라고 언급하며 다음 그림으로 묘사했다. 포트란 프로그래밍 언어의 경우와 같이 배열을 열-우선으로도 정렬할 수 있다.

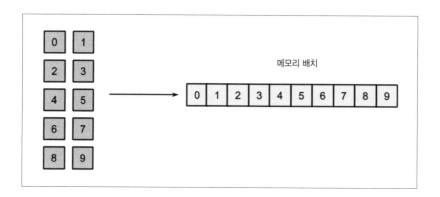

 배열 순서의 영향은 중요하다. C 배열을 마지막 차원을 따라 반복하는 경우 연속적 메모리에 접근하지만(예제에서 0, 1, 2, 3 ...) 첫 차원에 대해 반복하는 경우에는 위치를 조금씩 뛰어넘는다(0, 2, 4, 6, 8, 1 ...). 메모리를 순차적으로 접근하면 캐시와 메모리 사용이 최적화되기 때문에 항상 메모리의 순차적 접근을 시도해야 한다.

표준 인덱싱으로 배열 요소를 저장하고 꺼낼 수 있다. C 배열은 편리한 인덱싱이나 슬라이스를 지원하지 않는다.

```
arr[0] = 1.0
```

C 배열은 다수의 동작을 포인터와 같이 한다. arr 변수는 사실 배열의 첫 요소의 메모리 위치를 가리킨다. 배열 첫 요소의 주소가 arr 변수에 들어 있는 주소와 같은지 다음과 같이 역참조 연산자를 사용해 검증할 수 있다.

```
%%cython
from libc.stdio cimport printf
cdef double arr[10]
printf("%pn", arr)
printf("%pn", &arr[0])

# Output
# 0x7ff6de204220
# 0x7ff6de204220
```

기존 C 라이브러리를 사용하거나 메모리를 세심하게 제어하려고 하는 경우 C 배열이나 포인터를 사용해야 한다(배열이나 포인터가 매우 성능이 좋기도 하다). 이 수준의 상세한 제어가 잘못된 메모리 위치에 접근하지 못하게 막아주지 않기 때문에 실수에도 취약하다. 더 일반적인 사용 사례와 향상된 안전을 보장하기 위해 NumPy 배열이나 형식화된 메모리 뷰를 사용할 수 있다.

NumPy 배열

이미 최적화된 NumPy 배열의 브로드캐스팅 연산을 사용해 Cython에서 NumPy 배열을 보통의 파이썬 객체처럼 사용할 수 있다. 그렇지만 Cython은 직접 반복을 더 잘 지원하는 numpy 모듈을 제공한다.

보통 NumPy 배열의 요소에 접근하는 경우 인터프리터 수준에서 일어나는 몇 가지 다른 연산이 주로 부담을 일으킨다. Cython은 NumPy 배열이 사용하는 하부 메모리 영역에 직접 동작해서 이 연산을 바이패스하며 검사할 수 있고, 따라서 인상적인 성능 이득을 얻을 수 있다.

ndarray 데이터 형식으로 NumPy 배열을 선언할 수 있다. 코드에서 이 데이터 형식을 사용하려면 먼저 numpy Cython 모듈(Python NumPy 모듈과 다른)을 cimport해야 한다. 파이썬 numpy 모듈과의 차이를 명시적으로 만들기 위해 numpy Cython 모듈을 c_np 변수에 연결하겠다.

```
cimport numpy as c_np
import numpy as np
```

이제 형식과 차원의 갯수를 사각 괄호 사이에 지정(버퍼 문법이라고 함)해서 NumPy 배열을 선언할 수 있다. double 형식의 2차원 배열을 선언하기 위해 다음 코드를 사용할 수 있다.

```
cdef c_np.ndarray[double, ndim=2] arr
```

하부 메모리 영역에 직접 연산을 수행해서 이 배열에 접근하게 된다. 이 연산은 인터프리터로 들어가지 않게 되어 엄청나게 성능이 향상된다. 다음 예제에서 형식화된 numpy 배열의 사용법을 보이고 보통의 파이썬 버전과 비교하겠다.

먼저 py_arr의 각 요소의 값을 증가시키는 numpy_bench_py 함수를 작성한다. for 루프 부담을 피할 수 있게 인덱스를 정수로 선언한다.

```
%%cython
import numpy as np
def numpy_bench_py():
    py_arr = np.random.rand(1000)
    cdef int i
    for i in range(1000):
        py_arr[i] += 1
```

그 다음 ndarray 형식을 사용해 동일한 함수를 작성한다. c_arr 변수를 c_np.ndarray 형식을 사용해 정의한 다음 numpy 파이썬 모듈의 배열을 이 변수에 할당할 수 있다는 데 주의하라.

```
%%cython
import numpy as np
cimport numpy as c_np

def numpy_bench_c():
    cdef c_np.ndarray[double, ndim=1] c_arr
    c_arr = np.random.rand(1000)
    cdef int i
    for i in range(1000):
        c_arr[i] += 1
```

timeit 유틸리티를 사용해 결과를 측정할 수 있고, 형식화된 버전이 50배 빠름을 볼 수 있다.

```
%timeit numpy_bench_c()
100000 loops, best of 3: 11.5 us per loop
%timeit numpy_bench_py()
1000 loops, best of 3: 603 us per loop
```

형식화된 메모리뷰

C와 NumPy 배열 및 내장 byte, bytearray, array.arrayobjects는 모두 (메모리 버퍼라고도 하는) 연속적 메모리 영역에 대해 동작한다는 점에서 유사하다. Cython은 이 모든 데이터 형식에 대한 접근을 통합하고 단순화하는 보편적인 인터페이스—형식화된 메모리뷰—를 제공한다.

메모리뷰는 특정 메모리 영역에 대한 참조를 관리하는 객체다. 이 객체가 실제로 메모리를 소유하지는 않지만 메모리의 내용을 읽고 변경할 수 있다. 달리 말해 이 객체는 하부 데이터에 대한 뷰다. 특별한 문법을 사용해 메모리뷰를 정의할 수 있다. 예를 들어 int 형식의 메모리뷰와 2차원 double 형식 메모리뷰를 다음과 같은 방법으로 정의할 수 있다.

```
cdef int[:] a
cdef double[:, :] b
```

동일한 문법을 변수와 함수 정의와 클래스 속성 등의 선언에 적용한다. 버퍼 인터페이스 (예를 들어 NumPy array, byte, array.arrayobject)를 노출하는 어떤 객체도 자동적으로 메모리뷰에 연결된다. 예를 들어 메모리뷰를 간단한 변수 할당으로 NumPy 배열에 연결할 수 있다.

```
import numpy as np

cdef int[:] arr
arr_np = np.zeros(10, dtype='int32')
arr = arr_np # 배열을 메모리뷰에 바인드
```

메모리뷰가 데이터를 소유하지 않으며 연결된 메모리의 데이터에 접근하고 그 데이터를 변경할 수단만 제공함을 인지해야 한다. 소유권은 이 경우 NumPy 배열에 남는다. 다음 예제에서 볼 수 있듯이 메모리뷰를 통해 변경하면 하부 메모리 영역에 변경이 작동하며 원본 NumPy 구조에 반영된다(반대도 마찬가지다).

```
arr[2] = 1 # 메모리뷰 변경
print(arr_np)
# [0 0 1 0 0 0 0 0 0 0]
```

어떤 의미에서 메모리뷰 이면의 메커니즘은 NumPy 배열을 슬라이싱할 때 NumPy가 만드는 것과 유사하다. 3장, 'NumPy와 Pandas를 사용한 고속 배열 연산'에서 살펴본 바와 같이 NumPy 배열을 슬라이싱하면 NumPy가 데이터를 복사하지 않고 동일한 메모리 영역에 대한 뷰를 반환하며, 뷰를 변경하면 원본 배열에 반영한다. 메모리뷰는 표준 NumPy 배열 슬라이싱 문법도 지원한다.

```
cdef int[:, :, :] a
arr[0, :, :] # 2차원 메모리뷰
arr[0, 0, :] # 1차원 메모리뷰
arr[0, 0, 0] # int 값
```

메모리뷰 사이에 데이터를 복사하기 위해 다음 코드에서 보여주는 바와 같이 슬라이스 할당과 유사한 문법을 사용할 수 있다.

```
import numpy as np

cdef double[:, :] b
cdef double[:] r
b = np.random.rand(10, 3)
r = np.zeros(3, dtype='float64')

b[0, :] = r # b의 첫 행에 r의 값 복사
```

다음 절에서는 입자 시뮬레이터의 배열에 형식을 선언하기 위해 형식화된 메모리뷰를 사용하겠다.

▌ Cython 입자 시뮬레이터

이제 Cython의 동작에 대해 기본적으로 이해했으니 ParticleSimulator.evolve 메소드를 재작성할 수 있다. 고맙게도 Cython 덕에 루프를 C로 변환할 수 있고 따라서 파이썬 인터프리터가 주는 부담을 피할 수 있다. 3장, 'NumPy와 Pandas를 사용한 고속 배열 연산'에서 NumPy를 사용한 상당히 효율적인 버전의 evolve 메소드를 작성했다. 지난 버전을 새로운 버전과 구별하기 위해 이전 버전의 이름을 evolve_numpy로 다시 이름 붙일 수 있다.

```python
def evolve_numpy(self, dt):
    timestep = 0.00001
    nsteps = int(dt/timestep)

    r_i = np.array([[p.x, p.y] for p in self.particles])
    ang_speed_i = np.array([p.ang_speed for p in self.particles])
    v_i = np.empty_like(r_i)

    for i in range(nsteps):
        norm_i = np.sqrt((r_i ** 2).sum(axis=1))

        v_i = r_i[:, [1, 0]]
        v_i[:, 0] *= -1
        v_i /= norm_i[:, np.newaxis]

        d_i = timestep * ang_speed_i[:, np.newaxis] * v_i

        r_i += d_i

    for i, p in enumerate(self.particles):
        p.x, p.y = r_i[i]
```

이 코드를 Cython으로 옮기려고 한다. NumPy 배열 브로드캐스팅을 제거하고 따라서 인덱스 기반 알고리즘으로 되돌아가는 고속 인덱싱 연산을 이용하는 전략을 취할 것이다. Cython이 효율적인 C 코드를 생성하기 때문에 어떤 성능 손해도 없이 원하는 만큼 많은 루프를 사용해도 된다. 설계상 결정으로, cevolve.pyx라는 Cython 모듈로 재작성할 함수의 루프를 캡슐화하기로 할 수 있다. 이 모듈은 입자 위치, 각속도, 시간 간격, 단계의 수를 입력으로 받을 하나의 파이썬 함수인 c_evolve를 포함할 것이다. 처음에는 형식 정보를 추가하지 않는다. 그저 함수를 분리하고 오류 없이 모듈이 컴파일되는 것을 확인하려 한다.

```python
# 파일: simul.py
def evolve_cython(self, dt):
    timestep = 0.00001
    nsteps = int(dt/timestep)

    r_i = np.array([[p.x, p.y] for p in self.particles])
    ang_speed_i = np.array([p.ang_speed for p in self.particles])

    c_evolve(r_i, ang_speed_i, timestep, nsteps)

    for i, p in enumerate(self.particles):
        p.x, p.y = r_i[i]

# 파일: cevolve.pyx
import numpy as np

def c_evolve(r_i, ang_speed_i, timestep, nsteps):
    v_i = np.empty_like(r_i)

    for i in range(nsteps):
        norm_i = np.sqrt((r_i ** 2).sum(axis=1))

        v_i = r_i[:, [1, 0]]
        v_i[:, 0] *= -1
        v_i /= norm_i[:, np.newaxis]
```

```
        d_i = timestep * ang_speed_i[:, np.newaxis] * v_i

        r_i += d_i
```

r_i 배열의 값을 직접 변경하기 때문에 c_evolve의 반환값이 필요하지 않다는 데 주의하라. 벤치마크 함수를 다음과 같이 약간 변경하여 형식 없는 Cython 버전을 이전의 NumPy 버전과 비교하는 벤치마크를 수행할 수 있다.

```
def benchmark(npart=100, method='python'):
    particles = [Particle(uniform(-1.0, 1.0),
                          uniform(-1.0, 1.0),
                          uniform(-1.0, 1.0))
                          for i in range(npart)]
    simulator = ParticleSimulator(particles)
    if method=='python':
        simulator.evolve_python(0.1)
    elif method == 'cython':
        simulator.evolve_cython(0.1)
    elif method == 'numpy':
        simulator.evolve_numpy(0.1)
```

IPython 셀에서 서로 다른 버전의 실행 시간을 측정할 수 있다.

```
%timeit benchmark(100, 'cython')
1 loops, best of 3: 401 ms per loop
%timeit benchmark(100, 'numpy')
1 loops, best of 3: 413 ms per loop
```

두 버전의 속도가 동일하다. 정적 형식 정보 없이 Cython 모듈을 컴파일하면 순수 파이썬과 비교해서 나아지는 점이 없다. 다음 단계는 Cython이 최적화할 수 있도록 중요한 모든 변수의 형식을 선언하는 것이다.

함수 인자에 형식을 추가하는 것으로 시작해서 성능이 어떻게 변하는지 볼 수 있다. 배열을 double 값을 갖는 형식화된 메모리뷰로 선언할 수 있다. int나 float32 형식의 배열을 넘길 경우 형식 변환이 자동적으로 되지 않고 오류가 난다는 사실은 언급할 만큼 중요하다.

```
def c_evolve(double[:, :] r_i,
             double[:] ang_speed_i,
             double timestep,
             int nsteps):
```

여기서 입자와 시간 간격에 대한 루프를 다시 작성할 수 있다. 반복 인덱스 i, j 및 입자수 nparticles를 int로 선언할 수 있다.

```
cdef int i, j
cdef int nparticles = r_i.shape[0]
```

이 알고리즘은 순수 파이썬 버전과 대단히 비슷하다. 입자와 시간 간격에 대해 반복하며 각 입자 좌표에 대한 속도와 변위 벡터를 다음 코드를 사용해 계산한다.

```
for i in range(nsteps):
    for j in range(nparticles):
        x = r_i[j, 0]
        y = r_i[j, 1]
        ang_speed = ang_speed_i[j]

        norm = sqrt(x ** 2 + y ** 2)

        vx = (-y)/norm
        vy = x/norm

        dx = timestep * ang_speed * vx
```

```
        dy = timestep * ang_speed * vy

        r_i[j, 0] += dx
        r_i[j, 1] += dy
```

앞의 코드에 x, y, ang_speed, norm, vx, vy, dx, dy 변수를 추가했다. 파이썬 인터프리터 부담을 회피하기 위해 다음과 같이 함수 시작 부분에서 변수와 변수에 해당되는 형식을 같이 선언해야 한다.

```
cdef double norm, x, y, vx, vy, dx, dy, ang_speed
```

노름^{norm}을 계산하기 위해 sqrt 함수도 사용했다. math 모듈이나 numpy의 sqrt를 사용한다면 중요한 루프에 느린 파이썬 함수를 다시 포함하게 되며 따라서 성능이 떨어진다. libc.math Cython 모듈이 이미 감싸서 제공하는 표준 C 라이브러리의 고속 sqrt를 사용할 수 있다.

```
from libc.math cimport sqrt
```

개선 정도를 평가하기 위해 다음과 같이 벤치마크를 다시 시행할 수 있다.

```
In [4]: %timeit benchmark(100, 'cython')
100 loops, best of 3: 13.4 ms per loop
In [5]: %timeit benchmark(100, 'numpy')
1 loops, best of 3: 429 ms per loop
```

입자 수가 적을 때 이전 버전에 비해 40배의 성능 향상을 보이는 정도로 속도 향상 정도가 크다. 그러나 더 많은 수의 입자로 성능 확장도 시험할 수 있다.

```
In [2]: %timeit benchmark(1000, 'cython')
10 loops, best of 3: 134 ms per loop
In [3]: %timeit benchmark(1000, 'numpy')
1 loops, best of 3: 877 ms per loop
```

입자 수를 증가시킴에 따라 두 버전의 속도가 비슷해진다. 입자 수를 1,000개로 늘린 것만으로 속도가 향상되는 정도가 보통에 가까운 6배로 감소됐다. 그 이유는 입자 수를 늘림에 따라 파이썬 for-루프 부담이 줄어들며 다른 연산의 속도에 비해 덜 중요해지기 때문이다.

▌ Cython 프로파일링

Cython은 어떤 코드가 파이썬 인터프리터로 실행되는지 그리고 어떤 코드가 이면에서 최적화하기 좋은 후보인지 찾는 데 도움이 되는 어노테이티드 뷰라는 기능을 제공한다. Cython 파일을 -a 옵션을 주어 컴파일해서 이 기능을 사용할 수 있다. 이 방법을 사용하면 Cython은 주석으로 유용한 정보를 추가한 코드를 담은 HTML 파일을 생성한다. -a 옵션의 사용법은 다음과 같다.

```
$ cython -a cevolve.pyx
$ firefox cevolve.html
```

다음 스크린샷에 표시된 HTML 파일이 Cython 파일을 줄 단위로 보여준다.

```
generated for it.

Raw output: cevolve.c

+01: import numpy as np
 02: cimport cython
 03: from libc.math cimport sqrt
 04:
+05: def c_evolve(double[:, :] r_i,double[:] ang_speed_i,
 06:              double timestep,int nsteps):
 07:     cdef int i
 08:     cdef int j
+09:     cdef int nparticles = r_i.shape[0]
 10:     cdef double norm, x, y, vx, vy, dx, dy, ang_speed
 11:
 12:
+13:     for i in range(nsteps):
+14:         for j in range(nparticles):
+15:             x = r_i[j, 0]
+16:             y = r_i[j, 1]
+17:             ang_speed = ang_speed_i[j]
 18:
+19:             norm = sqrt(x ** 2 + y ** 2)
 20:
+21:             vx = (-y)/norm
+22:             vy = x/norm
        if (unlikely(__pyx_v_norm == 0)) {
          #ifdef WITH_THREAD
          PyGILState_STATE __pyx_gilstate_save = PyGILState_Ensure();
          #endif
          PyErr_SetString(PyExc_ZeroDivisionError, "float division");
          #ifdef WITH_THREAD
          PyGILState_Release(__pyx_gilstate_save);
          #endif
          {__pyx_filename = __pyx_f[0]; __pyx_lineno = 22; __pyx_clineno = __LINE__; goto __pyx_L1_error;}
        }
        __pyx_v_vy = (__pyx_v_x / __pyx_v_norm);
 23:
+24:             dx = timestep * ang_speed * vx
+25:             dy = timestep * ang_speed * vy
 26:
+27:             r_i[j, 0] += dx
+28:             r_i[j, 1] += dy
 29:
```

소스 코드의 행 각각은 서로 다른 노란 색조로 나타날 수 있다. 더 진한 색은 인터프리터에 더 연결된 호출이고 하얀색은 규칙적인 C 코드로 번역되는 행이다. 인터프리터 호출이 실행을 상당히 느리게 만들기 때문에 함수 본문을 가능한 한 하얗게 만드는 것이 목적이 된다. 어떤 행을 클릭해서 Cython 컴파일러가 생성한 코드를 점검할 수 있다. 예를 들어 v_y = x/norm 행은 norm이 0이 아닌지 검사하고 그 조건이 검증되지 않았으면 ZeroDivisionError 오류를 낸다. x = r_i[j, 0] 행은 Cython이 배열 범위 안에 인덱스가 있는지를 검사함을 보여준다. 마지막 줄이 굉장히 진한 색임을 알아차렸을 수 있다. 그 코드를 검사해서 이것이 실제로 결함임을 볼 수 있다. 그 코드는 함수의 끝부분과 연관된 보일러플레이트를 참조한다.

Cython이 인터프리터와 연관된 호출을 추가로 하지 않도록 0으로 나누기 등의 문제를 검사하지 않게 만들 수 있다. 보통 컴파일러 지시어를 주어 검사를 하지 않게 한다. 컴파일러 지시어를 추가하는 서로 다른 방법이 몇 가지 있다.

- 데코레이터나 컨텍스트 매니저 사용
- 파일 시작 부분의 주석 사용
- Cython 명령행 옵션 사용

 Cython 컴파일러 지시어 목록 전체를 보려면 http://docs.cython.org/src/reference/
comp ilation.html#compiler-directives에 있는 공식 문서를 참조할 수 있다.

예를 들어 배열의 경계를 검사하지 않으려면 다음 방법으로 함수를 cython.boundcheck
로 데코레이트하면 된다.

```
cimport cython

@cython.boundscheck(False)
def myfunction():
    # 코드 본문
```

그게 아니면 cython.boundscheck가 코드 덩어리를 감싸도록 다음과 같이 컨텍스트 매니저로 사용할 수 있다.

```
with cython.boundscheck(False):
    # 코드 본문
```

모듈 전체에서 경계 검사를 하지 않게 하고 싶다면 파일의 시작에 다음과 같은 행을 추가할 수 있다.

```
# cython: boundscheck=False
```

명령행 옵션으로 지시어를 바꾸려면 -X 옵션을 다음과 같이 사용할 수 있다.

$ cython -X boundscheck=True

c_evolve 함수에서 추가적인 검사를 막기 위해 다음 코드처럼 boundscheck 지시어를 끄고 cdivision(ZeroDivisionError 검사를 막아 줌) 지시어를 켤 수 있다.

```
cimport cython

@cython.boundscheck(False)
@cython.cdivision(True)
def c_evolve(double[:, :] r_i,
             double[:] ang_speed_i,
             double timestep,
             int nsteps):
```

어노테이티드 뷰를 다시 들여다보면 루프 본문이 완전히 하얗게 변했음을 볼 수 있다 (내부 루프에서 인터프리터의 흔적을 모두 제거했다). 다시 컴파일하기 위해 python setup.py build_ext --inplace만 다시 입력하라. 그렇지만 벤치마크를 수행하면 이러한 검사가 병목이 아님을 시사하듯 성능이 개선되지 않았음을 알 수 있다.

```
In [3]: %timeit benchmark(100, 'cython')
100 loops, best of 3: 13.4 ms per loop
```

Cython 코드를 프로파일하는 다른 방법은 cProfile 모듈을 사용하는 것이다. 예시를 위해 좌표 배열 간의 체비셰프 거리를 계산하는 간단한 함수를 작성할 수 있다. cheb.py 파일을 생성한다.

```
import numpy as np
from distance import chebyshev

def benchmark():
    a = np.random.rand(100, 2)
    b = np.random.rand(100, 2)
    for x1, y1 in a:
        for x2, y2 in b:
            chebyshev(x1, x2, y1, y2)
```

이 스크립트를 그대로 프로파일링하면 Cython에 구현한 함수에 대한 통곗값을 전혀 얻지 못할 것이다. max와 min 함수에 대한 프로파일링 정보를 수집하려면 다음 코드에서 보여주는 것과 같이 mathlib.pyx 파일에 profile=True 옵션을 추가해야 한다.

```
# cython: profile=True

cdef int max(int a, int b):
    # 코드 본문
```

이제 IPython을 사용해 %prun으로 스크립트를 다음과 같이 프로파일할 수 있다.

```
import cheb
%prun cheb.benchmark()

# 출력: 2000005 function calls in 2.066 seconds
```

```
Ordered by: internal time
  ncalls  tottime  percall  cumtime  percall  filename:lineno(function)
       1    1.664    1.664    2.066    2.066  cheb.py:4(benchmark)
 1000000    0.351    0.000    0.401    0.000  {distance.chebyshev}
 1000000    0.050    0.000    0.050    0.000  mathlib.pyx:2(max)
       2    0.000    0.000    0.000    0.000  {method 'rand' of 'mtrand.
                                              RandomState' objects}
```

```
1      0.000    0.000    2.066    2.066  <string>:1(<module>)
1      0.000    0.000    0.000    0.000  {method 'disable' of '_lsprof.
                                          Profiler' objects}
```

출력을 보면 max 함수가 나타나며 max는 병목이 아님을 알 수 있다. 대부분의 시간을
benchmark 함수에서 보내는 것으로 보아 순수 파이썬 for 루프가 병목일 가능성이 높다.
이런 경우에는 NumPy로 루프를 다시 작성하거나 Cython으로 코드를 옮기는 것이 최선
의 전략일 것이다.

▌ 주피터로 Cython 사용하기

Cython 코드를 최적화하려면 상당히 많은 시도와 오류를 거쳐야 한다. 다행히도 주피터
Jupyter 노트북을 통해 Cython 도구에 손쉽게 접근할 수 있어 더 능률적이고 통합된 경험
을 할 수 있다. 명령행에서 jupyter notebook을 입력해서 노트북 세션을 열 수 있으며
셀에 %load_ext_cython을 입력해서 Cython magic을 적재할 수 있다. 앞에서 이미 언급
했듯이 현재 세션 안에서 Cython 코드를 컴파일하고 적재하는 데 %%cython magic을 사
용할 수 있다. 예를 들기 위해 노트북 셀에 cheb.py의 내용을 복사할 수 있다.

```
%%cython
import numpy as np

cdef int max(int a, int b):
    return a if a > b else b

cdef int chebyshev(int x1, int y1, int x2, int y2):
    return max(abs(x1 - x2), abs(y1 - y2))

def c_benchmark():
    a = np.random.rand(1000, 2)
```

```
b = np.random.rand(1000, 2)

for x1, y1 in a:
    for x2, y2 in b:
        chebyshev(x1, x2, y1, y2)
```

다음 스크린샷에서 보이는 것과 같이, %%cython magic에는 코드를 컴파일한 다음 코드에 대한 어노테이티드 뷰를 노트북에 직접 생성하는 유용한 -a 옵션(명령행의 -a 옵션처럼)이 있다.

```
In [15]:  %%cython -a
          import numpy as np

          cdef int max(int a, int b):
              return a if a > b else b

          cdef int chebyshev(int x1, int y1, int x2, int y2):
              return max(abs(x1 - x2), abs(y1 - y2))

          def c_benchmark():
              a = np.random.rand(1000, 2)
              b = np.random.rand(1000, 2)

              for x1, y1 in a:
                  for x2, y2 in b:
                      chebyshev(x1, x2, y1, y2)

Out[15]:  Generated by Cython 0.25.2

          Yellow lines hint at Python interaction.
          Click on a line that starts with a "+" to see the C code that Cython generated for it.
          01: # cython: profile=True
          +02: import numpy as np
          03:
          +04: cdef int max(int a, int b):
          +05:     return a if a > b else b
          06:
          +07: cdef int chebyshev(int x1, int y1, int x2, int y2):
          +08:     return max(abs(x1 - x2), abs(y1 - y2))
          09:
          +10: def c_benchmark():
          +11:     a = np.random.rand(1000, 2)
          +12:     b = np.random.rand(1000, 2)
          13:
          +14:     for x1, y1 in a:
          +15:         for x2, y2 in b:
          +16:             chebyshev(x1, x2, y1, y2)
```

이 옵션으로 여러 코드 버전을 빠르게 시험해볼 수 있으며 주피터에 통합된 다른 도구도 사용할 수 있다. 예를 들면 %prun과 %timeit과 같은 도구를 사용해 코드 실행 시간 측정과 코드 프로파일링(셀에서 profile 지시어를 활성화시켰다면)을 같은 세션 안에서 할 수 있다. 예를 들어 다음 스크린샷에서 보여주는 것과 같이 %prun magic을 이용해 프로파일링 결과를 검사할 수 있다.

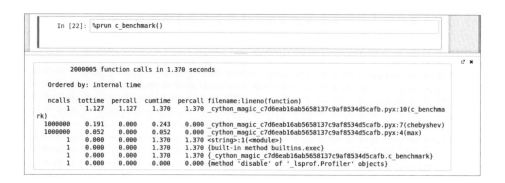

1장, '벤치마킹과 프로파일링'에서 언급한 line_profile 도구를 사용할 수도 있다. 어노테이션을 지원하기 위해 다음과 같은 일을 해야 한다.

- linetrace=True와 binding=True 컴파일러 지시어를 활성화하라.
- 컴파일 시점에 CYTHON_TRACE=1 플래그를 활성화하라.

다음 코드와 같이 %%cython magic에 해당되는 플래그 인자를 추가하고 컴파일러 지시어를 설정해 쉽게 활성화할 수 있다.

```
%%cython -a -f -c=-DCYTHON_TRACE=1
# cython: linetrace=True
# cython: binding=True

import numpy as np

cdef int max(int a, int b):
    return a if a > b else b

def chebyshev(int x1, int y1, int x2, int y2):
```

```
        return max(abs(x1 - x2), abs(y1 - y2))

def c_benchmark():
    a = np.random.rand(1000, 2)
    b = np.random.rand(1000, 2)
    for x1, y1 in a:
        for x2, y2 in b:
            chebyshev(x1, x2, y1, y2)
```

코드를 조사하고 나면 %lprun magic을 사용해 프로파일할 수 있다.

```
%lprun -f c_benchmark c_benchmark()
# 결과:
Timer unit: 1e-06 s

Total time: 2.322 s
File: /home/gabriele/.cache/ipython/cython/_cython_
magic_18ad8204e9d29650f3b09feb 48ab0f44.pyx
Function: c_benchmark at line 11
```

Line #	Hits	Time	Per Hit	% Time	Line Contents
11					def c_benchmark():
12	1	226	226.0	0.0	a = np.random.rand...
13	1	67	67.0	0.0	b = np.random.rand...
14					
15	1001	1715	1.7	0.1	for x1, y1 in a:
16	1001000	1299792	1.3	56.0	for x2, y2 in b:
17	1000000	1020203	1.0	43.9	chebyshev...

보다시피 순수 파이썬 루프인 16행에서 상당한 시간을 소비하고 있으며 이 부분이 앞으로 최적화하기 좋은 후보가 된다. 주피터 노트북에서 사용할 수 있는 도구 덕에 여러 가지 해결책을 시험할 때 빠르게 프로토타입하고 시간을 아낄 수 있도록 수정–컴파일–시험을 빠르게 순환할 수 있다.

▌요약

Cython은 파이썬의 편리함을 C의 속도와 연결하는 도구다. Cython이 파이썬과 단단히 통합되고 호환되며 훌륭한 도구를 사용할 수 있는 덕에 Cython 프로그램은 C 바인딩에 비해서 유지 보수하고 디버그하기가 훨씬 쉽다.

4장에서 Cython 언어의 기초 및 변수와 함수에 정적 형식을 추가해 프로그램을 빠르게 만드는 방법을 소개했다. 또한 C 배열, NumPy 배열, 메모리뷰를 사용하는 방법을 배웠다.

중요한 evolve 함수를 다시 작성해서 입자 시뮬레이터를 엄청난 속도 향상을 얻어 최적화했다. 마지막으로 찾기 어려운 인터프리터 연관 호출을 집어내기 위해 어노테이티드 뷰를 사용하는 방법과 Cython에서 cProfile 지원을 활성화하는 방법을 배웠다. 또한 Cython 코드를 통합해 프로파일하고 분석하기 위해 주피터 노트북을 이용하는 방법을 배웠다.

5장에서는 미리 코드를 C로 컴파일할 필요 없이 실행 시간에 고속 기계어 코드를 생성하는 다른 도구를 살펴보겠다.

05

컴파일러 탐구

파이썬은 널리 사용되는 성숙한 언어이며 파이썬 인터프리터에서 명령을 실행하는 대신 직접 함수와 메소드를 기계어로 컴파일하는 방식의 성능 향상법에 대한 관심이 높다. 이미 4장, 'Cython으로 C 성능 얻기'에서 파이썬 코드를 데이터 형식 정보로 강화하며 효율적인 C 코드로 컴파일하고 인터프리터 호출을 회피하는 컴파일러 사용 사례를 보았다.

5장에서는 컴파일 방식에 약간 다르게 접근하는 두 프로젝트—Numba와 PyPy—를 탐구하겠다. Numba는 작은 함수를 그때그때 바로 컴파일하게 설계된 라이브러리다. Numba는 파이썬 코드를 C로 변환하는 대신 파이썬 코드를 분석하고 직접 기계어로 컴파일한다. PyPy는 실행 시간에 코드를 분석해서 느린 루프를 자동으로 최적화하는 식으로 동작하는 대체 인터프리터다.

이러한 도구는 코드가 실행되기 전이 아니라 실행 시점에 컴파일을 수행하기 때문에 JIT^{Just-In-Time} 컴파일러라고 한다(다르게 동작하는 컴파일러는 AOT^{Ahead-Of-Time}이라고 한다).

5장에서 다룰 주제는 다음과 같다.

- Numba 시작하기
- 원시 모드^{native mode} 컴파일로 고속 함수 구현하기
- 유니버셜 함수 이해와 구현
- JIT 클래스
- PyPy 설정
- PyPy로 입자 시뮬레이터 실행하기
- 기타 흥미로운 컴파일러

█ Numba

Numba는 NumPy의 원작자인 트래비스 올리판트^{Travis Oliphant}가 2012년에 시작한 라이브러리로, LLVM^{Low-Level Virtual Machine}(하위 수준 가상 컴퓨터) 툴체인을 사용해 개별 파이썬 함수를 실행 시간에 컴파일하기 위한 라이브러리다.

LLVM은 컴파일러 작성을 목적으로 설계된 도구 집합이다. LLVM은 언어에 구애받지 않으며 다양한 범주의 언어에 대한 컴파일러를 작성하는 데 사용됐다(clang 컴파일러가 주요 사례다). LLVM의 핵심 측면 중 하나는 중간 표현 계층^{intermediate representation}(LLVM IR)인데, 중간 표현 계층은 어셈블리와 유사한 플랫폼 비의존적 저수준 언어이며 특정 대상 플랫폼의 기계어 코드로 컴파일할 수 있다.

Numba는 파이썬 함수를 검사하고 LLVM을 사용해 함수를 IR로 컴파일하는 식으로 동작한다. 4장에서 이미 본 바와 같이, 변수와 함수에 데이터 형식을 도입해 속도 향상의 이득을 얻을 수 있다. Numba는 형식을 추정하는(형식 추론^{type inference}이라고 하는) 영리한

알고리즘을 구현하고 형식 정보를 활용하는 버전의 함수를 고속 실행하기 위해 컴파일한다.

Numba가 수치 코드의 성능을 향상시킬 목적으로 개발됐다는 데 유의하라. 개발력이 NumPy 배열을 집중적으로 사용하는 애플리케이션 최적화를 우선시하는 경우가 잦다.

 Numba는 정말로 빠르게 진화하고 있으며 릴리스 사이에 상당한 개선이 있을 수 있고, 종종 이전 버전과 호환되지 않는 변경이 있기도 하다. 뒤처지지 않으려면 반드시 각 버전에 대한 배포 노트를 참조하라. 5장 나머지 부분에서는 Numba 0.30.1 버전을 사용하겠다. 오류를 겪지 않으려면 올바른 버전을 설치했는지 확인하라.

5장의 완전한 코드 예제는 Numba.ipynb 노트북에서 확인할 수 있다.

Numba 첫걸음

Numba 시작은 상당히 간단하다. 첫 예제로, 배열의 제곱값의 합을 계산하는 함수를 구현하겠다. 함수 정의는 다음과 같다.

```
def sum_sq(a):
    result = 0
    N = len(a)
    for i in range(N):
        result += a[i]
        return result
```

이 함수가 Numba를 사용하도록 설정하려면 nb.jit 데코레이터를 적용하면 된다.

```
from numba import nb

@nb.jit
```

```
def sum_sq(a):
    ...
```

nb.jit 데코레이터는 적용 시점에 많은 일을 하지 않는다. 그러나 이 함수가 처음 호출됐을 때 Numba가 입력 인자 a의 형식을 감지하고 원본 함수를 특화되고 성능이 좋은 버전으로 컴파일한다.

Numba 컴파일러가 주는 성능 이득을 측정하기 위해 원본과 특화된 함수의 실행 시간을 비교할 수 있다. py_func 속성을 통해 데코레이트되지 않은 원본 함수에 쉽게 접근할 수 있다. 두 함수의 실행 시간은 다음과 같다.

```
import numpy as np

x = np.random.rand(10000)

# 원본
%timeit sum_sq.py_func(x)
100 loops, best of 3: 6.11 ms per loop

# Numba
%timeit sum_sq(x)
100000 loops, best of 3: 11.7 µs per loop
```

이전 코드에서 Numba 버전(11.7µs)이 파이썬 버전(6.11ms)에 비해 10배 빠름을 알 수 있다. 이 구현이 어떻게 NumPy 표준 연산자와 겨룰 만한지도 비교할 수 있다.

```
%timeit (x**2).sum()
10000 loops, best of 3: 14.8 µs per loop
```

이번 경우 Numba가 컴파일한 함수가 NumPy의 벡터화된 연산보다 조금 더 빠르다. NumPy 버전에 비해 Numba 버전의 성능이 더 좋은 이유는 sum_sq 함수가 별도의 메모리 할당을 하지 않고^{in-place} 수행하는 연산과 비교하면 NumPy 버전이 합계를 내기 전에 별도의 배열을 할당하기 때문이다.

sum_sq에서 배열 특정된 메소드를 사용하지 않았기 때문에 동일한 함수를 부동소수점 숫자의 기본 파이썬 리스트에 동일한 함수를 적용해볼 수도 있다. 흥미롭게도 Numba는 이런 경우에도 리스트 조건 제시법^{list comprehension} 연산에 비해 상당한 성능 이득을 얻을 수 있다.

```
x_list = x.tolist()
%timeit sum_sq(x_list)
1000 loops, best of 3: 199 µs per loop

%timeit sum([x**2 for x in x_list])
1000 loops, best of 3: 1.28 ms per loop
```

다양한 데이터 형식에 걸쳐 믿기지 않을 정도로 높은 성능을 얻기 위해 그저 단순히 데코레이터를 적용하기만 하면 됨을 생각해보면, Numba가 하는 일이 마법처럼 보이는 것도 당연하다. 다음의 여러 절에서 Numba가 동작하는 방식을 더 깊이 파고들어 이해해 보고 Numba 컴파일러의 이득과 제한에 대해 평가하겠다.

형식 특수화

이전에 보인 대로, nb.jit 데코레이터는 새로운 인자 형식과 만났을 때 함수의 특수화^{specializations}된 버전을 컴파일하는 방식으로 동작한다. 동작 방식을 더 깊이 이해하기 위해 sum_sq 예제의 데코레이트된 함수를 조사할 수 있다.

Numba는 signatures 속성을 사용해 특화된 형식을 드러낸다. sum_sq를 정의한 직후에 다음과 같이 sum_sq.signatures에 접근해 가능한 특수화를 조사할 수 있다.

```
sum_sq.signatures
# 출력:
# []
```

이를테면 float64의 배열과 같은 어떤 인자를 줘 이 함수를 호출하면, Numba가 그때그때 특화된 버전을 컴파일하는 방식을 볼 수 있다. float32 배열에 함수를 적용하면 sum_sq.signatures 리스트에 새로운 항목이 생기는 것을 볼 수 있다.

```
x = np.random.rand(1000).astype('float64')
sum_sq(x)
sum_sq.signatures
# 결과:
# [(array(float64, 1d, C),)]

x = np.random.rand(1000).astype('float32')
sum_sq(x)
sum_sq.signatures
# 결과:
# [(array(float64, 1d, C),), (array(float32, 1d, C),)]
```

nb.jit 함수에 시그니처를 전달해 특정 형식에 대해 명시적으로 함수를 컴파일하게 할 수 있다.

허용하려는 형식을 담은 튜플을 사용해 개별 시그니처를 전달할 수 있다. Numba는 nb.types 모듈에 있는 아주 다양한 형식을 제공하며, 이들을 최상위 수준의 nb 네임스페이스에서도 사용할 수 있다. 특정 형식에 대한 배열을 지정하고 싶다면 슬라이싱 연산자 [:]를 형식 자체에 사용할 수 있다. 다음 예제에서 float64 배열을 유일한 인자로 받는 함수를 선언하는 법을 보이겠다.

```
@nb.jit((nb.float64[:],))
def sum_sq(a):
```

명시적으로 시그니처를 선언하는 경우 다음 예제에서 보인 것처럼 다른 형식을 사용하지 못하게 되는 데 유의하라. float32 형식으로 배열 x를 전달하려고 한다면 Numba는 TypeError를 일으킬 것이다.

```
sum_sq(x.astype('float32'))
# TypeError: No matching definition for argument type(s)
array(float32, 1d, C)
```

형식 문자열을 통하여 다른 방식으로 시그니처를 선언할 수 있다. 예를 들어 float64 값 한 개를 입력으로 받고 float64 값 하나를 반환하는 함수를 float64(float64) 문자열로 선언할 수 있다. 배열 형식을 [:] 접미사를 사용해 선언할 수 있다. 앞의 내용을 한데 모아 sum_sq 함수의 시그니처를 다음과 같이 선언할 수 있다.

```
@nb.jit("float64(float64[:])")
def sum_sq(a):
```

또한 여러 개의 시그니처를 리스트로 전달할 수 있다.

```
@nb.jit(["float64(float64[:])",
         "float64(float32[:])"])
 def sum_sq(a):
```

객체 모드와 원시 모드

여태까지 Numba가 상당히 단순한 함수를 다루는 경우 어떻게 동작하는지를 살펴봤다. 단순한 함수를 다루는 경우 Numba는 대단히 잘 동작했으며 배열과 리스트에 대한 성능이 뛰어났다.

Numba로 얻을 수 있는 최적화의 수준은 Numba가 변수 형식을 얼마나 잘 추론할 수 있는지와 표준 파이썬 연산을 형식 특화된 고속 버전으로 얼마나 잘 번역할 수 있는지에 달려 있다. Numba가 이 일을 해낸다면 인터프리터를 피하고 Cython의 성능과 유사한 성능을 얻을 수 있다.

Numba가 변수 형식을 추론하지 못하는 경우 계속 추론을 시도하고 코드를 컴파일하며, 형식을 판별할 수 없거나 특정 연산이 지원되지 않으면 인터프리터로 되돌아간다. Numba에서 이를 객체 모드^{object mode}라고 하며 인터프리터를 사용하지 않는 시나리오인 원시 모드^{native mode}와 대조된다.

Numba는 형식 추론이 얼마나 효율적이었는지와 어떤 연산이 최적화됐는지 알아보는 데 도움을 주는 inspect_types라는 함수를 제공한다. 예제로 sum_sq 함수에 대해 추론된 형식을 살펴보자.

```
sum_sq.inspect_types()
```

Numba는 이 함수가 호출될 때 함수의 특화된 버전 각각에 대해 추론된 형식을 출력한다. 출력은 변수와 변수에 연결된 형식에 대한 정보를 담은 덩어리로 구성된다. 예를 들어 N = len(a) 행을 살펴보자.

```
# --- LINE 4 --#
a = arg(0, name=a) :: array(float64, 1d, A)
# $0.1 = global(len: <built-in function len>) ::
Function(<built-in function len>)
# $0.3 = call $0.1(a) :: (array(float64, 1d, A),) -> int64
# N = $0.3 :: int64

N = len(a)
```

Numba는 행마다 변수와 함수, 중간 결과를 빈틈없이 기술한다. 앞선 예제에서 인자 a가 float64 숫자형의 배열로 올바르게 확인된 것을 (둘째 줄에서) 볼 수 있다. 4행에서 len 함수의 입력과 반환 형식 또한 float64 숫자형의 배열을 받고 int64 값을 반환하는 것으로 올바르게 확인(및 아마도 최적화)됐다.

출력을 따라 내려가면 어떻게 모든 변수가 명확한 형식을 가지는지 볼 수 있다.

따라서 Numba가 상당히 효율적으로 코드를 컴파일할 수 있음을 확신할 수 있다. 이러한 형태의 컴파일을 원시 모드 native mode라고 한다.

반례로 지원되지 않는 연산을 사용해 함수를 작성하면 어떤 일이 일어나는지 알아보자. 일례로 Numba 0.30.1 버전은 문자열 연산을 제한적으로 지원한다.

다음과 같이 일련의 문자열을 연결하는 함수를 구현하고 컴파일할 수 있다.

```
@nb.jit
def concatenate(strings):
    result = ''
    for s in strings:
        sult += s
    return result
```

이제 문자열 리스트를 주어 이 함수를 호출한 다음 형식을 검사해보자.

```
concatenate(['hello', 'world'])
concatenate.signatures
# Output: [(reflected list(str),)]
concatenate.inspect_types()
```

Numba가 함수의 결과를 reflected list(str) 형식으로 반환한다. 예를 들어 3행이 어떻게 추론되는지 검사해보자. concatenate.inspect_types()의 결과를 여기 다시 복사했다.

```
# --- LINE 3 --#
strings = arg(0, name=strings) :: pyobject
# $const0.1 = const(str, ) :: pyobject
# result = $const0.1 :: pyobject
# jump 6
# label 6

result = ''
```

이번에는 함수의 변수 각각이 특정한 형식이 아니라 일반적인 pyobject 형식임을 알 수 있다. 이는 이 경우에 Numba가 파이썬 인터프리터의 도움을 받아야만 이 연산을 컴파일할 수 있다는 의미이다. 가장 중요한 부분은 원본과 컴파일된 함수의 실행 시간을 측정하면 컴파일된 함수가 순수한 파이썬 함수에 비해 3배 가까이 느린 데 주목하게 된다.

```
x = ['hello'] * 1000
%timeit concatenate.py_func(x)
10000 loops, best of 3: 111 µs per loop

%timeit concatenate(x)
1000 loops, best of 3: 317 µs per loop
```

Numba 컴파일러가 코드 최적화를 할 수 없고 함수 호출에 부담을 더하기 때문이다.

앞서 본 바와 같이 Numba는 비효율적이더라도 불평 없이 코드를 컴파일한다. 이렇게 하는 주된 이유는 코드의 일부가 파이썬 인터프리터로 돌아가더라도 Numba가 코드의 다른 부분을 여전히 효율적으로 컴파일할 수 있기 때문이다. 이러한 컴파일 전략을 객체 모드object mode라고 한다.

nb.jit 데코레이터에 nopython=True 옵션을 넘겨 원시 모드를 사용하도록 강제할 수 있다. 예를 들어 이 데코레이터를 concatenate 함수에 적용한다면 Numba가 첫 실행에서 오류를 발생시키는 것을 관찰하게 된다.

```
@nb.jit(nopython=True)
def concatenate(strings):
    result = ''
    for s in strings:
        result += s
    return result

concatenate(x)
# Exception:
# TypingError: Failed at nopython (nopython frontend)
```

이 특징은 디버깅 및 모든 함수가 빠르며 올바르게 형식화됐는지 보장하는 데 상당히 유용하다.

Numba와 NumPy

Numba는 원래 NumPy 배열을 사용하는 코드의 성능을 쉽게 높이기 위해 개발됐다. 현재 이 컴파일러가 NumPy의 기능 다수를 효율적으로 구현한다.

유니버셜 함수와 Numba

유니버셜 함수는 NumPy에 정의된 특수한 함수로 브로드캐스팅 규칙에 따라 서로 다른 크기와 형태의 배열에 대해 동작할 수 있다. Numba의 가장 좋은 기능 중 한 가지는 고속 ufunc의 구현이다.

이미 몇몇 ufunc 예제를 3장, 'NumPy와 Pandas를 사용한 고속 배열 연산'에서 살펴봤다. 예를 들어 `np.log` 함수는 서로 다른 크기와 형태의 스칼라 값과 배열을 허용하기 때문에 ufunc다. 또한 여러 인자를 받는 유니버셜 함수는 여전히 브로드캐스팅 규칙에 따라 작동한다. 여러 인자를 받는 유니버셜 함수의 사례로는 `np.sum`이나 `np.difference`가 있다.

유니버설 함수는 스칼라^{scalar} 버전을 구현한 다음 브로드캐스팅 기능으로 함수를 강화하는 데 np.vectorize 함수를 사용해 표준 NumPy로 정의할 수 있다. 예제로 Cantor 쌍 함수를 어떻게 작성하는지 보겠다.

쌍 함수^{pairing function}는 두 표현을 쉽게 서로 바꿀 수 있도록 두 자연수를 하나의 자연수로 인코딩하는 함수다. Cantor 쌍 함수는 다음과 같이 작성할 수 있다.

```python
import numpy as np

def cantor(a, b):
    return int(0.5 * (a + b)*(a + b + 1) + b)
```

이미 언급했듯이 np.vectorized 데코레이터를 사용해 순수 파이썬으로 ufunc를 생성할 수 있다.

```python
@np.vectorize
def cantor(a, b):
    return int(0.5 * (a + b)*(a + b + 1) + b)

cantor(np.array([1, 2]), 2)
# 결과:
# array([ 8, 12])
```

순수 파이썬으로 유니버설 함수를 정의하면 편리하기는 하지만 인터프리터 부담이 있는 함수를 많이 호출해야 하기 때문에 그다지 유용하지 않다. 그렇기 때문에 보통 C나 Cython으로 ufunc를 구현하지만 Numba는 편리함으로 이 모든 방식을 압도한다.

그저 np.vectorize와 동등한 데코레이터인 nb.vectorize를 사용하기만 하면 변환된다. 다음 코드에서 cantor_py라고 하는 표준 np.vectorized 버전과 표준 NumPy 연산으로 구현된 동일한 함수의 속도를 비교해보자.

```
# 순수 파이썬
%timeit cantor_py(x1, x2)
100 loops, best of 3: 6.06 ms per loop

# Numba
%timeit cantor(x1, x2)
100000 loops, best of 3: 15 μs per loop

# NumPy
%timeit (0.5 * (x1 + x2)*(x1 + x2 + 1) + x2).astype(int)
10000 loops, best of 3: 57.1 μs per loop
```

Numba 버전의 성능이 다른 보기를 큰 차이로 능가하는 것을 볼 수 있다! 함수가 단순하며 형식을 추론할 수 있기 때문에 Numba가 아주 잘 동작한다.

 함수가 개별 값에 의존적이기 때문에 그 평가도 병렬적으로 실행할 수 있다는 점도 유니버셜 함수의 추가적인 이점이다. Numba는 그러한 함수를 병렬화하는 쉬운 방식을 nb.vectorize 데코레이터에 target="cpu"나 target="gpu" 키워드를 넘기는 것으로 제공한다.

일반화된 유니버셜 함수

유니버셜 함수의 주된 제약은 스칼라 값에 대해 정의돼야 한다는 점이다. 일반화된 유니버셜 함수, 줄여서 gufunc는 배열을 받는 프로시저로 유니버셜 함수를 확장한 것이다.

전형적인 예제는 행렬 곱셈이다. NumPy에서 두 개의 2차원 배열을 받아 다른 2차원 배열을 반환하는 np.matmul 함수를 사용해 행렬 곱을 적용할 수 있다. 다음은 np.matmul의 사용 예다.

```
a = np.random.rand(3, 3)
b = np.random.rand(3, 3)
```

```
c = np.matmul(a, b)
c.shape
# 결과:
# (3, 3)
```

이전 절에서 봤듯이 ufunc는 스칼라 값의 배열에 연산을 브로드캐스팅하니 자연스럽게 일반화하면 배열의 배열에 브로드캐스팅하는 것이 된다. 예를 들어 3×3 행렬의 배열 두 개를 받는다면 np.matmul이 행렬을 연결해서 그 곱을 얻기를 기대하게 된다. 다음 예제에서는 (3, 3) 형태의 행렬 10개를 담은 두 배열을 사용한다. np.matmul을 적용하면 10개의 결과(이것 또한 (3, 3) 행렬인)를 담은 새로운 배열을 얻기 위해 행렬마다 곱셈 연산을 적용할 것이다.

```
a = np.random.rand(10, 3, 3)
b = np.random.rand(10, 3, 3)
c = np.matmul(a, b)
c.shape
# 출력
# (10, 3, 3)
```

브로드캐스팅에 대한 보통의 규칙이 유사한 방식으로 동작할 것이다. 예를 들어 (10, 3, 3) 형태를 가질 (3, 3) 행렬의 배열이 있다면 np.matmul을 단일 (3, 3) 행렬 요소에 대한 행렬 곱셈을 하기 위해 사용할 수 있다.

브로드캐스팅 규칙에 따르면 (10, 3, 3) 규모를 얻기 위해 반복될 단일 행렬을 얻는다.

```
a = np.random.rand(10, 3, 3)
b = np.random.rand(3, 3) #  (10, 3, 3) 형태로 브로드캐스팅됨
c = np.matmul(a, b)
c.shape
# 결과:
# (10, 3, 3)
```

Numba는 nb.guvectorize 데코레이터를 통해 효율적이며 일반화된 유니버셜 함수 구현을 지원한다. 예를 들어 gufunc로 두 배열 간의 유클리드 거리를 계산하는 함수를 구현해보겠다. gufunc를 생성하기 위해 입력 배열과 계산 결과를 저장할 결과 배열을 받는 함수를 정의해야 한다.

nb.guvectorize 데코레이터는 두 개의 인자를 넘겨야 한다.

- 입력과 출력의 형식: 입력은 두 1차원 배열, 출력은 하나의 스칼라 값
- 입력과 출력 크기에 대한 표현은 소위 레이아웃 문자열이라고 한다. 이번 경우 동일한 크기의 두 배열(임의로 n으로 표기)을 받고 한 개의 스칼라 값을 출력한다.

다음 예제에서 nb.guvectorize 데코레이터를 사용한 유클리드 함수 구현을 보이겠다.

```
@nb.guvectorize(['float64[:], float64[:], float64[:]'], '(n), (n) > ()')
def euclidean(a, b, out):
    N = a.shape[0]
    out[0] = 0.0
    for i in range(N):
        out[0] += (a[i] - b[i])**2
```

여기에는 짚어봐야 할 몇 가지 아주 중요한 점이 있다. 예상대로 입력 a와 b가 1차원 배열이기 때문에 그 형식을 float64[:]로 선언했다. 그렇지만 출력 인자는 어떨까? 출력은 스칼라 값이 될 것이라고 여기지 않았나? 그렇다, 하지만 Numba는 스칼라 인자를 크기 1인 배열로 취급한다. 그래서 출력도 float64[:]로 선언했다.

유사하게, 레이아웃 문자열은 크기(n)의 두 배열과 출력은 빈 괄호 ( )로 표기되는 스칼라임을 나타낸다. 그러나 out 배열은 크기 1인 배열로 전달된다.

함수가 아무것도 반환하지 않는다는 데도 유의하라. 모든 출력은 반드시 out 배열에 기록해야 한다.

레이아웃 문자열의 문자 n은 완전히 임의로 정한 것이다. k라든가 다른 선호하는 문자로 선택할 수 있다. 동일하지 않은 크기의 배열을 결합하려 한다면 (n, m)과 같은 레이아웃 문자열을 사용할 수 있다.

이 새로운 유클리드 함수는 다음 예제에서 보이는 바와 같이 서로 다른 형태의 배열에 손쉽게 사용할 수 있다.

```
a = np.random.rand(2)
b = np.random.rand(2)
c = euclidean(a, b) # 형태: (1,)

a = np.random.rand(10, 2)
b = np.random.rand(10, 2)
c = euclidean(a, b) # 형태: (10,)

a = np.random.rand(10, 2)
b = np.random.rand(2)
c = euclidean(a, b) # 형태: (10,)
```

이 euclidean의 속도는 표준 NumPy와 비교하면 어떨까? 다음 코드에서 벡터화된 NumPy 버전과 앞에서 정의한 euclidean 함수를 벤치마크한다.

```
a = np.random.rand(10000, 2)
b = np.random.rand(10000, 2)

%timeit ((a - b)**2).sum(axis=1)
1000 loops, best of 3: 288 µs per loop

%timeit euclidean(a, b)
10000 loops, best of 3: 35.6 µs per loop
```

또 다시 Numba 버전의 속도가 NumPy 버전의 속도를 큰 폭으로 앞섰다.

JIT 클래스

현재 Numba는 일반적 파이썬 객체의 최적화를 지원하지 않는다. 그렇지만 수치 코드가 이 제약에 크게 영향받지는 않는데, 대체로 수치 코드는 배열과 수학 연산만 필요로 하기 때문이다.

그렇기는 하지만 어떤 데이터 구조는 객체를 사용해 더 자연스럽게 구현할 수 있다. 따라서 Numba는 사용 가능하며 빠른 원시 코드로 컴파일할 수 있는 클래스를 정의할 수 있게 지원한다.

이 기능은 (거의 실험적인) 최신 기능이고 Numba가 배열로 쉽게 구현하기 어려운 고속 데이터 구조를 지원하도록 해주기 때문에 굉장히 유용하다.

어떻게 JIT 클래스를 사용해 단순한 연결된 리스트를 구현하는지 예제로 보이겠다. 연결된 리스트는 값과 리스트의 다음 항목이라는 두 필드를 갖는 Node 클래스를 정의해서 구현할 수 있다. 다음 그림에서 볼 수 있듯이 각 Node는 다음 Node로 연결하며 하나의 값을 갖고 있고, 마지막 노드는 동작하지 않는 링크를 가지며 여기서는 이 링크에 None 값을 할당한다.

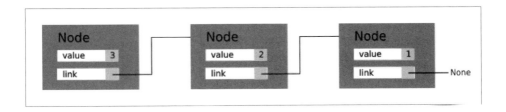

파이썬으로 Node 클래스를 다음과 같이 정의할 수 있다.

```
class Node:
    def __init__(self, value):
        self.next = None
        self.value = value
```

LinkedList라는 클래스를 별도로 만들어 Node 인스턴스의 컬렉션을 관리할 수 있다. 이 클래스는 리스트의 머리(앞서의 그림에서는 3을 값으로 갖는 Node에 해당됨) 정보를 계속 가질 것이다. 리스트의 가장 앞에 요소를 삽입하려면 간단히 새 Node를 생성하고 현재의 머리에 연결하면 된다.

앞서 설명한 전략에 따라 다음 코드에서 LinkedList의 초기화 함수와 리스트의 최전방에 요소를 삽입하는 LinkedList.push_back 메소드를 구현한다.

```
class LinkedList:
    def __init__(self):
        self.head = None

def push_front(self, value):
    if self.head == None:
        self.head = Node(value)
    else:
        # 머리를 다른 노드로 대체
        new_head = Node(value)
        new_head.next = self.head
        self.head = new_head
```

디버깅 목적으로 리스트를 순회하며 요소 각각을 출력하는 LinkedList.show 메소드도 구현하자. 다음 코드 조각에 이 메소드를 보였다.

```
def show(self):
    node = self.head
    while node is not None:
```

```
        print(node.value)
        node = node.next
```

이 지점에서 LinkedList를 테스트해서 올바르게 동작하는지 확인하자. 빈 리스트를 만들고 요소를 몇 개 추가하고 그 내용을 출력하자. 요소를 리스트의 최전방에 밀어넣기 때문에 마지막에 삽입한 요소가 가장 먼저 출력된다는 데 주의하라.

```
lst = LinkedList()
lst.push_front(1)
lst.push_front(2)
lst.push_front(3)
lst.show()
# 출력:
# 3
# 2
# 1
```

마지막으로 링크드 리스트 요소들의 합을 반환하는 sum_list 함수를 구현하자. Numba 와 순수 파이썬 버전 사이의 실행 시간 차이를 측정하는 데 이 메소드를 사용하겠다.

```
@nb.jit
def sum_list(lst):
    result = 0
    node = lst.head
    while node is not None:
        result += node.value
        node = node.next
    return result
```

실행 시간을 측정하면 원본 sum_list 버전과 nb.jit 버전 간 차이가 크지 않다. Numba 가 클래스의 형식을 추론하지 못하기 때문이다.

```
lst = LinkedList()
[lst.push_front(i) for i in range(10000)]

%timeit sum_list.py_func(lst)
1000 loops, best of 3: 2.36 ms per loop

%timeit sum_list(lst)
100 loops, best of 3: 1.75 ms per loop
```

nb.jitclass 데코레이터를 사용해 Node와 LinkedList 클래스를 컴파일해서 sum_list 의 성능을 향상시켜보자.

nb.jitclass 데코레이터는 속성 형식을 담은 인자를 하나 받는다. Node 클래스의 value 속성 형식은 int64이고 next 속성 형식은 Node이다. nb.jitclass 데코레이터는 클래스에 정의된 모든 메소드도 컴파일한다. 코드에 깊이 파고들기 전에 먼저 관찰할 점 이 두 가지 있다.

먼저 클래스가 정의되기 전에 속성이 선언돼야 하지만, 어떻게 아직 정의하지 않은 형식 을 선언할 수 있을까? Numba는 이 목적으로 사용할 수 있는 nb.deferred_type() 함수 를 제공한다.

두 번째로 next 속성은 None이거나 Node 인스턴스가 될 수 있다. 이것을 옵셔널 형 식이라고 하며, Numba는 (선택적으로) None이 될 수 있는 값을 선언하게 해주는 nb. optional 유틸리티를 제공한다.

Node 클래스를 다음 코드 예제로 설명했다. 보다시피 node_type이 nb.deferred_ type()을 사용해 미리 선언됐다. 속성들은 속성 이름과 형식 쌍의 리스트로 선언됐다 (nb.optional이 사용된 것에도 유의하라). 클래스 선언 다음에는 지연된 형식을 선언해야 한다.

```
node_type = nb.deferred_type()
```

```
node_spec = [
    ('next', nb.optional(node_type)),
    ('value', nb.int64)
]

@nb.jitclass(node_spec)
class Node:
    # Node의 본문은 변경되지 않음

node_type.define(Node.class_type.instance_type)
```

다음과 같이 LinkedList 클래스를 쉽게 컴파일할 수 있다. head 속성을 정의하고 nb.
jitclass 데코레이터를 적용하기만 하면 된다.

```
ll_spec = [
    ('head', nb.optional(Node.class_type.instance_type))
]

@nb.jitclass(ll_spec)
class LinkedList:
    # LinkedList의 본문은 변경되지 않음
```

이제 JIT LinkedList를 넘기는 경우의 sum_list 함수 실행 시간을 측정해보자.

```
lst = LinkedList()
[lst.push_front(i) for i in range(10000)]

%timeit sum_list(lst)
1000 loops, best of 3: 345 μs per loop

%timeit sum_list.py_func(lst)
100 loops, best of 3: 3.36 ms per loop
```

흥미롭게도 컴파일된 함수에서 JIT 클래스를 사용하는 경우 순수 파이썬 버전에 비해 성능이 상당히 향상된다. 그러나 JIT 클래스를 원본 sum_list.py_func 에서 사용하면 성능이 더 나빠진다. 컴파일된 함수 안에서만 JIT 클래스를 사용하라.

Numba 제약

Numba가 변수 형식을 제대로 유추하지 못하며 컴파일을 거부하는 경우가 몇 가지 있다. 다음 예제에서 중첩된 정수 리스트를 받아 내부 리스트마다 합을 구해 반환하는 함수를 정의한다. 이 경우 Numba가 ValueError를 일으키고 컴파일을 거부한다.

```
a = [[0, 1, 2],
     [3, 4],
     [5, 6, 7, 8]]

@nb.jit
def sum_sublists(a):
    result = []
    for sublist in a:
        result.append(sum(sublist))
    return result

sum_sublists(a)
# ValueError: cannot compute fingerprint of empty list
```

이 코드에는 Numba가 리스트의 형식을 알아낼 수 없어서 실패한다는 문제가 있다. 이 문제를 고치는 방법 중 하나는 견본 요소를 하나 넣어 리스트를 초기화한 다음 마지막에 제거하는 방식으로 컴파일러가 올바른 형식을 알아내게 돕는 것이다.

```
@nb.jit
def sum_sublists(a):
```

```
result = [0]
for sublist in a:
    result.append(sum(sublist))
return result[1:]
```

Numba 컴파일러가 아직 구현하지 못한 다른 기능은 함수와 클래스 정의, 리스트와 집합, 딕셔너리 조건 제시법, 제너레이터, with 구문, try except 블록이다. 그러나 향후 이러한 기능 중 다수가 지원될 수 있다.

▎ PyPy 프로젝트

PyPy는 아주 야심만만하게 파이썬 인터프리터의 성능을 향상시키려는 프로젝트다.

PyPy는 실행 시간에 코드의 느린 부분을 자동으로 컴파일하는 방법으로 성능을 향상시킨다.

PyPy는 (C 대신) 개발자들이 빠르고 안정적으로 향상된 기능과 개선점을 구현할 수 있게 해주는 RPython이라는 특별한 언어로 작성됐다. RPython은 제한된 파이썬^{Restricted Python}을 뜻한다. 파이썬 언어에서 컴파일러 개발에 목적을 둔 제한된 부분집합을 구현하기 때문이다.

현재 PyPy 5.6 버전은 상당수의 파이썬 기능을 지원하며 광범위한 종류의 애플리케이션에서 사용할 수 있는 선택지다.

PyPy는 추적 JIT^{tracing JIT} 컴파일이라고 하는 매우 영리한 전략을 사용해 코드를 컴파일한다. 처음에는 인터프리터를 호출해서 코드를 정상적으로 실행한다. 그 다음 PyPy가 코드를 프로파일링하기 시작하고 가장 집중적인 루프를 찾는다. 탐색이 일어난 다음 컴파일러는 연산을 관찰(추적)하며 최적화되고 연산을 인터프리터를 사용하지 않는 버전으로 컴파일할 수 있다.

최적화된 버전의 코드가 생기고 나면, PyPy가 느린 루프를 인터프리트한 버전보다 훨씬 빠르게 실행할 수 있다.

이 전략을 Numba의 전략과 대조할 수 있다. Numba는 컴파일 단위가 메소드와 함수 지만 PyPy는 느린 루프에만 초점을 둔다. 전반적으로 프로젝트의 주안점도 매우 다른데 Numba는 범위가 수치 코드에 제한됐으며 수많은 계측을 필요로 하지만 PyPy의 목적은 Cpython 인터프리터를 대체하는 것이다.

이번 절에서 입자 시뮬레이터 애플리케이션으로 PyPy의 동작을 보이고 벤치마크를 수행 하겠다.

PyPy 설치

PyPy는 http://pypy.org/download.html에서 내려받을 수 있는 컴파일된 바이너리로 배포되며, 현재 파이썬 버전 2.7(PyPy 5.6에서 베타 지원)과 3.3(PyPy 5.5에서 알파 지원)을 지 원한다. 5장에서는 2.7 버전의 사용 예를 보이겠다.[1]

PyPy를 내려받고 압축을 해제하고 나면, 압축 해제된 경로에 대한 상대 경로 bin/pypy 로 인터프리터를 찾을 수 있다. 다음 명령으로 추가 패키지를 설치할 수 있는 새 가상 환 경을 초기화할 수 있다.

```
$ /path/to/bin/pypy -m ensurepip
$ /path/to/bin/pypy -m pip install virtualenv
$ /path/to/bin/virtualenv my-pypy-env
```

이 환경을 활성화하기 위해 다음 명령을 사용하겠다.

---

1   2018년 9월 기준, 6.0이 2.7.13과 3.5.3을 지원한다. – 옮긴이

```
$ source my-pypy-env/bin/activate
```

이 지점에서 python -V를 입력해서 파이썬 바이너리가 PyPy 실행파일에 연결됐는지 검증할 수 있다. 여기서 더 진행해서 필요로 할 만한 몇 가지 패키지를 설치해보자.

5.6 버전에서 PyPy는 파이썬 C API를 사용하는 소프트웨어(특히 numpy나 matplotlib과 같은 패키지)를 제한적으로 지원한다. 보통의 방식으로 이 패키지들을 설치하자.

```
(my-pypy-env) $ pip install numpy matplotlib
```

 특정 플랫폼에서는 numpy와 matplotlib을 설치하기 까다로울 수 있다. 설치 단계를 생략하고 이 두 패키지에 대한 모든 import를 실행할 스크립트에서 제거할 수 있다.

PyPy로 입자 시뮬레이터 실행하기

이제 PyPy 설치를 성공적으로 수행했으니 진행을 계속해서 입자 시뮬레이터를 실행해보자. 첫 단계로 표준 파이썬 인터프리터로 1장, '벤치마킹과 프로파일링'의 입자 시뮬레이터의 실행 시간을 측정하겠다. 가상 환경이 여전히 활성화돼 있다면 환경에서 나가기 위해 deactivate 명령을 내리도록 하라. python -V 명령으로 파이썬 인터프리터가 표준 인터프리터인지 확인해보자.

```
(my-pypy-env) $ deactivate
$ python -V
Python 3.5.2 :: Continuum Analytics, Inc.
```

이 지점에서 timeit 명령행 인터페이스로 코드의 실행 시간을 측정하자.

```
$ python -m timeit --setup "from simul import benchmark" "benchmark()"
10 loops, best of 3: 886 msec per loop
```

환경을 재활성화한 다음 완전히 동일한 코드를 PyPy로 실행하자. 우분투에서 matplot lib.pyplot 모듈을 임포트하는 데 문제가 있을 수 있다. 문제를 해결하기 위해 다음 export 명령을 시험해보거나 matplotlib 임포트를 simul.py에서 제거하라.

```
$ export MPLBACKEND='agg'
```

이제 더 나아가 PyPy를 사용해 코드의 실행 시간을 측정해보자.

```
$ source my-pypy-env/bin/activate
Python 2.7.12 (aff251e54385, Nov 09 2016, 18:02:49)
[PyPy 5.6.0 with GCC 4.8.2]

(my-pypy-env) $ python -m timeit --setup
"from simul import benchmark"
"benchmark()"
WARNING: timeit is a very unreliable tool. use perf or something else for real
measurements
10 loops, average of 7: 106 +- 0.383 msec per loop (using standard deviation)
```

8배 이상의 큰 성능 향상을 얻었다! 그러나 PyPy는 timeit 모듈이 불안정할 수 있다고 경고한다. PyPy가 제안한 바와 같이 perf 모듈로 측정한 시간을 확인해보자.

```
(my-pypy-env) $ pip install perf
(my-pypy-env) $ python -m perf timeit --setup 'from simul import benchmark'
'benchmark()'
.......
Median +- std dev: 97.8 ms +- 2.3 ms
```

▌그 밖의 흥미로운 프로젝트

몇 년에 걸쳐 많은 프로젝트가 여러 가지 전략을 통해 파이썬 성능을 향상시키려고 시도 했으며, 슬프게도 많은 시도가 실패했다. 현재 몇 개의 프로젝트가 살아남아 있으며 이들 이 파이썬을 더 빠르게 할 가능성이 있다.

Numba와 PyPy는 수년 동안 꾸준히 발전하는 성숙한 프로젝트다. 이 프로젝트들은 지 속적으로 기능을 추가하고 있으며 파이썬의 미래에 큰 도움을 줄 것이다.

Nuitka는 카이 헤이엔Kay Hayen이 개발하는 프로그램으로 파이썬 코드를 C로 컴파일한다. 지금 현재(버전 0.5.x)[2] Nuitka는 파이썬 언어에 대해 극도로 높은 호환성을 제공하며 CPython에 비해 중간 정도의 성능 향상을 보이는 효율적인 코드를 생성한다.

Nuitka는 파이썬 호환성을 극도로 높게 제공하는 데 주안점을 두며, 별도의 구조를 추가 해서 언어를 확장하지 않는다는 점에서 Cython과 상당히 다르다.

Pyston은 드롭박스Dropbox가 개발하는 JIT 컴파일러를 강화한 새로운 인터프리터다. Pyston은 추적 JIT 대신 method-at-a-time JIT(Numba의 동작과 유사한)을 채택했기 때 문에 PyPy와 상당히 다르다. Pyston도 Numba처럼 LLVM 컴파일러 인프라스트럭처 위 에서 만들어졌다.

Pyston은 여전히 개발 초기(알파) 단계에 있으며 파이썬 2.7만 지원한다. 벤치마크 결과 Pyston이 CPython보다는 빠르지만 PyPy보다는 느렸다. 그 말은 이 프로젝트에 새 기능 이 추가되고 호환성이 향상되면 여전히 주시할 만한 흥미로운 프로젝트임을 나타낸다.

---

2 2018년 11월 기준, 0.6.0.6이 최신 버전이다. – 옮긴이

▌ 요약

Numba는 실행 시간에 파이썬 함수에 대한 특화된 고속 버전을 컴파일하는 도구다. 5장에서 Numba가 컴파일한 함수를 컴파일하고 조사하고 분석하는 방법을 배웠다. 또한 수치 계산 애플리케이션의 광대한 배열에 유용한 고속 NumPy 유니버설 함수를 구현하는 법도 배웠다. 마지막으로 `nb.jitclass` 데코레이터를 사용해 더 복잡한 데이터 구조를 구현했다.

PyPy와 같은 도구는 파이썬 프로그램의 성능을 상당히 높이면서도 프로그램을 변경하지 않고 실행할 수 있게 해준다. PyPy를 설정하는 방법을 보였고 입자 시뮬레이터 애플리케이션으로 성능 향상을 평가했다.

간략하게 현재 파이썬 컴파일러의 생태계를 설명하고 컴파일러들을 서로 비교하기도 했다.

6장에서는 동시성과 비동기 프로그래밍을 배우겠다. 이 기법을 사용해 네트워크와 디스크 자원을 기다리는 데 많은 시간을 보내는 애플리케이션의 응답성을 높이고 설계를 개선할 수 있을 것이다.

06

동시성 구현

지금까지 똑똑한 알고리즘과 더 효율적인 기계어 코드를 사용해 CPU가 수행하는 연산의 수를 줄임으로 프로그램 성능을 측정하고 개선하는 방법을 살펴봤다. 6장에서는 영구적 저장소와 네트워크 자원처럼 CPU보다 크게 느린 자원을 기다리는 데 대부분의 시간을 보내는 프로그램으로 초점을 옮겨 보겠다.

비동기 프로그래밍asynchronous programming은 느리고 예측 불가능한 자원(사용자와 같은)을 다루는 데 도움이 되며 반응형 서비스와 사용자 인터페이스를 구축하는 데 널리 사용되는 프로그래밍 패러다임이다. 6장에서는 코루틴coroutine과 반응형reactive 프로그래밍과 같은 기법을 사용해 파이썬으로 비동기적 프로그램을 만드는 방법을 소개하겠다.

6장에서는 다음 주제를 다룰 것이다.

* 메모리 계층 구조

- 콜백
- 퓨처
- 이벤트 루프
- asyncio로 코루틴 작성하기
- 동기적인 코드를 비동기적으로 변환하기
- RxPy를 사용한 반응형 프로그래밍
- observable 다루기
- RxPy로 메모리 모니터 구축하기

▌ 비동기 프로그래밍

비동기 프로그래밍은 느리고 예측 불가능한 자원을 다루는 방법이다. 비동기적 프로그램은 자원을 사용할 수 있을 때까지 가만히 기다리는 대신 여러 자원을 동시적이고 효율적으로 다룰 수 있다. 비동기적 방식으로 프로그램을 만드는 것은 어려울 수 있는데, 어떤 순서로 들어올지 모르고 실행 시간이 일정하지 않거나 예측할 수 없게 실패할 수 있는 외부 요청을 다뤄야 하기 때문이다. 이번 절에서는 주요 개념과 용어를 설명하고 비동기 프로그램의 동작 원리를 설명해 주제를 소개한다.

I/O 대기

현대적인 컴퓨터는 데이터를 저장하고 연산을 수행하기 위해 여러 종류의 메모리를 필요로 한다. 일반적으로 컴퓨터는 빠른 속도로 작동할 수 있는 고가의 메모리와 느린 속도로 작동하며 더 많은 양의 데이터를 저장할 수 있는 더 저렴하고 풍부한 메모리의 조합을 갖고 있다.

메모리 계층 구조를 다음 도식으로 나타냈다.

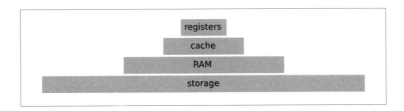

메모리 계층 구조의 최상단은 CPU 레지스터다. 레지스터는 CPU에 통합되어 있으며 기계어 명령을 저장하고 실행하는 데 사용된다. 레지스터에 있는 데이터로 접근하는 데는 클럭 사이클이 하나 필요하다. CPU가 3기가헤르츠로 작동한다면 CPU 레지스터 요소 하나에 접근하는 데 0.3나노초 규모의 시간이 필요하다는 뜻이다.

레지스터 바로 아래 계층에서는 프로세서에 통합된 여러 수준의 CPU 캐시를 볼 수 있다. 캐시는 레지스터보다는 약간 느리지만 같은 규모의 속도에서 동작한다.

계층 구조의 다음 항목은 캐시보다 더 많은 데이터를 유지하지만 느린 메인 메모리(RAM)이다. 메모리에서 항목을 가져오는 데는 몇백 클럭 사이클까지 들 수 있다.

하위 계층에서는 회전 디스크[HDD]나 솔리드 스테이트 드라이브[SSD]와 같은 지속적[persistent] 저장소가 있다. 이 장치들이 대부분의 데이터를 유지하며 메인 메모리보다 느린 규모의 속도로 동작한다. HDD가 항목을 찾고 가져오는 데 몇 밀리초 정도 걸릴 수 있고, 반면 SSD는 이보다 상당히 더 빨라 1밀리초보다 적은 시간을 들여 항목을 찾고 가져올 수 있다.

각 메모리의 상대적 속도를 멀리서 보자면, CPU의 클럭 속도가 1초라고 가정한다면 레지스터 접근은 책상에서 펜을 집어드는 것과 동등할 것이다. 캐시 접근은 책장에서 책을 꺼내는 것과 동등하다. 계층 구조를 따라가면 RAM 접근은 빨래를 가득 싣는 것(캐시보다 약 20여 배 느린 정도)과 동등하다. 지속적 저장소로 가면 문제가 상당히 달라진다. SSD에서 항목을 가져오는 것은 4일 동안 여행을 하는 것과 동등하며, HDD에서 항목을 가져오는 것은 6개월까지도 걸린다! 네트워크 너머의 자원에 접근하는 데까지 넘어가면 이 시간은 더 늘어날 수 있다.

앞서의 예제를 보아, 저장소와 그 외 입출력 장치에 있는 데이터로의 접근은 CPU에 비해 훨씬 느리다는 것이 확실하다. 따라서 CPU가 목적 없이 꼼짝 않고 기다리지 않도록 하기 위해 이러한 자원의 처리가 매우 중요하다. 여러 개의 진행되는 요청을 동시에 관리할 수 있게 소프트웨어를 세심히 설계해 CPU가 무작정 대기하지 않게 할 수 있다.

동시성

동시성^{concurrency}은 여러 개의 요청을 동시에 다룰 수 있는 시스템을 구현하는 방식이다. 어떤 자원을 사용할 수 있게 될 때까지 기다리는 동안 작업하는 위치를 옮겨서 다른 자원을 처리할 수 있다는 발상이다. 동시성은 작업을 순서와 관계없이 실행할 수 있는 더 작은 부분 작업으로 나눠 여러 작업이 이전 작업의 완료를 기다리지 않고 부분적으로 진척될 수 있도록 하는 방식으로 동작한다.

첫 예제로 느린 네트워크 자원에 대한 동시 접근을 구현하는 방법을 설명하겠다. 숫자의 제곱을 구해주는 웹 서비스가 있고, 요청과 응답 사이의 시간은 대략 1초라고 해보자. 숫자를 하나 받아 연산의 성공 여부와 결과를 담은 딕셔너리를 돌려주는 network_request를 구현해보자. 이러한 서비스를 time.sleep 함수를 사용해 다음과 같이 시뮬레이션하자.

```
import time

def network_request(number):
    time.sleep(1.0)
    return {"success": True, "result": number ** 2}
```

그리고 요청을 수행한 다음 성공했는지 검증하고 결과를 출력하는 추가 코드를 조금 작성하겠다. 다음 코드에서 fetch_square 함수를 정의한 다음 network_request를 호출해 숫자의 제곱을 계산하는 데 사용했다.

```
def fetch_square(number):
    response = network_request(number)
    if response["success"]:
        print("Result is: {}".format(response["result"]))

fetch_square(2)
# 출력:
# Result is: 4
```

네트워크가 느리기 때문에 네트워크를 통해 숫자를 가져오는 데는 1초가 걸릴 것이다. 여러 개의 숫자에 대한 제곱을 구하고 싶다면 어떻겠는가? 이전 요청이 끝나자마자 fetch_square를 호출할 수 있으며 이 함수가 네트워크 요청을 시작할 것이다.

```
fetch_square(2)
fetch_square(3)
fetch_square(4)
# 출력:
# Result is: 4
# Result is: 9
# Result is: 16
```

앞에 나온 코드는 실행에 3초가 걸리겠지만 이 결과가 최선은 아니다. 기술적으로 여러 요청을 병렬로 제출하고 대기할 수 있기 때문에, 이전 요청의 결과가 나올 때까지 기다릴 필요가 없다.

다음 도식에서 세 가지 작업을 상자로 표현했다. CPU 처리와 요청 제출에 드는 시간은 주황색이고 대기 시간은 파란색이다.

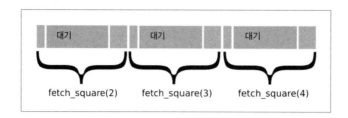

장비가 다른 아무 작업도 하지 않고 가만히 있는 동안 대부분 자원을 기다리면서 시간을 소비하는 것을 볼 수 있다.

이상적으로, 이미 제출한 작업이 끝나기를 기다리는 동안 새로운 작업을 시작하고 싶다. 다음 그림에서 fetch_square(2)로 작업을 제출하자마자 fetch_square(3)의 준비를 시작하는 등의 흐름을 볼 수 있다. 이렇게 하면 CPU 대기 시간이 줄어들고 결과를 사용할 수 있게 됐을 때 바로 처리를 시작할 수 있다.

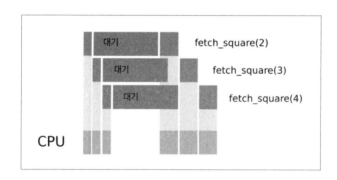

이 전략은 세 요청이 완전히 독립적이며 다음 작업을 시작하기 위해 이전 작업의 완료를 기다릴 필요가 없다는 사실 때문에 가능하다. 단일 CPU가 이 시나리오를 어떻게 부드럽게 처리할 수 있는지 보라. 여러 CPU에 작업을 분산하면 실행 속도를 더 높일 수 있지만, 처리 시간보다 대기 시간이 크다면 속도 향상은 미미할 것이다.

동시성을 구현하기 위해서는 다르게 생각하고 코드를 짜야 한다. 이어지는 절에서 견고한 동시성 애플리케이션을 구현하는 기법과 모범 사례를 보이겠다.

192

콜백

이제까지 본 코드는 자원을 사용할 수 있게 될 때까지 프로그램의 실행을 중단했다. 대기의 원인은 time.sleep 호출이다. 코드가 다른 작업을 시작할 수 있게 만들기 위해, 프로그램의 남은 부분이 다른 작업들을 진행할 수 있도록 실행 흐름을 중단하지 않을 방법을 찾아야 한다.

그렇게 동작하게 하기 위한 가장 간단한 방법 중 하나는 콜백^{callback}이다. 이 전략은 택시를 부르는 경우의 행동과 상당히 비슷하다.

지금 레스토랑에 있고 술을 좀 마셨다고 생각해보자. 밖에는 비가 오고 버스를 타고 싶지는 않다. 이에 택시를 부르면서 비를 맞으며 기다리지 않게 택시가 밖에 도착했을 때 나갈 수 있게 전화해 달라고 요청한다.

이 경우 (느린 자원인) 택시를 불렀지만, 택시가 도착할 때까지 밖에서 기다리는 대신 전화번호와 지시 사항^{callback}을 줘 택시가 준비됐을 때 밖에 나가서 택시를 타고 집에 갈 수 있다.

이제 이 방법이 코드에서 어떻게 작동할 수 있는지 보이겠다. time.sleep을 사용한 블로킹 코드를 이와 동등한 threading.Timer를 사용한 논블로킹 코드와 비교하겠다.

이 예제에서는 프로그램 실행을 1초 동안 블록하고 메시지를 출력하는 wait_and_print 라는 함수를 작성하겠다.

```
def wait_and_print(msg):
    time.sleep(1.0)
    print(msg)
```

같은 함수를 논블로킹 방식으로 구현하고 싶다면 threading.Timer 클래스를 사용할 수 있다. 대기할 시간의 길이와 콜백을 넘겨 threading.Timer 인스턴스를 초기화할 수 있다. 콜백은 단순하게 타이머가 만료될 때 호출될 함수다. 타이머를 활성화시키기 위해 Timer.start 메소드도 호출해야 한다.

```python
import threading

def wait_and_print_async(msg):
    def callback():
        print(msg)
    timer = threading.Timer(1.0, callback)
    timer.start()
```

wait_and_print_async 함수는 어떤 구문도 프로그램의 실행 흐름을 중단시키지 않는다는 중요한 특징이 있다.

어떻게 threading.Timer가 블로킹 없이 대기할 수 있을까?

threading.Timer가 사용한 전략은 병렬로 코드를 실행할 수 있는 새 스레드를 시작하는 것이다. 이 내용이 혼란스럽다면 걱정하지 않아도 된다. 7장에서 스레딩과 병렬 프로그래밍을 상세히 알아볼 것이기 때문이다.

이렇게 특정 이벤트에 반응해 실행시킬 콜백을 등록하는 기법은 보통 할리우드 원칙 Hollywood principle이라고 한다. 할리우드의 배역 오디션이 끝나면 "전화하지 마세요. 연락하겠습니다"라는 말을 듣게 될 텐데 그 말은 합격 여부를 바로 알려주지는 않지만 합격할 경우 연락하겠다는 뜻이다.

wait_and_print의 블로킹과 논블로킹 버전 간의 차이를 강조하기 위해 두 버전의 실행을 시험하고 비교해보자. 출력 주석에서 대기 시간을 <wait...>로 나타낸다.

```python
# 동기
wait_and_print("First call")
wait_and_print("Second call")
print("After call")
# 출력:
# <wait...>
```

```
# First call
# <wait...>
# Second call
# After call
# 비동기
wait_and_print_async("First call async")
wait_and_print_async("Second call async")
print("After submission")
# 출력:
# After submission
# <wait...>
# First call
# Second call
```

동기적^{synchronous} 버전도 굉장히 비슷한 방식으로 작동한다. 이 코드는 1초 대기하고 'First call'을 출력한 다음 다시 1초 대기하고 그 다음 'Second call'과 'After call' 메시지를 출력한다.

비동기 버전에서 wait_and_print_async는 이 함수 호출을 (실행보다는) 제출하고 바로 계속한다. 'After submission' 메시지가 바로 출력됨을 확인해서 이 구조를 볼 수 있다.

이를 염두에 두고 network_request 함수를 콜백을 사용해 재작성해서 약간 더 복잡한 상황을 살펴보자. 다음 코드에서 network_request_async 함수를 정의한다. network_request_async와 거기 대응되는 블로킹 코드 간의 가장 큰 차이는 network_request_async가 아무것도 반환하지 않는다는 것이다. network_request_async를 호출하는 때는 그저 요청을 제출할 뿐이지만 반환할 값은 요청이 완료돼야 알 수 있기 때문이다.

아무것도 반환할 수 없다면 요청이 반환하는 값을 어떻게 전달할 수 있을까? 값을 반환하는 대신 on_done 콜백에 인자로 전달한다.

함수의 나머지는 준비가 되면 on_done을 호출할 timer.Timer 클래스에 콜백(timer_done)을 제출하는 내용으로 구성된다.

```
def network_request_async(number, on_done):

    def timer_done():
        on_done({"success": True,
            "result": number ** 2})
    timer = threading.Timer(1.0, timer_done)
    timer.start()
```

network_request_async의 사용 방법은 timer.Timer와 상당히 유사하다. 제곱하려는 숫자와 결괏값이 준비되면 그 값을 받을 콜백을 넘기기만 하면 된다. 다음 코드 조각으로 사용 방법을 설명했다.

```
def on_done(result):
    print(result)

network_request_async(2, on_done)
```

이제 여러 개의 네트워크 요청을 제출하면 동시에 요청이 실행되고 코드를 블록하지 않는다.

```
network_request_async(2, on_done)
network_request_async(3, on_done)
network_request_async(4, on_done)
print("After submission")
```

fetch_squre 안에서 network_request_async를 사용하려면 코드가 비동기적 구조를 사용하도록 맞춰야 한다. 다음 코드에서 on_done 콜백을 정의하고 network_request_async에 전달하는 식으로 fetch_squre를 변경하겠다.

```
def fetch_square(number):
    def on_done(response):
```

```
        if response["success"]:
            print("Result is: {}".format(response["result"]))
    network_request_async(number, on_done)
```

비동기적 코드가 대응되는 동기적 코드에 비해 상당히 복잡함을 인지할 수 있다. 어떤 결과를 받아야 할 때마다 콜백을 작성하고 전달해야 하므로 코드를 중첩시키고 따라가기 힘들기 때문이다.

퓨처

퓨처^{Future}는 비동기 호출의 결과를 추적하는 데 사용할 수 있는 더 편리한 패턴이다. 앞서 코드에서 값을 반환하는 대신 콜백을 받아 값을 사용할 수 있을 때 결과를 넘겨줬다. 지금까지 자원의 상태를 쉽게 추적할 수 있는 방법이 없다는 점은 흥미롭다.

퓨처는 요청한 자원을 추적하고 가용하게 될 때까지 대기하는 데 도움이 되는 추상화다. 파이썬에서는 concurrent.futures.Future 클래스가 퓨처의 구현체다. Future 인스턴스는 인자 없이 생성자를 호출해서 생성한다.

```
fut = Future()
# 결과:
# <Future at 0x7f03e41599e8 state=pending>
```

퓨처는 아직 사용할 수 없는 값을 나타낸다. 이 예제에서는 퓨처의 문자열 표현이 결과의 상태가 대기 상태임을 알려준다. 결괏값을 사용할 수 있게 만들기 위해 Future.set_result 메소드를 사용하자.

```
fut.set_result("Hello")
# 결과:
# <Future at 0x7f03e41599e8 state=finished returned str>
```

```
fut.result()
# 결과:
# "Hello"
```

한번 결과를 설정하고 나면 Future가 작업이 끝났고 Future.result 메소드를 사용해 결과에 접근할 수 있다고 보고한다. 결과를 사용할 수 있게 되면 바로 콜백이 실행되도록 퓨처에 콜백을 등록할 수도 있다. 콜백을 연결하려면 Future.add_done_callback 메소드에 함수를 전달하기만 하면 된다.

작업이 완료됐을 때 함수는 Future 인스턴스를 첫 인자로 받아 호출되며 작업의 결과는 Future.result() 메소드를 사용해 얻는다.

```
fut = Future()
fut.add_done_callback(lambda future: print(future.result(), flush=True))
fut.set_result("Hello")
# 결과:
# Hello
```

실제로 퓨처를 어떻게 사용할 수 있는지 파악하기 위해 network_request_async 함수가 퓨처를 사용하도록 변경하겠다. 이번 발상은 값을 반환하지 않는 대신 결과를 추적해줄 Future를 반환하는 것이다. 두 가지에 유의하라.

- 나중에 Future.add_done_callback 메소드로 콜백을 연결할 수 있기 때문에 on_done 콜백을 받을 필요가 없다. 일반적인 Future.set_result 메소드를 threading.Timer의 콜백으로 전달할 수도 있다.
- 이번에는 결과를 반환할 수 있기 때문에 코드를 앞의 절에서 본 블로킹 버전과 더 유사하게 만들 수 있다.

```
from concurrent.futures import Future
```

```
def network_request_async(number):
    future = Future()
    result = {"success": True, "result": number ** 2}
    timer = threading.Timer(1.0, lambda: future.set_result(result))
    timer.start()
    return future


fut = network_request_async(2)
```

 이 예제에서 직접 퓨처를 인스턴스화하고 관리하기는 했지만 실제 애플리케이션에서는 프레임워크가 퓨처를 관리한다.

앞서의 코드를 실행시키면 코드가 그저 퓨처 인스턴스를 준비하고 반환하는 것으로만 돼 있기 때문에 아무 일도 일어나지 않는다. 퓨처 결과에 대한 추가적인 연산을 하게 만들기 위해 Future.add_done_callback 메소드를 사용해야 한다. 다음 코드에서 fetch_square 함수가 퓨처를 사용하도록 고친다.

```
def fetch_square(number):
    fut = network_request_async(number)

    def on_done_future(future):
        response = future.result()
        if response["success"]:
            print("Result is: {}".format(response["result"]))

    fut.add_done_callback(on_done_future)
```

이 코드는 여전히 콜백 버전과 상당히 비슷하다. 퓨처는 콜백을 사용하는 다른 방식이며 조금 더 편리하다. 또한 퓨처로 자원의 상태를 추적할 수 있고 예정된 작업을 취소(예정에서 제거)할 수 있으며 예외를 더 자연스럽게 처리할 수 있기 때문에 퓨처를 사용하면 득이 된다.

이벤트 루프

지금까지 OS 스레드를 사용해 병렬 처리를 구현했다. 그러나 많은 비동기 프레임워크에서 이벤트 루프가 동시적인 작업의 조정을 관리한다.

이벤트 루프의 배경 발상은 다양한 자원(이를테면 네트워크 연결과 데이터베이스 질의)의 상태를 연속적으로 감시하고 이벤트가 일어나면 (예를 들면 자원을 사용할 수 있게 됐거나 타이머가 만료된 경우) 콜백 실행을 트리거하는 것이다.

왜 스레딩만 사용하지 않을까?

이벤트 루프는 모든 실행 단위가 다른 단위와 동시에 실행되지 않아서 공유 변수와 데이터 구조, 자원 처리를 단순화할 수 있기 때문에 종종 선호된다. 병렬 실행과 그 단점에 대한 더 자세한 내용을 보려면 7장을 읽어보라.

스레드 없는 threading.Timer의 버전을 첫 예제로 구현하겠다. 시간 제한 값을 받으며 타이머가 만료되면 True를 반환하는 Timer.done 메소드를 구현할 Timer 클래스를 정의해보자.

```
class Timer:

    def __init__(self, timeout):
        self.timeout = timeout
        self.start = time.time()

    def done(self):
        return time.time() - self.start > self.timeout
```

타이머가 만료됐는지 여부를 알아보기 위해 계속해서 Timer.done 메소드를 호출하면서 타이머의 상태를 확인하는 루프를 작성해보자. 타이머가 만료되면 메시지를 출력하고 반복을 멈춘다.

```
timer = Timer(1.0)

while True:
    if timer.done():
        print("Timer is done!")
        break
```

타이머를 이 방식으로 구현하면 실행 흐름이 중단되지 않으며 이론적으로 while 루프 안에서 다른 작업을 할 수 있다.

 계속해서 루프를 돌며 확인하면서 이벤트가 생기기를 기다리는 방식을 일반적으로 바쁜 대기(busy waiting)라고 한다.

이상적으로는 threading.Timer로 했던 것처럼 별도로 만든 함수를 타이머가 종료될 때 실행할 수 있게 연결하고 싶을 수 있다. 그렇게 하기 위해 타이머가 종료될 때 실행될 콜백을 받아들일 Timer.on_timer_done 메소드를 구현하자.

```
class Timer:
    # ... 이전 코드
    def on_timer_done(self, callback):
        self.callback = callback
```

on_timer_done이 콜백에 대한 참조만 저장하는 데 유의하라. 이벤트를 감시하고 콜백을 실행하는 주체는 루프다. 이 개념은 다음과 같이 설명한다. print 함수를 사용하는 대신 적절한 때 루프가 timer.callback을 호출할 것이다.

```
timer = Timer(1.0)
timer.on_timer_done(lambda: print("Timer is done!"))
```

```
while True:
    if timer.done():
        timer.callback()
        break
```

앞에서 볼 수 있듯이 비동기 프레임워크가 시작된다. 루프 밖에서 하는 작업은 타이머와 콜백을 정의하는 것뿐이며 루프가 타이머를 감시하고 연결된 콜백을 실행하는 역할을한다. 여러 개의 타이머를 지원하는 기능을 구현해서 코드를 더 확장해보자.

여러 개의 타이머를 구현하는 자연스러운 방법은 몇 개의 Timer 인스턴스를 리스트에 추가하고 이벤트 루프가 주기적으로 모든 타이머를 검사한 다음 필요한 경우 콜백을 처리하는 것이다. 다음 코드에서 타이머를 두 개 정의하고 각각에 콜백을 연결한다.

타이머들을 이벤트 루프가 계속 감시할 timers라는 리스트에 추가한다. 타이머가 만료되면 콜백을 실행하고 그 이벤트를 리스트에서 제거한다.

```
timers = []

timer1 = Timer(1.0)
timer1.on_timer_done(lambda: print("First timer is done!"))

timer2 = Timer(2.0)
timer2.on_timer_done(lambda: print("Second timer is done!"))

timers.append(timer1)
timers.append(timer2)

while True:
    for timer in timers:
        if timer.done():
            timer.callback()
            timers.remove(timer)
    # 남은 타이머가 없으면 루프를 종료한다
```

```
    if len(timers) == 0:
        break
```

계속해서 실행되는 루프가 실행 흐름을 관리하기 때문에 이벤트 루프가 블로킹 호출을 절대로 사용하면 안 된다는 것이 이벤트 루프의 중요한 제약 사항이다. (time.sleep 같은) 블로킹 구문을 하나라도 루프 안에서 사용한다면 어떻게 이벤트 감시와 콜백 처리가 블로킹 호출이 끝날 때까지 중단되는지 상상해보라.

이러한 상황을 피하기 위해 time.sleep과 같은 블로킹 호출을 사용하는 대신 이벤트 루프가 자원이 준비될 때 감지해서 콜백을 실행하게 할 것이다. 실행 흐름을 중단하지 않음으로 이벤트 루프가 여러 자원을 제약 없이 동시적으로 감시할 수 있다.

 이벤트에 대한 알림은 주로 이벤트가 발생한 때 (바쁜 대기와 대비시켜) 프로그램 실행을 재개할 (select Unix 도구와 같은) 운영체제 호출을 통해 구현된다.

파이썬 표준 라이브러리는 다음 절에서 다룰 주제인 매우 편리한 이벤트 루프 기반 동시성 프레임워크인 asyncio를 포함한다.

▌ asyncio 프레임워크

지금쯤 동시성이 어떻게 동작하는지와 콜백 및 퓨처를 어떻게 사용하는지 기초적인 내용을 견고하게 알게 됐을 것이다. 이제 3.4 버전부터 표준 라이브러리에 들어간 asyncio 패키지를 사용하는 방법으로 넘어가 배워보자. 비동기 프로그래밍을 아주 자연스러운 방식으로 다루기 위한 새로운 async/await 문법도 탐구하겠다.

첫 예제는 asyncio를 사용한 간단한 콜백을 받아 실행하는 방법을 보겠다. asyncio.get_event_loop() 함수를 호출해 asyncio 루프를 얻을 수 있다. 초 단위의 지연 시간과 콜백을 받는 loop.call_later를 사용해 콜백 실행을 예약하자. 루프를 종료하고 프로그램에서 나가는 데 loop.stop 메소드를 사용하자. 예정된 호출 처리를 시작하려면 루프를 시작시켜야 하는데, loop.run_forever로 시작시킬 수 있다. 다음 예제는 메시지를 출력한 다음 루프를 종료시킬 콜백을 예약해 이 기본 메소드의 사용 예를 보인다.

```
import asyncio

loop = asyncio.get_event_loop()

def callback():
    print("Hello, asyncio")
    loop.stop()

loop.call_later(1.0, callback)
loop.run_forever()
```

코루틴

콜백이 갖는 큰 문제 중 하나는 사용자가 프로그램 실행을 특정 이벤트가 일어날 때 작동될 작은 함수로 나눠야 한다는 점이다. 앞선 절에서 본 바와 같이 콜백은 빠르게 번거로워질 수 있다.

코루틴^{coroutine}은 프로그램 실행을 덩어리로 나누는 또 다른, 어쩌면 더 자연스러운 방식이다. 코루틴을 사용하면 프로그래머가 동기적 코드와 비슷하지만 비동기적으로 실행될 코드를 작성할 수 있다. 코루틴이 중단되고 재개될 수 있는 함수라고 생각해도 된다. 코루틴의 기본 예제는 제너레이터다.

파이썬에서는 함수 안에서 yield 구문을 사용해 제너레이터를 정의할 수 있다. 다음 예제에서, 0에서 n까지의 값을 생성하고 반환할 range_generator 함수를 구현한다. 제너레이터의 내부 상태를 기록하기 위한 print 구문도 추가한다.

```
def range_generator(n):
    i = 0
    while i < n:
        print("Generating value {}".format(i))
        yield i
        i += 1
```

range_generator 함수를 실행할 때 코드가 곧바로 실행되지 않는다. 다음 코드 조각을 실행했을 때 아무것도 출력되지 않는 데 유의하라. 그 대신 제너레이터 객체[generator object]가 반환된다.

```
generator = range_generator(3)
generator
# 결과:
# <generator object range_generator at 0x7f03e418ba40>
```

제너레이터에서 값을 가져오기 위해서는 next 함수를 사용해야 한다.

```
next(generator)
#출력:
# Generating value 0
next(generator)
#출력:
# Generating value 1
```

next를 호출할 때마다 다음 yield 문을 만날 때까지 코드가 실행되며 제너레이터 실행을 재개하려면 next 구문을 더 제출해야 한다는 데 유의하라. yield 구문을 실행을 중단하고 재개할 수 있는 중단점(제너레이터의 내부 상태도 유지하는)으로 생각해도 된다. 이벤트 루프가 동시성을 계산에 넣기 위해 실행을 중단하고 재개하는 능력을 활용할 수 있다.

yield 구문을 통해 (제너레이터에서 값을 꺼내는 대신) 제너레이터에 값을 밀어넣을 수도 있다. 다음 예제에서는 보낸 메시지를 반복하는 parrot 함수를 선언한다. 제너레이터가 값을 받을 수 있게 하기 위해 yield를 변수에 할당하자(이 경우에는 message = yield). 제너레이터에 값을 삽입하기 위해 send 메소드를 사용하자. 파이썬 세계에서 값을 수신할 수도 있는 제너레이터를 제너레이터 기반 코루틴이라고 한다.

```
def parrot():
    while True:
        message = yield
        print("Parrot says: {}".format(message))

generator = parrot()
generator.send(None)
generator.send("Hello")
generator.send("World")
```

메시지 송신을 시작하기 전에 generator.send(None)도 제출해야 한다는 데 유의하라. 이는 함수 실행을 부트스트랩하고 실행 지점을 첫 yield 구문에 두기 위해 하는 일이다. 또한 parrot 안에 무한 루프가 있는 데 유의하라. 이 루프를 제너레이터 없이 구현한다면 영원히 실행될 루프에 갇힐 것이다.

이를 염두에 두고 어떻게 이벤트 루프가 전체 프로그램의 실행을 중단시키지 않고 이러한 제너레이터 여러 개를 부분적으로 진행할 수 있는지 상상해보라. 어떻게 제너레이터가 어떤 자원이 준비된 경우에만 전진할 수 있어서 콜백이 필요 없어지는지도 상상해보라.

asyncio의 코루틴을 yield 구문을 사용해 구현할 수 있다. 그러나 파이썬은 3.5 버전부터 더 직관적인 문법을 사용한 강력한 코루틴 정의를 지원한다.

asyncio로 코루틴을 정의하려면 async def 구문을 사용하라.

```
async def hello():
    print("Hello, async!")

coro = hello()
coro
# 출력:
# <coroutine object hello at 0x7f314846bd58>
```

여기서 보다시피 hello 함수를 호출한다면 함수 본문이 곧바로 실행되지 않고 그 대신 coroutine 객체가 반환된다. asyncio coroutine은 next를 지원하지 않지만 run_until_complete 메소드를 사용해 asyncio 이벤트 루프 안에서 쉽게 실행될 수 있다.

```
loop = asyncio.get_event_loop()
loop.run_until_complete(coro)
```

 async def 구문으로 정의한 코루틴을 원시 코루틴(native coroutine)이라고도 한다.

asyncio 모듈은 await 문법을 통해 코루틴 내부에서 요청할 수 있는 자원을 제공한다. 예를 들어 얼마간의 시간 동안 대기한 다음 어떤 구문을 실행하려 한다면 asyncio.sleep 함수를 사용할 수 있다.

```
async def wait_and_print(msg):
    await asyncio.sleep(1)
    print("Message: ", msg)

loop.run_until_complete(wait_and_print("Hello"))
```

결과 코드는 아름답고 깔끔하다. 너저분한 콜백을 하나도 사용하지 않고 완벽하게 동작하는 비동기 코드를 작성하고 있다.

 TIP await가 이벤트 루프에 중단점을 어떻게 제공해서 루프가 자원을 기다리는 동안 다른 코루틴으로 옮겨 가 동시적으로 코루틴을 제어할 수 있는지 알아봤을지도 모른다.

더 좋은 점은 코루틴도 await 가능하며(awaitable) await 구문을 비동기적으로 코루틴을 연쇄시키는 데 사용할 수 있다는 것이다. 다음 예제에서 time.sleep을 모두 asyncio.sleep으로 대체해 앞에서 정의했던 network_request 함수를 재작성했다.

```
async def network_request(number):
    await asyncio.sleep(1.0)
    return {"success": True, "result": number ** 2}
```

fetch_square를 재작성해서 마저 따라가보자. 보다시피 퓨처나 콜백을 추가할 필요 없이 network_request를 직접 await할 수 있다.

```
async def fetch_square(number):
    response = await network_request(number)
    if response["success"]:
        print("Result is: {}".format(response["result"]))
```

loop.run_until_complete를 사용해 코루틴을 개별적으로 실행할 수 있다.

```
loop.run_until_complete(fetch_square(2))
loop.run_until_complete(fetch_square(3))
loop.run_until_complete(fetch_square(4))
```

run_until_complete를 사용한 작업의 실행은 테스트와 디버깅에는 괜찮다. 그러나 우리가 작성하는 프로그램은 대개 loop.run_forever로 시작할 것이고, 따라서 루프가 이미 실행되고 있는 동안 작업을 제출해야 한다.

asyncio는 코루틴(퓨처만이 아니라)의 실행을 예약하는 ensure_future 함수를 제공한다. 간단히 실행 예약을 하고 싶은 코루틴을 전달하는 식으로 ensure_future를 사용할 수 있다. 다음 코드는 동시적으로 실행될 fetch_square 호출 여러 개를 예약한다.

```
asyncio.ensure_future(fetch_square(2))
asyncio.ensure_future(fetch_square(3))
asyncio.ensure_future(fetch_square(4))

loop.run_forever()
# 루프를 중단하려면 Ctrl+C를 눌러라
```

코루틴을 전달하는 경우 asyncio.ensure_future 함수는 (Future의 하위 클래스인) Task 인스턴스를 반환해서 일반 퓨처의 자원 추적 능력을 포기하지 않으면서도 await 문법의 이점을 누릴 수 있다.

블로킹 코드를 논블로킹 코드로 변환하기

asyncio가 비동기적 방식으로 자원에 연결하는 방법을 지원하지만 어떤 경우에는 블로킹 호출을 사용해야 한다. 예를 들어 서드파티 API가 블로킹 콜만 노출하거나(예를 들면 많은 데이터베이스 라이브러리) 장기간 실행되는 계산을 실행하는 경우에도 일어난다. 다음 절에서는 블로킹 API를 다루고 그 API들을 asyncio와 호환되게 만드는 방법을 배우겠다.

블로킹 코드를 다루는 효율적인 전략 중 하나는 별도의 스레드에서 블로킹 코드를 실행하는 것이다. 스레드는 운영체제 수준에서 구현되며 블로킹 코드가 병렬적으로 실행될 수 있게 한다. 이 목적으로 파이썬은 별도의 스레드에 작업을 실행시키고 진행 상황을 퓨처를 사용해 모니터하기 위해 설계된 Executor 인터페이스를 제공한다.

concurrent.futures 모듈을 임포트해서 ThreadPoolExecutor를 초기화할 수 있다. 실행자는 어떤 작업이든 넘겨받으면 실행하기 위해 대기하는 스레드의 (workers라고 하는) 컬렉션을 생성한다. 함수가 한 번 제출되면 실행자가 사용 가능한 워커 스레드에 실행하도록 보내는 일을 담당하고 결과를 추적한다. 스레드를 몇 개나 사용할지 선택하는 데 max_workers 인자를 사용할 수 있다.

실행자가 작업이 끝나도 스레드를 소멸시키지 않는 데 유의하라. 그렇게 해서 스레드의 생성과 소멸 비용을 감소시킨다.

다음 예제에서 세 개의 워커를 가진 ThreadPoolExecutor를 생성하고, 1초 동안 프로그램 실행을 블록하고 메시지 문자열을 반환하는 wait_and_return 함수를 제출한다. 그다음 실행 예약을 위해 submit 메소드를 사용한다.

```python
from concurrent.futures import ThreadPoolExecutor
executor = ThreadPoolExecutor(max_workers=3)

def wait_and_return(msg):
    time.sleep(1)
    return msg

executor.submit(wait_and_return, "Hello. executor")
# 결과:
# <Future at 0x7ff616ff6748 state=running>
```

executor.submit 메소드가 곧바로 함수의 실행을 예약한 다음 퓨처를 반환한다. executor.submit과 상당히 유사하게 동작하는 loop.run_in_executor 메소드를 사용해 asyncio에서 작업의 실행을 관리할 수 있다.

```
fut = loop.run_in_executor(executor, wait_and_return, "Hello, asyncio
executor")
# <Future pending ...more info...>
```

run_in_executor 메소드도 다른 코드에서 await될 수 있는 asyncio.Future 인스턴스를
반환하지만 둘 사이의 주된 차이점은 루프를 시작하기까지는 퓨처가 실행되지 않는다는
점이다. loop.run_until_complete를 사용해 작업을 실행하고 결과를 얻어보자.

```
loop.run_until_complete(fut)
# 결과:
# 'Hello, executor'
```

실제 예제로 이 기법을 여러 웹 페이지를 동시에 가져오는 동작을 구현하는 데 사용해보
자. 이렇게 하기 위해 널리 사용되는(블로킹 호출인) requests 라이브러리를 임포트하고
requests.get 함수를 executor에서 실행하겠다.

```
import requests

async def fetch_urls(urls):
    responses = []
    for url in urls:
        responses.append(await loop.run_in_executor
                        (executor, requests.get, url))
    return responses

loop.run_until_complete(fetch_urls(['http://www.google.com',
                                    'http://www.example.com',
                                    'http://www.facebook.com']))

# 결과
# []
```

이 버전의 fetch_urls는 실행을 블록하지 않고 asyncio의 다른 코루틴이 실행할 수 있게 허용한다. 그러나 이 함수가 URL을 병렬적으로 가져오지 않을 것이기 때문에 최적이 아니다.

병렬적으로 하려면 asyncio.ensure_future를 사용하거나 모든 코루틴을 한 번에 제출하고 결과가 오는 대로 수집하는 asyncio.gather라는 편의 함수를 이용할 수 있다. asyncio.gather의 사용법은 다음과 같다.

```
def fetch_urls(urls):
    return asyncio.gather(*[loop.run_in_executor
                            (executor, requests.get, url)
                            for url in urls])
```

 이 메소드로 병렬적으로 가져올 수 있는 URL의 수는 워커 스레드의 수에 달려 있다. 이 제약을 피하려면 aiohttp처럼 네이티브 논블로킹 라이브러리를 사용해야 한다.

▌반응형 프로그래밍

반응형 프로그래밍^{Reactive programming}은 더 나은 동시적 시스템을 구축하는 데 목적을 둔 패러다임이다. 반응형 애플리케이션은 리액티브 매니페스토가 예제로 든 요구 사항을 준수하도록 설계됐다.

- **응답성**: 시스템이 사용자에게 즉시 응답한다.
- **유연성**: 시스템이 여러 가지 다른 수준의 부하를 처리할 수 있으며 증가하는 요청을 수용하기 위해 변경될 수 있다.
- **탄력성**: 시스템이 장애를 우아하게 다룬다. 모듈화와 단일 실패 지점을 만들지 않는 것을 통해 이를 달성한다.

212

- **메시지 기반**: 시스템은 이벤트와 메시지를 블록하지 않아야 하며 이점을 활용해야 한다. 메시지 기반 애플리케이션은 앞의 모든 요구 사항을 달성하는 데 도움을 준다.

보다시피 반응형 시스템의 목적은 상당히 고상하지만, 실제로 반응형 시스템은 도대체 어떻게 동작할까? 이번 절에서는 RxPy 라이브러리를 사용해 반응형 프로그래밍의 원칙에 대해 알아보겠다.

 RxPy 라이브러리는 다양한 언어를 위해 반응형 프로그래밍 도구를 구현하는 프로젝트인 ReactiveX(http://reactivex.io/)의 일부분이다.

옵저버블

반응형 프로그래밍의 주요 발상은 이름이 암시하는 바와 같이 이벤트에 반응하는 것이다. 이전 절에서 이 발상을 콜백으로 구현한 예제를 몇 가지 봤다. 이벤트에 등록해두면 그 이벤트가 발생하자마자 바로 콜백이 실행된다.

반응형 프로그래밍에서는 이벤트를 데이터의 스트림으로 간주하는 것으로 이 발상을 확장한다. 이를 RxPy로 그러한 스트림의 예제를 보여 실제로 보일 수 있다. 다음과 같이 Observable.from_iterable 팩토리 메소드를 사용해 반복자로부터 데이터 스트림을 생성할 수 있다.

```
from rx import Observable
obs = Observable.from_iterable(range(4))
```

obs에서 데이터를 얻기 위해 데이터 소스가 내보내는 각 값에 대해 우리가 넘긴 함수를 실행할 Observable.subscribe 메소드를 사용하자.

```
obs.subscribe(print)
# 출력:
# 0
# 1
# 2
# 3
```

옵저버블^{observable}이 리스트와 같은 순서 있는 컬렉션이나 더 일반적으로는 반복자라는 것을 알아차렸을지도 모른다. 이것은 우연이 아니다.

 옵저버블이라는 개념은 옵저버(observer, 관찰자)와 이터러블(iterable, 반복 가능한)의 조합에서 나왔다. 옵저버는 관찰하는 변수의 변화에 반응하는 객체고, 이터러블은 반복자를 만들고 추적할 수 있는 객체다.

파이썬에서 반복자는 __next__ 메소드를 정의하며 그 요소를 next를 호출해서 추출할 수 있는 객체다. 반복자는 일반적으로 컬렉션에 iter를 사용해 얻을 수 있다. 그 다음 next나 for loop를 사용해 요소를 추출할 수 있다. 반복자에서 요소를 소비하고 나면 뒤로 돌아갈 수 없다. 리스트에서 반복자를 생성해서 실제로 사용하는 예제를 보자.

```
collection = list([1, 2, 3, 4, 5])
iterator = iter(collection)

print("Next")
print(next(iterator))
print(next(iterator))

print("For loop")
for i in iterator:
    print(i)

# 출력:
```

```
# Next
# 1
# 2
# For loop
# 3
# 4
# 5
```

어떻게 next를 호출하거나 반복할 때마다 반복자가 값을 생성하고 전진하는지 볼 수 있다. 어떤 점에서는 반복자에서 결과를 가져오는 것이다.

 반복자는 제너레이터와 상당히 비슷하다. 그러나 반복자가 더 일반적이다. 파이썬에서는 yield 표현식을 사용하는 함수가 제너레이터를 반환한다. 우리가 봤듯이 제너레이터는 next를 지원하기 때문에 제너레이터는 반복자의 특수한 클래스다.

이제 반복자와 옵저버블 간의 차이를 알 수 있다. 옵저버블은 언제든 준비가 됐을 때 데이터의 스트림을 밀어내는 것이지만 이게 전부가 아니다. 옵저버블은 오류가 있는 때와 데이터가 더 이상 없는 지점을 알려줄 수 있다. 사실 Observable.subscribe 메소드에 그 이상의 콜백을 등록할 수도 있다. 다음 예제는 observable을 생성하고 on_next 인자로 언제든 다음 항목을 사용할 수 있을 때 호출될 콜백을 등록하고 on_completed 인자로 데이터가 더 이상 없을 때 호출될 콜백을 등록한다.

```
obs = Observable.from_iter(range(4))
obs.subscribe(on_next=lambda x: print(on_next="Next item: {}"),
            on_completed=lambda: print("No more data"))
# 결과:
# Next element: 0
# Next element: 1
# Next element: 2
# Next element: 3
# No more data
```

이벤트의 스트림을 다루기 위해 반복자와 사용되는 기법을 동일하게 사용할 수 있기 때문에 반복자와 옵저버블 간의 유사성은 중요하다.

RxPy는 옵저버블을 생성하고 변환하고 필터링하고 그룹핑하는 데 사용할 수 있는 연산자를 제공한다. 반응형 프로그래밍의 위력은 이러한 연산자들이 연쇄하고 합성하기 편리한 옵저버블을 반환한다는 사실에 있다. 이를 빠르게 겪어보기 위해 take 연산자의 사용 방법을 예로 보이겠다.

옵저버블을 주면 take는 n개의 항목까지 내보내고 멈추는 새로운 옵저버블을 반환한다. 사용법은 직관적이다.

```
obs = Observable.from_iterable(range(100000))
obs2 = obs.take(4)

obs2.subscribe(print)
# 출력:
# 0
# 1
# 2
# 3
```

RxPy에 구현된 연산의 컬렉션은 다양하고 풍부하며 이러한 연산자를 구성 요소로 사용해 복잡한 애플리케이션을 구축하는 데 사용할 수 있다.

유용한 연산자

이번 절에서 원본 옵저버블의 요소를 어떤 식으로 변환하는 연산자들을 살펴보겠다. 이 연산자군의 가장 중요한 구성원은 원본 옵저버블의 요소에 함수를 적용한 다음 내뱉는 친숙한 연산인 map이다. 예를 들어 map을 일련의 숫자들의 제곱을 계산하는 데 사용할 수 있다.

```
(Observable.from_iterable(range(4))
        .map(lambda x: x**2)
        .subscribe(print))
# 결과:
# 0
# 1
# 4
# 9
```

연산자가 어떻게 동작하는지 이해하는 데 도움을 주는, 특히 어떤 기간 동안 요소가 나올 수 있는지를 고려할 때 도움이 되는 마블 다이어그램으로 연산자를 표현할 수 있다. 데이터 스트림(이 경우 옵저버블)을 마블 다이어그램에서 실선으로 표시한다. 원(또는 다른 모양)은 옵저버블이 내뿜은 값을 나타내고, X 기호는 오류를 나타내며, 수직선은 스트림의 끝을 나타낸다.

다음 그림에서 맵의 마블 다이어그램을 볼 수 있다.

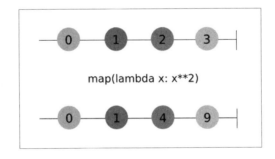

원본 옵저버블이 다이어그램의 상단에 있으며 변환은 중간에, 결과 옵저버블은 하단에 있다.

변환의 또 다른 예제는 키 기반으로 항목을 분류해서 그룹핑하는 group_by이다. group_by는 항목을 주었을 때 키 값을 추출하는 함수를 받아 각 키와 거기에 연결된 요소에 대한 옵저버블을 생성하는 연산자다.

group_by 연산을 마블 다이어그램을 사용해 더 명확히 표현할 수 있다. 다음 그림에서 group_by가 어떻게 두 개의 옵저버블을 내뱉는지 볼 수 있다. 거기 더해 항목들은 내뱉어지자마자 동적으로 그룹으로 분류된다.

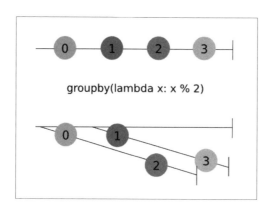

group_by가 동작하는 방식을 간단한 예제를 통해 더 잘 이해할 수 있다. 숫자가 홀수인지 짝수인지에 따라 그룹핑하고 싶다고 해보자. 숫자가 짝수면 0이고 홀수면 1을 반환하는 lambda x: x % 2 표현식을 group_by 문에 키 함수로 넘겨 이를 구현할 수 있다.

```
obs = (Observable.from_range(range(4))
                  .group_by(lambda x: x % 2))
```

이 지점에서 obs에 등록하고 내용을 출력한다면 실제로 두 옵저버블이 출력된다.

```
obs.subscribe(print)
# <rx.linq.groupedobservable.GroupedObservable object at 0x7f0fba51f9e8>
# <rx.linq.groupedobservable.GroupedObservable object at 0x7f0fba51fa58>
```

그룹 키를 key 속성으로 알아낼 수 있다. 모든 짝수를 추출하기 위해 첫 옵저버블(키 값이 0인)을 취해서 구독할 수 있다. 다음 코드에서 이것이 어떻게 동작하는지 보였다.

```
obs.subscribe(lambda x: print("group key: ", x.key))
# 출력:
# group key: 0
# group key: 1
obs.take(1).subscribe(lambda x: x.subscribe(print))
# 출력:
# 0
# 2
```

group_by로 다른 옵저버블을 내뱉는 옵저버블을 소개했다. 이러한 옵저버블은 반응형 프로그래밍에서 상당히 흔한 패턴으로 밝혀졌으며, 서로 다른 옵저버블을 결합할 수 있게 해주는 함수들도 있다.

옵저버블을 결합하는 유용한 도구 두 가지는 merge_all과 concat_all이다. 병합merge은 여러 개의 옵저버블을 받아 원래의 옵저버블에서 내뱉어진 순서대로의 요소를 갖는 단일 옵저버블을 생성한다. 마블 다이어그램을 사용해 더 잘 설명할 수 있다.

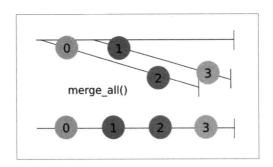

merge_all은 유사한 연산자인 첫 옵저버블의 모든 요소를 내뱉은 다음 두 번째 옵저버블의 요소를 내뱉고 계속 다음 옵저버블이 모든 요소를 내뱉는 새로운 옵저버블을 반환하는 concat_all과 비교할 수 있다. concat_all의 마블 다이어그램을 여기 나타냈다.

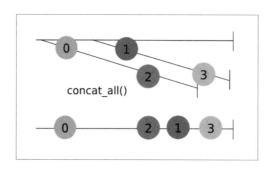

두 연산자의 사용법을 보여주기 위해 group_by가 반환한 옵저버블의 옵저버블에 이 연산을 적용해볼 수 있다. merge_all의 경우 모든 항목이 처음 순서와 동일한 순서로 반환된다(group_by가 두 그룹의 요소를 출현 순서대로 내뿜는다는 것을 기억하라).

```
obs.merge_all().subscribe(print)
# 출력
# 0
# 1
# 2
# 3
```

다른 한편으로 concat_all은 첫 옵저버블이 완료되기를 기다린 다음 두 번째 옵저버블의 요소를 내뿜기 시작하는 식으로 짝수 요소를 먼저 반환하고 그 다음 홀수 요소를 반환한다. 다음 코드 조각으로 사용 방법을 설명했다. 이 특정 예제에서는 make_replay 함수도 적용했다. 이는 짝수 스트림을 다 소모했을 때 두 번째 스트림의 요소는 이미 다 생성된 다음이기 때문에 concat_all이 이 스트림을 사용할 수 없을 것이기 때문이다. 이 개념은 '뜨거운hot 옵저버블과 차가운cold 옵저버블' 절을 읽고 나면 더 명확해질 것이다.

```
def make_replay(a):
    result = a.replay(None)
    result.connect()
    return result
```

```
obs.map(make_replay).concat_all().subscribe(print)
# 출력
# 0
# 2
# 1
# 3
```

이번에는 짝수가 먼저 출력되고 그 다음 홀수가 출력된다.

 TIP RxPy는 개별 옵저버블을 결합하는 데 사용할 수 있는 merge와 concat 연산도 제공한다.

뜨거운 옵저버블과 차가운 옵저버블

이전 절에서는 Observable.from_iterable 메소드를 사용해 옵저버블을 만드는 방법을 배웠다. RxPy는 그 외 더욱 흥미로운 이벤트 원본을 만드는 많은 도구를 제공한다.

Observable.interval은 밀리초 단위의 시간 간격인 period를 받아 그만큼 시간이 갈 때마다 값을 내뿜는 옵저버블을 생성한다. 0부터 매초마다 숫자를 하나씩 내뿜는 옵저버블 obs를 정의하는 데 다음 코드를 사용할 수 있다. 이 타이머의 이벤트를 네 개로 제한하기 위해 take 연산자를 사용한다.

```
obs = Observable.interval(1000)
obs.take(4).subscribe(print)
# 출력:
# 0
# 1
# 2
# 3
```

Observable.interval에 대한 아주 중요한 사실은 타이머가 구독이 일어나기 전까지는 시작되지 않는다는 것이다. 인덱스와 타이머 시작 시간부터 얼마나 시간이 지났는지를 time.time()을 사용해 다음과 같이 출력해보면 이를 관찰할 수 있다.

```
import time

start = time.time()
obs = Observable.interval(1000).map(lambda a: (a, time.time() - start))

# 구독을 시작하기 전에 2초 대기해보자.
time.sleep(2)
obs.take(4).subscribe(print)
# 출력:
# (0, 3.003735303878784)
# (1, 4.004871129989624)
# (2, 5.005947589874268)
# (3, 6.00749135017395)
```

보다시피 첫 요소(인덱스 0에 해당하는)가 3초 후에 생성되는데, 이는 subscribe(print) 메소드를 제출할 때 타이머가 시작됨을 의미한다.

Observable.interval과 같은 옵저버블은 요청을 받아야만 값을 생성(버튼을 누르지 않으면 식품을 떨어뜨리지 않는 자동판매기를 떠올려보라)하기 때문에 느긋하다lazy고 한다. Rx 전문 용어로는 이런 종류의 옵저버블을 차갑다cold고 한다. 차가운 옵저버블의 특성은 구독자를 둘 연결시켰다면 인터벌 타이머가 여러 번 시작될 것이라는 점이다. 이를 다음 예제에서 매우 분명히 알 수 있다. 여기서 첫 구독을 등록하고 나서 0.5초 후에 새 구독을 추가했는데 어떻게 두 구독이 다른 시점에 출력하는지 볼 수 있다.

```
start = time.time()
obs = Observable.interval(1000).map(lambda a: (a, time.time() - start))

# 구독하기 전 2초간 대기하자
```

```
time.sleep(2)
obs.take(4).subscribe(lambda x: print("First subscriber: {}".format(x)))
time.sleep(0.5)
obs.take(4).subscribe(lambda x: print("Second subscriber: {}".format(x)))

# 결과:
# First subscriber: (0, 3.0036110877990723)
# Second subscriber: (0, 3.5052847862243652)
# First subscriber: (1, 4.004414081573486)
# Second subscriber: (1, 4.506155252456665)
# First subscriber: (2, 5.005316972732544)
# Second subscriber: (2, 5.5068171102432251)
# First subscriber: (3, 6.0062034130096436)
# Second subscriber: (3, 6.508296489715576)
```

때때로 여러 구독자가 동일한 데이터 원본을 구독하게 하고 싶을 수도 있기 때문에 이러한 동작을 원하지 않을 수 있다. 옵저버블이 동일한 데이터를 생성하게 하기 위해 데이터 생성을 지연시키고 publish 메소드를 사용해 모든 구독자가 동일한 데이터를 받는 것을 보장할 수 있다.

publish가 옵저버블을 곧바로 데이터를 밀어내지 않으며 connect 메소드를 호출하는 경우에만 데이터를 밀어내는 ConnectableObservable로 변환할 것이다. 다음 코드 조각에 publish와 connect의 사례를 보였다.

```
start = time.time()
obs = Observable.interval(1000).map(lambda a: (a, time.time() - start)).
publish()
obs.take(4).subscribe(lambda x: print("First subscriber: {}".format(x)))
obs.connect() # 여기서 데이터 생성을 시작한다

time.sleep(2)
obs.take(4).subscribe(lambda x: print("Second subscriber: {}".format(x)))
# 출력:
```

```
# First subscriber: (0, 1.0016899108886719)
# First subscriber: (1, 2.0027990341186523)
# First subscriber: (2, 3.003532648086548)
# Second subscriber: (2, 3.003532648086548)
# First subscriber: (3, 4.004265308380127)
# Second subscriber: (3, 4.004265308380127)
# Second subscriber: (4, 5.005320310592651)
# Second subscriber: (5, 6.005795240402222)
```

앞선 예제에서 어떻게 먼저 publish를 제출하고 첫 구독자가 구독한 다음 마지막으로 connect를 제출하는지 볼 수 있다. connect를 제출하면 타이머가 데이터를 생성하기 시작한다. 두 번째 구독자가 이 모임에 늦게 참여해서 처음 두 메시지는 사실 받지 못하지만 세 번째와 그 이후 메시지를 받기 시작한다. 이번에는 구독자가 어떻게 정확하게 동일한 데이터를 공유하는지 유의하라. 데이터가 구독자와 상관없이 생성되는 이러한 종류의 데이터 원본을 뜨거운hot 옵저버블이라고 한다.

publish와 유사하게 새로운 구독자마다 데이터를 처음부터 생성하는 replay 메소드를 사용할 수 있다. publish를 replay로 바꾼 것 외에는 앞서의 예제와 동일한 다음 예제로 이를 보였다.

```
import time

start = time.time()
obs = Observable.interval(1000).map(lambda a: (a, time.time() start)).
replay(None)
obs.take(4).subscribe(lambda x: print("First subscriber: {}".format(x)))
obs.connect()

time.sleep(2)
obs.take(4).subscribe(lambda x: print("Second subscriber: {}".format(x)))

First subscriber: (0, 1.0008857250213623)
First subscriber: (1, 2.0019824504852295)
```

```
Second subscriber: (0, 1.0008857250213623)
Second subscriber: (1, 2.0019824504852295)
First subscriber: (2, 3.0030810832977295)
Second subscriber: (2, 3.0030810832977295)
First subscriber: (3, 4.004604816436768)
Second subscriber: (3, 4.004604816436768)
```

이번에는 두 번째 구독자가 모임에 늦게 참여했지만 그때까지 나온 모든 항목을 받는 것을 볼 수 있다.

Subject 클래스를 통하면 또 다른 방법으로 뜨거운 옵저버블을 생성할 수 있다. Subject 는 데이터를 받기도 밀어내기도 할 수 있기 때문에 흥미로우며, 그에 따라 옵저버블에 수동으로 항목을 밀어 넣는 데 Subject를 사용할 수 있다. Subject 사용법은 굉장히 직관적이다. 다음 코드에서 Subject를 생성하고 구독하겠다. 그 다음 on_next 메소드를 사용해 여기에 값을 밀어 넣겠다. 메소드를 사용하면 바로 구독자가 호출된다.

```
s = Subject()
s.subscribe(lambda a: print("Subject emitted value: {}".format(x))
s.on_next(1)
# Subject emitted value: 1
s.on_next(2)
# Subject emitted value: 2
```

Subject도 하나의 뜨거운 옵저버블이라는 데 유의하라.

CPU 모니터 구축

이제 반응형 프로그래밍의 주요 개념을 이해했으니 예제 애플리케이션을 구현해보자. 이번 절에서는 실시간 CPU 사용량 정보를 알려주고 스파이크를 감지할 수 있는 모니터를 구현하겠다.

첫 단계로 데이터 원본을 구현하자. 여기서는 최신 CPU 사용량을 퍼센트 단위로 반환하는 (그리고 블록을 하지 않는) psutil.cpu_percent를 제공하는 psutil 모듈을 사용하겠다.

```
import psutil
psutil.cpu_percent()
# 결과: 9.7
```

구현하는 예제가 모니터이기 때문에 이 정보를 시간 간격을 두고 몇 차례 수집하려고 한다. 의도대로 하기 위해 바로 이전 절에서 했던 것처럼 Observable.interval에 map이 따라오는 친숙한 방식을 사용할 수 있다. 그리고 이 애플리케이션에 대해서는 모든 구독자가 단일 데이터 원본을 받게 되는 핫 옵저버블을 만들려고 한다. Observable.interval을 핫 옵저버블로 만들기 위해 publish와 connect 메소드를 사용할 수 있다. cpu_data 옵저버블을 생성하는 코드 전문은 다음과 같다.

```
cpu_data = (Observable.interval(100) # 100 밀리초마다
                    .map(lambda x: psutil.cpu_percent())
                    .publish())
cpu_data.connect() # 데이터 생성 시작
```

시험 삼아 샘플 네 개를 출력할 수 있다.

```
cpu_data.take(4).subscribe(print)
# 출력:
# 12.5
# 5.6
# 4.5
# 9.6
```

이제 주요 데이터 원본을 마련했으니 `matplotlib`을 사용해 모니터 시각화를 구현할 수 있다. 구현할 발상은 측정 값을 고정된 수만큼 포함하는 도표^plot를 만든 다음 새 데이터가 도착할 때마다 최신 측정 값을 도표에 넣고 가장 오래된 측정 값을 제거한다는 것이다. 이를 보통 이동 윈도우^moving window라고 하며 그림으로 보면 이해하기 더 쉽다. 다음 그림에서 cpu_data 스트림은 숫자의 리스트로 표현된다. 처음의 숫자 네 개가 나오면 바로 첫 도표가 생성되며, 새 숫자가 도착할 때마다 윈도우를 한 칸 옆으로 옮기고 도표를 갱신한다.

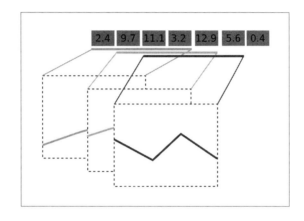

이 알고리즘을 구현하기 위해 도표로 그릴 윈도우를 생성하고 갱신하는 `monitor_cpu`라는 함수를 작성하자. 이 함수는 다음과 같은 역할을 한다.

- 빈 도표를 생성하고 올바른 도표 한계값을 설정한다.
- 데이터에 대한 이동 윈도우를 반환하기 위해 cpu_data 옵저버블을 변환한다. 윈도우가 포함하는 숫자의 갯수인 `npoints`와 이동 간격 1을 파라미터로 받을 `buffer_with_count` 연산을 통해 이 작업을 수행할 수 있다.
- 이 새로운 데이터 스트림을 구독하고 새로 들어오는 데이터로 도표를 갱신하라.

함수 전체의 코드를 여기 표시했으며 보다시피 매우 작다. 함수를 실행시키고 파라미터를 이리저리 바꿔보라.

```
import numpy as np
from matplotlib import pyplot as plt

def monitor_cpu(npoints):
    lines, = plt.plot([], [])
    plt.xlim(0, npoints)
    plt.ylim(0, 100) # 0에서 100 퍼센트

    cpu_data_window = cpu_data.buffer_with_count(npoints, 1)

    def update_plot(cpu_readings):

        lines.set_xdata(np.arange(npoints))
        lines.set_ydata(np.array(cpu_readings))
        plt.draw()

    cpu_data_window.subscribe(update_plot)

    plt.show()
```

개발하고자 하는 다른 기능의 예제는 CPU가 일정 시간 동안 높은 사용률을 보일 때 알림을 트리거하는 것이다. 높은 사용률은 장비에서 구동되는 프로세스 중 일부가 과도하게 동작함을 나타낼 수 있기 때문이다. buffer_with_count와 map을 결합해서 알람을 트리거할 수 있다. CPU 스트림과 윈도우를 받은 다음 항목이 모두 20퍼센트보다 높은 사용률(쿼드코어 CPU에서는 20퍼센트보다 사용률이 높으면 한 개의 프로세서가 거의 100퍼센트로 사용된다는 의미임)을 보이는지를 map 함수에서 검사한다. 윈도우의 모든 지점이 나타내는 사용률이 20퍼센트를 초과한다면 도표 윈도우에 경고를 표시한다.

이러한 새로운 옵저버블을 다음과 같이 작성해서 구현할 수 있으며 이 코드는 CPU가 높은 사용률을 보일 때 True를, 아닐 때 False를 내뿜는 옵저버블을 생성할 것이다.

```
alertpoints = 4
high_cpu = (cpu_data.buffer_with_count(alertpoints, 1)
                .map(lambda readings: all(r > 20 for r in readings)))
```

이제 high_cpu 옵저버블을 준비했으니 matplotlib 레이블을 생성하고 레이블 갱신을 위해 옵저버블을 구독한다.

```
label = plt.text(1, 1, "normal")
def update_warning(is_high):
    if is_high:
        label.set_text("high")
    else:
        label.set_text("normal")
    high_cpu.subscribe(update_warning)
```

▌ 요약

비동기 프로그래밍은 코드가 I/O 장치나 네트워크와 같은 느리고 예측 불가능한 자원을 다룰 때 유용하다. 6장에서는 동시성 및 비동기 프로그래밍의 기본 개념과 asyncio 및 RxPy 라이브러리를 사용해 동시적인 코드를 작성하는 방법에 대해 살펴봤다.

asyncio 코루틴은 영리하게 콜백을 피해서 코드 논리를 크게 단순화하기 때문에 여러 개의 서로 연결된 자원을 다루기에 탁월한 선택지다. 반응형 프로그래밍은 이런 상황에서도 매우 좋지만, 실시간 애플리케이션과 사용자 인터페이스에서 일반적인 데이터 스트림을 다룰 때 빛을 발한다.

이어지는 7장과 8장에서는 병렬 프로그래밍을 학습하고 여러 개의 코어와 컴퓨터를 활용해 성능을 크게 향상시키는 방법을 배우겠다.

07

병렬 처리

여러 개의 코어를 사용해 작업을 병렬로 처리하면 더 빠른 프로세서를 쓰지 않고도 프로그램이 주어진 시간 동안 계산할 수 있는 양을 늘릴 수 있다. 발상의 핵심은 문제를 서로 상관없는 부분 단위로 나눈 다음 병렬로 이 부분들을 푸는 데 여러 개의 코어를 사용하는 것이다.

대규모 문제 해결에 병렬 처리가 필요하다. 기업들은 매일 많은 컴퓨터에 저장하고 분석해야 하는 데이터를 대량으로 생성한다. 과학자와 엔지니어는 대규모 시스템을 시뮬레이트하는 코드를 슈퍼컴퓨터에서 실행시킨다.

병렬 처리를 사용하면 고도로 병렬적인 문제에 잘 대응하는 멀티코어 CPU는 물론 GPU까지 활용할 수 있다. 7장에서는 다음 주제를 다루겠다.

- 간략한 병렬 처리 기초 소개
- `multiprocessing` 파이썬 라이브러리로 간단한 문제를 병렬화하는 방법 설명
- 단순한 `ProcessPoolExecutor` 인터페이스 사용
- Cython 및 OpenMP의 조력을 받은 멀티스레딩을 사용한 프로그램 병렬화
- 테아노와 텐서플로를 통한 자동 병렬화
- 테아노와 텐서플로, Numba로 GPU에서 코드 실행

▌ 병렬 처리 개론

프로그램을 병렬화하려면 문제를 서로 의존성이 (거의 없거나) 없이 실행할 수 있는 부분 단위로 나누어야 한다.

부분 단위가 서로 완전히 독립적인 문제를 극도로 병렬적인$^{embarrassingly\ parallel}$ 문제라고 한다. 배열의 요소별 연산이 극도로 병렬적인 문제의 전형이다. 연산이 현재 다루는 요소에 대해서만 알고 있으면 된다. 입자 시뮬레이터도 그러한 문제다. 입자 간 상호작용이 없기 때문에 입자는 각자 다른 입자와 관계없이 진전할 수 있다. 극도로 병렬적인 문제는 병렬 아키텍처에서 구현하고 실행하기 아주 쉽다.

다른 문제는 부분 단위로 나눌 수 있지만 계산하기 위해 데이터를 공유해야 한다. 이러한 경우 구현이 비교적 더 복잡하며 통신 비용 때문에 성능 문제를 일으킬 수 있다.

예제를 사용해 이 개념을 설명하겠다. 이번에는 입자가 어떤 거리 안에 있는 다른 입자를 끌어들이는 입자 시뮬레이터가 있다고 생각해보자(다음 그림처럼). 이 문제를 병렬화하기 위해 시뮬레이션 상자를 여러 개의 영역으로 나누고 이 영역을 각자 다른 프로세서에게 할당한다. 시스템을 한 번에 한 단계씩 진행시키면 입자 중 일부는 이웃한 영역의 입자와 상호작용할 것이다. 다음 이터레이션을 수행하면 이웃한 영역의 새로운 입자 위치를 통신으로 받아야 한다.

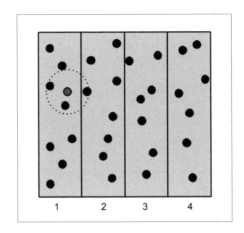

프로세스 간 통신은 비용이 크며 병렬 프로그램의 성능을 심각하게 저해할 수 있다. 병렬 프로그램에서 데이터 통신을 다루는 주된 방법 두 가지가 있다.

- 공유 메모리
- 분산 메모리

공유 메모리에서 부분 단위들은 동일한 메모리 영역에 접근한다. 이 방식은 공유 메모리에 읽거나 쓰기만 하면 되기 때문에 명시적으로 통신할 필요가 없다는 것이다. 그러나 여러 프로세스가 동일한 메모리 영역을 동시에 접근하고 변경하려 하면 문제가 생긴다. 동기화 기법을 사용해 이러한 충돌을 막기 위해 주의해야 한다.

분산 메모리 모델에서는 프로세스가 다른 프로세스와 완전히 분리되어 있으며 각자 고유한 메모리 영역을 가진다. 이 경우 프로세스 간 통신을 명시적으로 다뤄야 한다. 데이터가 네트워크 인터페이스를 통해 움직일 수도 있기 때문에 분산 메모리 모델의 통신 비용이 공유 메모리에 비해 대체로 비싸다.

스레드는 공유 메모리 모델 병렬화의 일반적인 방식 중 하나다. 스레드는 프로세스에서 나온 상호 의존적이지 않은 부분 작업이며 메모리와 같은 자원을 공유한다. 다음 그림에서 이 개념을 자세히 설명한다. 스레드는 여러 개의 실행 맥락을 만들며 동일한 메모리 영역을 공유하지만 프로세스는 각자 고유한 메모리 영역을 가진 여러 개의 실행 맥락을 제공하며 통신을 명시적으로 처리해야 한다.

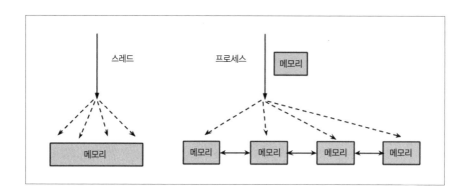

파이썬이 스레드를 만들고 다룰 수는 있지만 성능을 높이는 데 사용할 수는 없다. 파이썬 인터프리터 설계 때문에 한 번에 하나의 파이썬 명령만 실행할 수 있다. 이 동작 방식을 전역 인터프리터 잠금GIL, Global Interpreter Lock이라고 한다. 스레드가 파이썬 구문을 실행할 때마다 스레드가 잠금을 얻고 실행을 완료하면 그 잠금을 해제한다. 한번에 한 스레드만 잠금을 잡을 수 있기 때문에 어떤 스레드가 잠금을 잡고 있는 동안 다른 스레드는 파이썬 구문을 실행할 수 없다.

GIL 때문에 파이썬 명령을 병렬적으로 실행할 수 없긴 하지만, 시간이 오래 걸리는 I/O 연산이나 C 확장에서와 같이 잠금을 해제할 수 있는 상황에서 동시성을 제공하는 데 여전히 스레드를 사용할 수 있다.

 어째서 GIL을 제거하지 않을까? 가장 최근의 GIL-절제술(gilectomy) 실험까지 포함해 GIL을 제거하려 한 적이 과거에 여러 차례 있다. 먼저 GIL 제거는 쉬운 작업이 아니며, 이를 제거하려면 대부분의 파이썬 데이터 구조를 변경해야 한다. 게다가 잠금을 세분화하는 비용이 크고 단일 스레드 프로그램에서 상당한 성능 손실을 보게 될 수도 있다. 그렇지만 일부 파이썬 구현(인상적인 사례로는 Jython과 IronPython이 있음)은 GIL을 사용하지 않는다.

스레드 대신 프로세스를 사용해 GIL을 완전히 회피할 수 있다. 프로세스는 동일한 메모리 영역을 공유하지 않으며 서로 독립적이다. 프로세스마다 자기만의 인터프리터를 가진다. 그러나 프로세스에는 약간의 단점이 있다. 새 프로세스를 시작하는 건 보통 새 스레드를 시작하는 것보다 느리며 프로세스가 더 많은 메모리를 차지하고 프로세스 간 통신이 느릴 수 있다. 한편 프로세스는 여전히 상당히 유연하며 여러 장비에 분산할 수 있기 때문에 규모 확장에 더 유리하다.

그래픽 처리 장치

그래픽 처리 장치Graphic processing unit는 컴퓨터 그래픽 애플리케이션을 위해 설계된 특수 프로세서다. 이러한 애플리케이션은 대개 3D 장면의 공간적 배치를 처리하고 픽셀 배열을 화면에 출력해야 한다. GPU가 수행하는 연산에는 부동 소수점 숫자 배열 및 행렬 연산이 포함된다.

GPU는 이러한 그래픽 관련 연산을 매우 효율적으로 수행하도록 설계됐으며 고도로 병렬적인 아키텍처를 통해 이러한 효율성을 얻는다. GPU는 CPU에 비해 (몇천 단위의) 아주 많은 수의 작은 처리 유닛을 갖고 있다. GPU는 초당 약 60프레임의 속도로 데이터를 생성하기 위해 만들어졌는데 이 생성 속도는 더 빠른 클럭 속도를 갖는 CPU의 전형적인 응답 시간보다 훨씬 느리다.

GPU는 표준적인 CPU와 매우 다른 아키텍처를 가졌으며 부동 소수점 연산을 수행하는 데 특화돼 있다. 따라서 프로그램이 GPU에서 실행되도록 컴파일하려면 CUDA나 OpenCL과 같은 특별한 프로그래밍 플랫폼을 활용해야 한다.

CUDACompute Unified Device Architecture는 NVIDIA의 독점적인 기술이다. CUDA는 다른 언어에서 접근할 수 있는 API를 제공한다. CUDA는 C와 유사한 언어(CUDA C)로 작성된 GPU 프로그램을 컴파일하는 데 사용할 수 있는 NVCC 도구와 고도로 최적화된 수학적 루틴을 구현한 엄청난 수의 라이브러리를 제공한다.

OpenCL은 (여러 벤더의 CPU 및 GPU 같은) 다양한 장치를 대상으로 컴파일할 수 있는 병렬적 프로그램을 작성할 수 있게 해주는 개방형 기술이며 비 NVIDIA 장치에 적합한 선택지다.

GPU 프로그래밍은 이론적으로 굉장히 좋아 보인다. 그렇지만 CPU를 아직 던져버리지는 말라.

GPU 프로그래밍은 다루기 어려우며 특정 사용 사례만 GPU 아키텍처의 덕을 볼 수 있다.

프로그래머는 주 메모리와의 메모리 전송이 초래하는 비용 및 GPU 아키텍처를 활용하는 알고리즘 구현 방법을 알아야 한다.

일반적으로 GPU는 시간당 실행하는 연산의 수(처리량throughput)를 늘리는 데 뛰어나지만 처리할 데이터를 준비하는 시간을 더 필요로 한다. 반면 CPU는 처음부터 개별 결과를 생성하는 속도(대기 시간latency)가 훨씬 빠르다.

GPU는 적합한 문제에 대해 (10에서 100배 정도로) 엄청나게 속도를 높여준다. 그렇기 때문에 GPU는 수치 집약적인 애플리케이션의 성능을 향상시키는 매우 저렴한 솔루션(CPU로 동일한 속도를 얻으려면 수백 개가 필요함)을 구성한다. GPU에서 몇 가지 알고리즘을 실행하는 방법을 '자동적 병렬성' 절에서 설명하겠다.

█ 여러 프로세스 사용하기

간단한 작업을 빠르게 병렬화하는 동시에 GIL 문제를 회피하는 데 multiprocessing 표준 모듈로 여러 프로세스를 띄워 사용할 수 있다. 이 모듈의 인터페이스는 사용하기 쉬우며 작업 제출과 동기화를 다루는 몇 가지 유틸리티를 포함한다.

Process와 Pool 클래스

multiprocessing.Process를 상속받은 클래스를 만들어 독립적으로 실행되는 프로세스를 생성할 수 있다. 자원 초기화를 위해 __init__ 메소드를 확장할 수 있으며, 코드 중 서브프로세스로 실행될 부분을 Process.run 메소드로 구현할 수 있다. 다음 코드는 1초 동안 대기한 다음 할당받은 id를 출력할 Process 클래스를 정의한다.

```python
import multiprocessing
import time

class Process(multiprocessing.Process):
    def __init__(self, id):
        super(Process, self).__init__()
        self.id = id

    def run(self):
        time.sleep(1)
        print("I'm the process with id: {}".format(self.id))
```

프로세스를 띄우려면 Process 클래스를 인스턴스화한 다음 Process.start 메소드를 호출해야 한다. 직접 Process.run을 호출하지는 않는다. Process.start를 호출하면 새 프로세스가 생성되고 그 다음 Process.run 메소드가 호출된다.

새로운 프로세스를 생성하고 시작시키기 위해 앞선 코드 조각에 다음 행을 추가할 수 있다.

```python
if __name__ == '__main__':
    p = Process(0)
    p.start()
```

Process.start 다음의 명령은 프로세스 p가 끝나기를 기다리지 않고 곧바로 실행될 것이다. 작업 완료를 기다리기 위해 Process.join 메소드를 다음과 같이 사용할 수 있다.

```python
if __name__ == '__main__':
    p = Process(0)
```

```
    p.start()
    p.join()
```

같은 방식을 통해 병렬적으로 실행되는 네 개의 서로 다른 프로세스를 시작할 수 있다. 순차적 프로그램에서는 전체 코드를 실행하는 데 필요한 시간이 4초가 된다. 동시적으로 실행되기 때문에 결과적인 실행 시간은 1초가 된다. 다음 코드는 동시에 실행될 네 개의 프로세스를 생성한다.

```
if __name__ == '__main__':
    processes = Process(1), Process(2), Process(3), Process(4)
    [p.start() for p in processes]
```

병렬 프로세스의 실행 순서는 예측할 수 없으며 결국 그 순서는 OS가 프로세스 실행 스케줄을 어떻게 잡느냐에 달려 있다. 프로그램을 여러 차례 실행시켜 이러한 행태를 검증할 수 있다. 실행할 때마다 순서가 달라질 가능성이 크다.

multiprocessing 모듈은 multiprocessing.Pool 클래스에 있는 프로세스에 작업을 할당하고 분산하기 쉽게 도와주는 편의적 인터페이스를 노출한다.

multiprocessing.Pool 클래스는 프로세스의 집합-워커라고 하는-을 띄우고 apply/apply_async와 map/map_async 메소드를 통해 작업을 제출하게 해준다.

Pool.map 메소드는 리스트의 각 요소에 대해 함수를 적용하고 결과의 리스트를 반환한다. Pool.map의 사용법은 내장된 (순차적인) map과 동등하다.

병렬적 map을 사용하기 위해서는 먼저 multiprocessing.Pool 객체를 초기화해야 한다. 워커의 수가 초기화할 때의 첫 인자이다. 인자가 주어지지 않은 경우에는 시스템에 있는 코어의 수와 동일한 수의 워커가 생성된다. multiprocessing.Pool 객체를 다음 방법으로 초기화할 수 있다.

```
pool = multiprocessing.Pool()
pool = multiprocessing.Pool(processes=4)
```

이제 pool.map의 동작을 보자. 숫자의 제곱을 계산하는 함수가 있으면 다음과 같이 Pool.map을 호출하면서 함수와 입력 리스트를 인자로 넘겨 리스트에 함수를 매핑할 수 있다.

```
def square(x):
    return x * x

inputs = [0, 1, 2, 3, 4]
outputs = pool.map(square, inputs)
```

Pool.map_async 함수는 Pool.map과 동일하게 사용하지만 실제 결과 대신 AsyncResult 객체를 반환한다. Pool.map을 호출하면 모든 워커가 결과 처리를 마칠 때까지 주 프로그램을 중단한다. map_async의 경우 주 프로그램이 중단되지 않고 AsyncResult 객체가 곧바로 반환되며 계산은 백그라운드에서 수행된다. 그 다음 언제든 다음의 코드처럼 AsyncResult.get 메소드를 사용해 결과를 가져올 수 있다.

```
outputs_async = pool.map_async(square, inputs)
outputs = outputs_async.get()
```

Pool.apply_async는 단일 함수로 구성된 작업을 자신의 워커 중 하나에 할당한다. 워커는 함수와 그 인자를 받은 다음 AsyncResult 객체를 반환한다. 보는 것처럼 apply_async를 사용해 map과 유사한 효과를 얻을 수 있다.

```
results_async = [pool.apply_async(square, i) for i in range(100))]
results = [r.get() for r in results_async]
```

Executor 인터페이스

파이썬 버전 3.2부터 concurrent.futures 모듈에서 제공하는 Executor 인터페이스를 사용해 파이썬 코드를 병렬로 실행할 수 있게 됐다. 이미 6장에서 여러 작업을 동시에 수행하는 데 ThreadPoolExecutor를 사용하면서 Executor 인터페이스에 대해 알아봤다. 이번 절에서는 ProcessPoolExecutor 클래스의 사용법을 보겠다.

적어도 ProcessPoolExecutor가 노출하는 인터페이스는 더 기능이 많은 multiproce ssing.Pool에 비해 아주 빈약하다. ThreadPoolExecutor처럼 ProcessPoolExecutor 를 max_workers 인자에 워커 스레드의 수를 넘겨 인스턴스화할 수 있다(max_workers의 기 본값은 사용 가능한 CPU 코어의 수와 같다). submit과 map은 ProcessPoolExecutor에서 사용할 수 있는 주요 메소드다.

submit 메소드는 함수를 받아 제출된 함수 실행을 추적 기록할 Future(6장을 보라)를 반환한다. map 메소드는 리스트가 아니라 반복자를 반환한다는 점만 제외하면 Pool.map 함수와 비슷하게 동작한다.

```
from concurrent.futures import ProcessPoolExecutor

executor = ProcessPoolExecutor(max_workers=4)
fut = executor.submit(square, 2)
# 결과:
# <Future at 0x7f5b5c030940 state=running>

result = executor.map(square, [0, 1, 2, 3, 4])

list(result)
# 결과:
# [0, 1, 4, 9, 16]
```

한 개 이상의 Future 인스턴스에서 결과를 추출하기 위해 concurrent.futures.wait 함수와 concurrent.futures.as_completed 함수를 사용할 수 있다. wait 함수는 future의

리스트를 받아 future들이 실행을 마칠 때까지 프로그램의 실행을 중단시킨다. Future.result 메소드를 사용해 결과를 추출할 수 있다. as_completed 함수 또한 함수를 받아들이지만 결과 리스트 대신 결과에 대한 반복자를 반환한다.

```
from concurrent.futures import wait, as_completed

fut1 = executor.submit(square, 2)
fut2 = executor.submit(square, 3)
wait([fut1, fut2])
# 이 다음 fut1.result()와 fut2.result() 메소드로 결과를 꺼낼 수 있다.

results = as_completed([fut1, fut2])
list(results)
# 결과:
# [4, 9]
```

동시성과 병렬성을 동시에 얻기 위해 asyncio.run_in_executor 함수를 사용해 future를 생성하고 asyncio 라이브러리가 제공하는 도구와 문법을 사용해 결과를 처리할 수도 있다.

파이 값의 몬테 카를로 근사치 계산법

극도로 병렬적인 프로그램의 표준적인 예제인 몬테 카를로 근사치 계산법을 구현하겠다. 2단위 크기의 정사각형이 있다고 생각해보자. 그 정사각형의 넓이는 4단위가 된다. 이제 반지름이 1단위인 원을 정사각형 안에 내접시키자. 원의 넓이는 pi * r²가 된다. 앞선 공식에 r의 값을 넣으면 pi * (1)² = pi 로 이 원의 넓이가 계산된다. 다음 그림에서 정사각형과 원을 보이는 형태로 참조할 수 있다.

이 그림에 있는 임의의 지점을 아주 많이 찍으면 일부는 원 안에 들어갈 것이고 나머지는 원 밖에 들어갈 것이다. 원 안을 적중, 원 밖을 실패라고 한다. 원의 면적은 적중 횟수에 비례하고 사각형의 면적은 찍은 지점의 수에 비례할 것이다. pi 값을 얻으려면 원의 면적 (앞에서 구했듯이 pi)을 정사각형의 면적(4)으로 나누면 된다.

```
(적중 횟수)/(전체 횟수) = (원의 면적)/(정사각형의 면적) = pi/4
pi = 4 * (적중 횟수)/(전체 횟수)
```

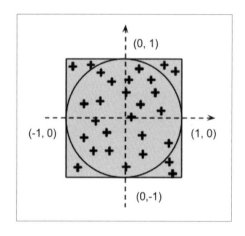

이 프로그램에 도입한 전략은 다음과 같다.

- (−1, 1) 범위에서 균등하게 무작위로 많은 숫자 (x,y)를 생성한다.
- 이 숫자가 원 안에 있는지 여부를 x**2 + y**2 <=1 식으로 검사한다.

병렬 프로그램을 작성하는 첫 단계는 순차적인 버전을 만들고 동작 여부를 검증하는 것이다. 실제 세상의 시나리오에서도 병렬화를 최적화 프로세스의 마지막으로 남겨두고 싶을 수 있다. 먼저 느리게 동작하는 부분을 확인해야 하고, 둘째로 병렬화에는 시간이 걸리며 성능 향상도 최대 프로세서의 수만큼 할 수 있다. 순차 프로그램의 구현은 다음과 같다.

```
import random
```

```
samples = 1000000
hits = 0

for i in range(samples):
    x = random.uniform(-1.0, 1.0)
    y = random.uniform(-1.0, 1.0)

    if x**2 + y**2 <= 1:
        hits += 1

pi = 4.0 * hits/samples
```

이 근사치의 정확도는 표본의 수를 늘릴수록 개선될 것이다.

루프 반복이 다른 루프와 독립적임을, 즉 이 문제가 극도로 병렬적임을 알 수 있다.

이 코드를 병렬화하기 위해 한 지점의 적중–실패 여부를 검사하는 sample이라는 함수를 작성해보자. 함수는 표본이 원 안에 적중하면 1을 반환하고 그렇지 않으면 0을 반환한다. sample을 여러 번 실행해서 결과를 더하면 전체 적중 횟수를 구하게 된다. 다음 방법으로 apply_async로 여러 프로세서에 나누어 sample을 실행한 다음 결과를 얻어보자.

```
def sample():
    x = random.uniform(-1.0, 1.0)
    y = random.uniform(-1.0, 1.0)

    if x**2 + y**2 <= 1:
        return 1
    else:
        return 0

pool = multiprocessing.Pool()
results_async = [pool.apply_async(sample) for i in range(samples)]
hits = sum(r.get() for r in results_async)
```

다음처럼 두 가지 버전을 pi_serial과 pi_apply_async 함수(pi.py 파일에서 이 함수의 구현을 볼 수 있다)에 감싸서 실행 속도를 벤치마크해보자.

```
$ time python -c 'import pi; pi.pi_serial()'
real 0m0.734s
user 0m0.731s
sys 0m0.004s
$ time python -c 'import pi; pi.pi_apply_async()'
real 1m36.989s
user 1m55.984s
sys 0m50.386
```

앞서의 벤치마크에서 나타난 것처럼 병렬화한 첫 번째 버전은 문자 그대로 코드를 못쓰게 만들었다. 실제 계산에 든 시간이 워커에 작업을 보내고 분산하는 부담에 비해 작았기 때문이다.

이 문제를 해결하기 위해서는 부담이 계산 시간에 비해 무시해도 좋을 정도로 만들어야 한다. 예를 들어 워커마다 한 개 이상의 표본을 한 번에 처리해서 작업 통신 부담을 줄일 수 있다. 한 개 이상의 지점을 처리하는 sample_multiple 함수를 작성하고 병렬화한 코드를 문제를 10으로 나누는 식으로 고치자. 다음 코드는 더욱 집약적인 작업이다.

```
def sample_multiple(samples_partial):
    return sum(sample() for i in range(samples_partial))

n_tasks = 10
chunk_size = samples/n_tasks
pool = multiprocessing.Pool()
results_async = [pool.apply_async(sample_multiple, chunk_size)
                 for i in range(n_tasks)]
hits = sum(r.get() for r in results_async)
```

다음과 같이 이 내용을 pi_apply_async_chunked라는 함수로 감싸고 실행하자.

```
$ time python -c 'import pi; pi.pi_apply_async_chunked()'
real 0m0.325s
user 0m0.816s
sys 0m0.008s
```

결과가 훨씬 향상됐다. 프로그램의 속도를 두 배 이상으로 높였다. user 메트릭이 real 보다 큰 것을 알아차렸을 수도 있다. 한 개 이상의 CPU가 동시에 동작했기 때문에 CPU 시간 합계가 전체 시간 합계보다 크다. 샘플의 수를 늘리면 계산에 대한 통신의 비율이 줄어들게 돼 성능이 더욱 향상된다.

극도로 병렬적인 문제를 다룰 때는 모든 것이 매우 간단하다. 그렇지만 때때로 프로세스 사이에 데이터를 공유해야만 한다.

동기화와 잠금

multiprocessing이 (독립적인 메모리를 갖는) 프로세스를 사용하기는 하지만 어떤 변수와 배열을 공유 메모리로 정의하게도 해준다. multiprocessing.Value에 문자열로 데이터 형식을 넘기는 식으로 사용해 공유된 변수를 정의할 수 있다. 다음 코드 조각에서 보이는 바와 같이 value 속성을 통해 변수의 내용을 갱신할 수 있다.

```
shared_variable = multiprocessing.Value('f')
shared_variable.value = 0
```

공유 메모리를 사용하는 경우 접근이 동시석으로 일어날 경우 알아차려야 한다. 공유된 정수형 변수가 있고 프로세스들이 변수의 값을 여러 번 증가시킨다고 생각해보라. 프로세스 클래스를 다음과 같이 정의할 것이다.

```
class Process(multiprocessing.Process):

    def __init__(self, counter):
        super(Process, self).__init__()
        self.counter = counter

    def run(self):
        for i in range(1000):
            self.counter.value += 1
```

다음 코드에서 나타낸 바와 같이 공유 변수를 주 프로그램에서 초기화한 다음 네 개의 프로세스에 전달해보자.

```
def main():
    counter = multiprocessing.Value('i', lock=True)
    counter.value = 0

    processes = [Process(counter) for i in range(4)]
    [p.start() for p in processes]
    [p.join() for p in processes] # 프로세스가 완료됨
    print(counter.value)
```

이 프로그램(code 디렉터리에 있는 shared.py)을 실행시키면 counter의 최종 값이 4000이 아니라 임의의 값임을 알게 될 것이다(실행해본 결과 2000에서 2500 사이의 값을 얻었음). 코드의 산술 연산 결과가 정확하다면 병렬화에 문제가 있다고 결론 지을 수 있다.

여러 프로세스가 동일한 공유 메모리를 동시에 접근하려 하는 상황이 일어났다. 다음 그림을 살펴보면 상황이 가장 잘 설명된다. 순차적 실행에서 첫 프로세스가 변수를 읽고(숫자 0), 증가시키고, 새 값(1)을 쓴다. 두 번째 프로세스가 새 값(1)을 읽고 증가시킨 다음 다시 값(2)을 쓴다.

병렬적 실행에서는 두 개의 프로세스가 동시에 읽고(0), 증가시키고, 값(1)을 써서 잘못된 답을 내게 된다.

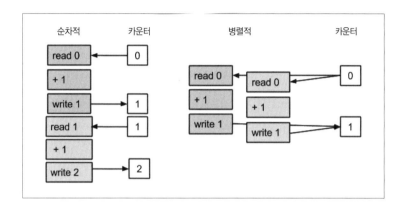

이 문제를 해결하기 위해 한 번에 한 프로세스만 공유된 변수에 접근하고, 변수를 증가시키고 기록하도록 접근을 동기화해야 한다. 이 기능을 multiprocessing.Lock 클래스가 제공한다. 잠금은 acquire 메소드를 통해 가져오고 release 메소드로 해제하거나 컨텍스트 매니저로 잠금을 사용할 수 있다. 한 번에 단 하나의 프로세스만 잠금을 가져올 수 있기 때문에 이 메소드는 여러 프로세스가 코드의 보호된 부분을 동시에 실행하는 상황을 막아준다.

다음 코드 조각에서와 같이 counter에 대한 접근을 제한하기 위해 전역 잠금을 정의하고 컨텍스트 매니저로 사용할 수 있다.

```
lock = multiprocessing.Lock()

class Process(multiprocessing.Process):

    def __init__(self, counter):
        super(Process, self).__init__()
        self.counter = counter
```

```
def run(self):
    for i in range(1000):
        with lock: # 잠금 얻음
            self.counter.value += 1
        # 잠금 해제
```

잠금과 같은 동기화 기본 요소는 많은 문제를 해결하는 데 필수적이지만 프로그램의 성
능을 향상시키기 위해서는 동기화 요소를 최소한으로 유지해야 한다.

 multiprocessing 모듈은 그 외의 통신과 동기화 도구를 포함한다. 자세한 내용은 http://
docs.python.org/3/library/multiprocessing.html의 공식 문서를 참조하라.

▌ OpenMP를 사용한 병렬 Cython

Cython은 OpenMP를 통한 공유 메모리 병렬 처리를 수행하기 위한 편리한 인터페이스
를 제공한다. Cython이 제공하는 편리한 인터페이스 덕에 C 래퍼를 만들 필요 없이 매
우 효율적인 병렬적 코드를 Cython으로 직접 작성할 수 있다.

OpenMP는 다중 스레드를 사용하는 병렬적 프로그램을 작성하기 위해 설계된 사양 및
API이다.

OpenMP 사양에는 스레드를 관리하는 일련의 C 전처리 지시어가 포함되며 OpenMP가
통신 패턴과 부하 분산과 그 외 동기화 기능을 제공한다.

몇몇 C/C++ 및 포트란 컴파일러(GCC를 포함하는)가 OpenMP API를 구현한다.

작은 예제를 통해 Cython 병렬 기능을 소개하겠다. Cython은 cython.parallel 모듈에
서 OpenMP에 기반한 단순한 API를 제공한다. 병렬성을 얻는 가장 간단한 방법은 자동
적으로 루프 연산을 여러 스레드에 분산하는 prange구문을 사용하는 것이다.

제일 먼저 hello.parallel.pyx 파일에 NumPy 배열의 각 요소에 대해 제곱을 계산하는 순차적인 프로그램을 작성해보자. 버퍼를 입력으로 받아 입력 배열 요소의 제곱을 담은 출력 배열을 생성하는 square_serial을 정의한다. square_serial을 다음 코드 조각으로 나타냈다.

```
import numpy as np

def square_serial(double[:] inp):
    cdef int i, size
    cdef double[:] out
    size = inp.shape[0]
    out_np = np.empty(size, 'double')
    out = out_np

    for i in range(size):
        out[i] = inp[i]*inp[i]

    return out_np
```

배열 요소에 대한 병렬적인 루프를 구현하는 데는 range 호출을 prange로 변경하는 작업이 따른다. 주의 사항이 있다. prange를 사용하려면 루프 본문이 인터프리터를 사용하지 않아야 한다. 앞서 미리 설명한 것처럼 GIL을 해제해야 하며, 인터프리터 호출은 일반적으로 GIL을 얻기 때문에 스레드를 사용하지 않게 해야 한다.

Cython에서는 다음과 같이 GIL을 nogil 컨텍스트를 사용해 해제할 수 있다.

```
with nogil:
    for i in prange(size):
        out[i] = inp[i]*inp[i]
```

컨텍스트를 사용하는 대신 자동적으로 반복문 본문을 nogil 블록으로 감싸주는 nogil= True 옵션을 prange와 함께 사용할 수 있다.

```
for i in prange(size, nogil=True):
    out[i] = inp[i]*inp[i]
```

prange 블록 안에서 파이썬 코드를 호출하려고 하면 오류가 발생한다. 금지된 연산에는 함수 호출과 객체 초기화 등이 포함된다. 이러한 연산을 prange 블록 안에서 사용하려면 (디버깅 목적으로 이러한 작업이 필요할 수 있다) with gil 구문을 사용해 GIL을 다시 활성화 시켜야 한다.

```
for i in prange(size, nogil=True):
    out[i] = inp[i]*inp[i]
    with gil:
        x = 0 # 파이썬 할당
```

이제 코드를 파이썬 확장 모듈처럼 컴파일해서 시험해보자. OpenMP 지원을 활성화하기 위해 -fopenmp 컴파일 옵션을 setup.py 파일에 추가해야 한다. distutils 모듈의 distutils.extension.Extension 클래스를 사용하고 이 클래스를 cythonize에 넘겨 코드를 컴파일 및 시험할 수 있다. setup.py 파일의 전체 내용은 다음과 같다.

```
from distutils.core import setup
from distutils.extension import Extension
from Cython.Build import cythonize

hello_parallel = Extension('hello_parallel',
                        ['hello_parallel.pyx'],
                        extra_compile_args=['-fopenmp'],
                        extra_link_args=['-fopenmp'])

setup(
    name='Hello',
    ext_modules = cythonize(['cevolve.pyx', hello_parallel]),
)
```

prange를 사용해 Cython 버전 ParticleSimulator를 쉽게 병렬화할 수 있다.

다음 코드는 4장, 'Cython으로 C 성능 얻기'에서 작성한 Cython 모듈인 cevolve.pyx의 c_evolve 함수를 포함한다.

```
def c_evolve(double[:, :] r_i,double[:] ang_speed_i,
             double timestep,int nsteps):

    # cdef 선언

    for i in range(nsteps):
        for j in range(nparticles):
            # 루프 본문
```

먼저 루프의 순서를 역전시켜 가장 바깥의 루프가 병렬로 실행되게 한다(각 반복끼리는 서로 독립적이다). 입자가 서로 상호작용하지 않기 때문에 다음 코드 조각처럼 반복의 순서를 안전하게 변경할 수 있다.

```
    for j in range(nparticles):
        for i in range(nsteps):
            # 루프 본문
```

그 다음 바깥 루프의 range 호출을 prange로 바꾸고 GIL을 얻어야 하는 호출을 제거한다. 코드가 이미 정적 형식을 통해 향상됐기 때문에 다음과 같이 nogil 옵션을 적용할 수 있다.

```
    for j in prange(nparticles, nogil=True)
```

이제 성능 향상이 있는지 평가하기 위해 함수를 benchmark 함수로 감싸 비교해보겠다.

```
In [3]: %timeit benchmark(10000, 'openmp') # 4개 프로세서에서 실행
1 loops, best of 3: 599 ms per loop
In [4]: %timeit benchmark(10000, 'cython')
1 loops, best of 3: 1.35 s per loop
```

흥미롭게도 prange를 사용한 병렬 버전 작성으로 2배의 성능 향상을 얻었다.

▌ 자동 병렬성

앞서 언급한 바와 같이 보통의 파이썬 프로그램은 GIL 때문에 스레드 병렬성을 얻기 어렵다. 지금까지 별도의 프로세스를 사용해 병렬성 문제를 해결했지만, 프로세스는 스레드보다 시작하는 데 훨씬 더 많은 시간과 메모리를 필요로 한다.

파이썬 환경을 우회해서 이미 빠른 Cython 코드보다 2배의 성능 향상을 얻을 수 있다는 것도 알았다. 이 전략으로 가볍게 병렬성을 얻을 수 있지만 별도의 컴파일 단계가 필요해진다. 7장에서는 이 전략을 코드를 자동 효율적으로 실행될 병렬적인 코드로 번역할 수 있는 특별한 라이브러리를 사용해 더 탐색해보겠다.

자동으로 병렬성을 구현하는 패키지로는 (지금까지) 익숙한 JIT 컴파일러인 numexpr과 Numba가 있다. 특정한 수치 계산 및 기계 학습 애플리케이션에서 중요한 배열 및 행렬 집약적 수식을 자동으로 최적화하고 병렬화하기 위해 다른 패키지가 개발됐다.

테아노^{Theano}는 배열(더 일반적으로는 텐서^{tensor})에 대해 수식을 정의하고 그 수식을 C나 C++와 같이 고속 언어로 컴파일하게 해주는 프로젝트다. 테아노가 구현하는 연산 상당 수를 병렬화할 수 있으며 CPU와 GPU 모두에서 실행할 수 있다.

텐서플로^{Tensorflow}는 테아노와 유사하게 배열 집약적인 수식을 목표로 하는 라이브러리이지만 표현식을 특화된 C 코드로 번역하는 대신 효율적인 C++ 엔진에서 연산을 실행한다.

테아노와 텐서플로는 해결하려는 문제가 행렬과 요소별 연산의 연쇄로 표현될 수 있는 경우(신경망처럼) 이상적인 도구다.

테아노 시작

테아노는 컴파일러와 유사하지만 수식을 표현하고 조작하고 최적화하는 데 더해 코드를 CPU 및 GPU에서 실행할 수 있는 추가적 이득이 있다. 2010년 이래 테아노는 출시 후 계속 제품을 개선했으며 다른 파이썬 프로젝트들이 효율적인 계산 모델을 자동 생성하는 방법으로 테아노를 채택했다.

테아노를 사용할 때는 먼저 변수와 변환을 순수 파이썬 API로 지정해 실행할 함수를 정의한다. 그 다음 실행할 기계어 코드로 이 내용이 컴파일된다.

첫 예제로 숫자의 제곱을 계산하는 함수를 구현하는 방법을 살펴보자. 입력은 스칼라 변수 a로 표현될 것이고, 그 다음 a_sq로 나타낼 변수 a의 제곱값을 얻기 위해 입력을 변환할 것이다. 다음 코드에서 함수를 정의하는 데 T.scalar 함수를 사용하고 새 변수를 얻기 위해 일반 ** 연산을 사용할 것이다.

```
import theano.tensor as T
import theano as th
a = T.scalar('a')
a_sq = a ** 2
print(a_sq)
# 출력:
# Elemwise{pow,no_inplace}.0
```

보다시피 어떤 특정한 값을 계산하지 않았으며 적용하는 변환은 순수하게 기호symbol로만 표현된다. 이 변환을 사용하기 위해서는 함수를 생성해야 한다. 함수를 컴파일하기 위해 첫 인자로 입력 변수의 리스트를 받고 두 번째 인자로 출력 변환(이 경우 a_sq)을 받는 th.function 유틸리티를 사용할 수 있다.

```
compute_square = th.function([a], a_sq)
```

테아노는 백그라운드에서 시간을 들여 표현식을 효율적인 C 코드로 변환하고 컴파일하는 작업을 모두 수행한다. th.function의 반환값은 바로 사용할 수 있는 파이썬 함수이며 사용 방법을 다음에 코드 한 줄로 보였다.

```
compute_square(2)
4.0
```

당연하게도 compute_square는 제곱한 입력값을 올바르게 반환한다. 하지만 반환하는 값의 형식은 정수가 아니라(입력 형식과 같이) 부동 소수점 숫자이다. 테아노의 기본 변수 형식이 float64이기 때문이다. 변수의 dtype 속성을 확인해서 이를 검증할 수 있다.

```
a.dtype
# 결과:
# float64
```

테아노의 동작 방식은 Numba에서 보았던 방식과는 매우 다르다. 테아노는 포괄적인 파이썬 코드를 컴파일하지 않으며 형식 추론도 전혀 하지 않는다. 테아노 함수를 정의할 때는 연관된 형식을 더 정확히 지정해야 한다.

테아노의 진정한 저력은 배열 표현식을 지원한다는 데 있다. T.vector 함수로 1차원 벡터를 정의한다. 반환된 변수는 NumPy 배열과 동일한 의미의 브로드캐스팅 연산을 지원한다. 예를 들면 다음과 같이 두 벡터를 가지고 요소별 제곱의 합을 계산할 수 있다.

```
a = T.vector('a')
b = T.vector('b')
ab_sq = a**2 + b**2
compute_square = th.function([a, b], ab_sq)
```

```
compute_square([0, 1, 2], [3, 4, 5])
# 결과:
# array([ 9., 17., 29.])
```

다시 말하면 다양한 NumPy 배열 표현식을 연결하기 위해 테아노 API를 효율적인 기계
어 코드로 컴파일될 작은 언어로 사용한다는 발상이다.

 테아노를 선택할 이유 중 하나는 테아노의 산술 단순화 및 경사(gradient) 계산 수행 능
력이다. 정보를 더 얻으려면 공식 문서(http://deeplearning.net/software/theano/
introduction.html)를 참조하라.

유사한 사용 예에 대한 테아노 기능 사용법을 보이기 위해 파이 병렬 계산을 다시 구현해
보자. 함수는 입력으로 두 개의 임의 좌표 컬렉션을 받아 파이의 근사치를 반환한다. 임
의의 숫자 입력은 x와 y라는 벡터로 정의되며 hit_test 변수에 저장할 표준 요소별 연산
을 사용해 위치가 원 안에 있는지 검사할 수 있다.

```
x = T.vector('x')
y = T.vector('y')

hit_test = x ** 2 + y ** 2 < 1
```

이 지점에서 hit_test의 True 요소의 갯수를 세야 하는데, 이들의 합(암시적으로 정수로 형
식 변환됨)을 구하면 된다. pi 어림값을 얻기 위해 최종적으로 적중 대 전체 시도 횟수의
비율을 계산해야 한다. 다음 코드 블록에서 이 계산을 설명했다.

```
hits = hit_test.sum()
total = x.shape[0]
pi_est = 4 * hits/total
```

th.function과 timeit 모듈을 사용해 테아노 구현체의 실행을 벤치마크해보자. calculate_pi 함수를 여러 번 실행하기 위해 크기 30,000인 배열 두 개를 넘기고 timeit. timeit 유틸리티를 사용해 테스트하겠다.

```
calculate_pi = th.function([x, y], pi_est)

x_val = np.random.uniform(-1, 1, 30000)
y_val = np.random.uniform(-1, 1, 30000)

import timeit
res = timeit.timeit("calculate_pi(x_val, y_val)",
"from __main__ import x_val, y_val, calculate_pi", number=100000)
print(res)
# 출력:
# 10.905971487998613
```

이 함수를 순차적으로 실행하는 데는 약 10초가 걸린다. 테아노는 OpenMP 및 BLAS^{Basic Linear Algebra Subprograms} 선형 대수 루틴과 같은 특수 패키지를 사용해 요소 단위 및 행렬 연산을 구현하여 코드를 자동으로 병렬화할 수 있다. 구성 옵션으로 병렬 실행을 활성화할 수 있다.

테아노에서 임포트 시점에 theano.config 객체 안의 변수를 수정해서 구성 옵션을 설정할 수 있다. 예를 들어 OpenMP 지원을 활성화하기 위해 다음 명령을 내릴 수 있다.

```
import theano
theano.config.openmp = True
theano.config.openmp_elemwise_minsize = 10
```

OpenMP와 연관된 매개변수는 다음과 같다.

- openmp_elemwise_minsize: 요소별 병렬화를 활성화해야 하는 경우 배열의 최소 크기를 나타내는 정수다(병렬화에 따른 부담은 작은 배열에 대해서는 성능을 저해할

수 있다).

- openmp: OpenMP 컴파일 활성화를 제어하는 불리언 플래그다(기본적으로 활성화 돼야 함).

OpenMP 실행을 위해 배정된 스레드의 수는 코드 실행 전 `OMP_NUM_THREAD` 환경 변수를 설정해서 제어할 수 있다.

OpenMP 사용법을 실제로 보여주기 위한 간단한 벤치마크를 작성해보자. test_theano.py 파일에 파이 근사치 예제의 코드 전체를 넣는다.

```python
# 파일: test_theano.py
import numpy as np
import theano.tensor as T
import theano as th
th.config.openmp_elemwise_minsize = 1000
th.config.openmp = True

x = T.vector('x')
y = T.vector('y')

hit_test = x ** 2 + y ** 2 <= 1
hits = hit_test.sum()
misses = x.shape[0]
pi_est = 4 * hits/misses

calculate_pi = th.function([x, y], pi_est)
x_val = np.random.uniform(-1, 1, 30000)
y_val = np.random.uniform(-1, 1, 30000)

import timeit
res = timeit.timeit("calculate_pi(x_val, y_val)",
                    "from __main__ import x_val, y_val,
                    calculate_pi", number=100000)
print(res)
```

이 시점에 명령행에서 코드를 실행하고 `OMP_NUM_THREADS` 환경변수를 설정해 스레드 숫자의 증가로 인한 확장을 평가할 수 있다.

```
$ OMP_NUM_THREADS=1 python test_theano.py
10.905971487998613
$ OMP_NUM_THREADS=2 python test_theano.py
7.538279129999864
$ OMP_NUM_THREADS=3 python test_theano.py
9.405846934998408
$ OMP_NUM_THREADS=4 python test_theano.py
14.634153957000308
```

흥미롭게도 두 개의 스레드를 사용할 때는 성능 이득이 약간 있지만 스레드 수를 늘리자 곧바로 성능이 빠르게 저하됐다. 즉 입력 크기가 이 정도인 경우 새 스레드를 시작하고 공유 데이터를 동기화하기 위한 비용이 병렬 실행에서 얻을 수 있는 속도 향상보다 크기 때문에 두 개를 넘는 스레드를 사용하는 것이 바람직하지 않다.

특정 연산과 연산이 하부 데이터에 접근하는 방식에 따라 병렬 처리의 성능이 달라지기 때문에 좋은 병렬 처리 성능을 얻기가 까다로울 수 있다. 일반적으로 병렬 프로그램의 성능 측정이 중요하며 상당한 성능 향상을 얻는 것은 시행착오를 반복하는 작업이다.

예제에서 약간 다른 코드를 사용하면 병렬 처리 성능이 빠르게 저해되는 것을 볼 수 있다. 적중 테스트에서 sum 메소드를 직접 사용했으며 hit_tests 불리언 배열에 대한 명시적 형식 변환에 의존했다. 캐스팅을 명시적으로 하면 테아노는 다중 스레드의 이득을 적게 받는 조금 다른 코드를 생성한다. 이 효과를 검증하기 위해 test_theano.py 파일을 수정해보자.

```
# 이전 버전
# hits = hit_test.sum()
hits = hit_test.astype('int32').sum()
```

벤치마크를 다시 실행한다면 스레드의 숫자가 실행 시간에 크게 영향을 주지 않는 것이 보인다. 그 대신 측정된 시간은 원본에 비해 꽤 향상됐다.

```
$ OMP_NUM_THREADS=1 python test_theano.py
5.822126664999814
$ OMP_NUM_THREADS=2 python test_theano.py
5.697357518001809
$ OMP_NUM_THREADS=3 python test_theano.py
5.636914656002773
$ OMP_NUM_THREADS=4 python test_theano.py
5.764030176000233
```

테아노 프로파일링

성능 측정 및 분석의 중요성을 감안할 때 테아노는 강력하고 유익한 프로파일링 도구를 제공한다. 프로파일링 데이터를 생성하기 위해서는 th.function에 profile=True만 추가하면 된다.

```
calculate_pi = th.function([x, y], pi_est, profile=True)
```

프로파일러는 함수가 실행 중인 동안(예를 들면 timeit을 통한 실행이거나 직접 실행이거나) 데이터를 수집한다. 다음과 같이 summary 명령을 내려 프로파일링 요약을 출력할 수 있다.

```
calculate_pi.profile.summary()
```

프로파일링 데이터를 생성하기 위해 profile=True 옵션을 추가한 다음 스크립트를 재실행해보자(이 실험에서 OPM_NUM_THREADS 환경 변수를 1로 설정하겠다). 스크립트도 hit_tests 의 형식 변환을 암시적으로 수행하던 버전으로 되돌리겠다.

config.profile 옵션을 사용해 프로파일링을 전역적으로 설정할 수 있다.

calculate_pi.profile.summary( )의 출력은 상당히 길고 정보량이 많다. 출력의 일부를 다음 텍스트 블록에 넣었다. 출력은 Class, Ops, Apply에 따라 정렬된 시간 측정 값을 가리키는 세 부분으로 구성된다. 예제에서는 테아노 컴파일 코드에서 사용된 함수에 대략적으로 연결되는 Ops에 관심을 둔다. 보다시피 대략 80%의 시간은 요소별 제곱을 구하고 두 숫자를 더하는 데 사용됐으며 나머지는 합계를 구하는 데 사용됐다.

```
Function profiling
==================
Message: test_theano.py:15

... other output
Time in 100000 calls to Function.__call__: 1.015549e+01s
... other output

Class

<% time> <sum %> <apply time> <time per call> <type> <#call> <#apply>
<Class name>
.... timing info by class

Ops
---

<% time> <sum %> <apply time> <time per call> <type> <#call> <#apply>
<Op name>
    80.0%    80.0%    6.722s       6.72e-05s    C  100000       1
Elemwise{Composite{LT((sqr(i0) + sqr(i1)), i2)}}
    19.4%    99.4%    1.634s       1.63e-05s    C  100000       1
Sum{acc_dtype=int64}
```

```
    0.3%    99.8%      0.027s     2.66e-07s    C  100000         1
Elemwise{Composite{((i0 * i1) / i2)}}
    0.2%   100.0%      0.020s     2.03e-07s    C  100000         1
Shape_i{0}
... (remaining 0 Ops account for 0.00%(0.00s) of the runtime)

Apply
------
<% time> <sum %> <apply time> <time per call> <#call> <id> <Apply name>
... timing info by apply
```

첫 벤치마크로 발견한 내용과 이 정보가 일치한다. 스레드가 두 개 사용됐을 때 코드는 대략 11초에서 8초로 실행 시간이 변했다. 이 숫자에서 시간이 어떻게 사용됐는지 분석할 수 있다.

11초 중 80%(약 8.8초)가 요소별 연산을 하는 데 소요됐다. 이는 완전히 병렬적인 상황에서 두 스레드를 추가해서 얻는 성능 이득이 4.4초라는 뜻이다. 이 시나리오에서 이론적 실행 시간은 6.6초가 된다. 측정된 시간이 약 8초임을 고려하면 스레드 사용에 따른 약간의 추가 부담(1.4초)이 있는 것처럼 보인다.

텐서플로

텐서플로는 고속 수치 계산과 자동 병렬화를 위해 설계된 또 다른 라이브러리다. 구글이 2015년에 텐서플로를 오픈소스 프로젝트로 출시했다.

텐서플로는 계산을 기계어로 컴파일하는 대신 C++로 작성된 외부 엔진에서 실행한다는 점을 제외하면 테아노와 유사하게 수식을 구축하는 방식으로 동작한다. 텐서플로는 한 개 이상의 CPU와 GPU에 대한 병렬 코드의 실행과 배포를 지원한다.

텐서플로의 사용법은 테아노 사용법과 상당히 유사하다. 텐서플로에서 변수를 생성하기 위해 데이터 형식을 입력으로 받는 tf.placeholder 함수를 사용하라.

```
import tensorflow as tf

a = tf.placeholder('float64')
```

명명 규칙이 약간 다르며 NumPy와 같은 의미를 갖는 연산 동작 지원이 더 제한적이라는 점을 제외하면 텐서플로 수식은 테아노와 상당히 유사하게 표현할 수 있다.

텐서플로는 테아노처럼 함수를 C와 기계어로 컴파일하지 않지만 정의된 수학 함수를 직렬화하고(변수와 변환을 담은 데이터 구조를 계산 그래프computation graph라고 함) 특정 장치에서 실행한다. tf.Session 객체를 사용해 장치와 컨텍스트를 구성할 수 있다.

원하는 표현식을 정의하면 tf.Session을 초기화해야 하며 그 다음 Session.run 메소드를 사용해 계산 그래프를 실행하는 데 세션을 사용할 수 있다. 다음 예제에서 간단히 요소별 제곱의 합계를 구현하는 텐서플로 API의 사용법을 보여준다.

```
a = tf.placeholder('float64')
b = tf.placeholder('float64')
ab_sq = a**2 + b**2

with tf.Session() as session:
    result = session.run(ab_sq, feed_dict={a: [0, 1, 2], b: [3, 4, 5]})
    print(result)
# 출력:
# array([ 9., 17., 29.])
```

똑똑한 실행 엔진이 자동적으로 텐서플로의 병렬 처리를 수행하며 일반적으로 사람이 많이 손보지 않아도 정상적으로 작동한다. 그러나 텐서플로는 행렬의 곱셈을 많이 사용하고 경사를 계산하는 복잡한 함수의 정의를 수반하는 딥러닝 작업 부하에 가장 적합하다.

이제 텐서플로의 기능을 사용해 pi 추정 예제를 복제하고 테아노 구현과 비교해 실행 속도와 병렬 처리를 벤치마크할 수 있다. 이제 할 일은 다음과 같다.

- 변수 x와 y를 정의하고 브로드캐스트된 연산을 사용해 적중 테스트를 수행한다.
- tf.reduce_sum 함수를 사용해 hit_test의 합을 계산한다. inter_op_parallelism _threads 및 intra_op_parallelism_threads 구성 옵션을 사용해 Session 객체를 초기화한다. 이 옵션으로 서로 다른 유형의 병렬 연산에 대해 사용할 스레드의 수를 제어한다. 첫 Session 객체가 이러한 옵션과 함께 생성되고 나면 전체 스크립트에 대해 스레드의 수가 설정된다(이후의 Session 인스턴스까지도).

이제 다음 코드를 담아 test_tensorflow.py 스크립트를 작성하자.

스레드의 수가 스크립트의 첫 인자(sys.argv[1])로 전달된다.

```python
import tensorflow as tf
import numpy as np
import time
import sys

NUM_THREADS = int(sys.argv[1])
samples = 30000

print('Num threads', NUM_THREADS)
x_data = np.random.uniform(-1, 1, samples)
y_data = np.random.uniform(-1, 1, samples)

x = tf.placeholder('float64', name='x')
y = tf.placeholder('float64', name='y')

hit_tests = x ** 2 + y ** 2 <= 1.0
hits = tf.reduce_sum(tf.cast(hit_tests, 'int32'))

with tf.Session
        (config=tf.ConfigProto
        (inter_op_parallelism_threads=NUM_THREADS,
```

```
        intra_op_parallelism_threads=NUM_THREADS)) as sess:
    start = time.time()
    for i in range(10000):
        sess.run(hits, {x: x_data, y: y_data})
    print(time.time() - start)
```

다른 NUM_THREADS 값을 주어 이 스크립트를 여러 번 반복한다면 테아노와 성능이 상당히 비슷하며 병렬 처리에 따른 속도 향상이 그다지 크지 않음을 알 수 있다.

```
$ python test_tensorflow.py 1
13.059704780578613
$ python test_tensorflow.py 2
11.938535928726196
$ python test_tensorflow.py 3
12.783955574035645
$ python test_tensorflow.py 4
12.158143043518066
```

텐서플로나 테아노와 같은 소프트웨어 패키지를 사용해 얻는 주된 이득은 기계 학습 알고리즘에서 일반적으로 사용되는 병렬 행렬 연산을 지원한다는 것이다. 이러한 작업을 지원하면 높은 처리량으로 이러한 작업을 수행하도록 설계된 GPU 하드웨어에서 상당한 성능 향상을 얻을 수 있기 때문에 매우 효과적이다.

GPU에서 코드 실행

이번 절은 테아노와 텐서플로를 사용해 GPU 사용법을 보여준다. 아주 간단한 행렬 곱셈 실행을 GPU에서 벤치마크하고 다음 CPU에서의 실행 시간과 비교하겠다.

이번 절의 코드는 GPU가 있는 장비를 필요로 한다. 학습 목적으로 아마존 EC2(https://aws.amazon.com/ec2)를 사용해 GPU 사용 인스턴스를 요청할 수 있다.

다음 코드는 테아노를 사용해 간단한 행렬 곱셈을 수행한다. T.matrix 함수를 2차원 배열을 초기화하는 데 사용한 다음 T.dot 메소드를 행렬 곱셈을 수행하는 데 사용한다.

```
from theano import function, config
import theano.tensor as T
import numpy as np
import time

N = 5000

A_data = np.random.rand(N, N).astype('float32')
B_data = np.random.rand(N, N).astype('float32')

A = T.matrix('A')
B = T.matrix('B')

f = function([A, B], T.dot(A, B))

start = time.time()
f(A_data, B_data)

print("Matrix multiply ({}) took {} seconds".format(N, time.time() start))
print('Device used:', config.device)
```

config.device=gpu 옵션을 설정해 테아노에게 GPU에서 코드를 실행하도록 요청할 수 있다. 편의를 더하기 위해 다음에서 보이는 것처럼 THEANO_FLAGS 환경 변수를 사용해 명령행에서 구성 값을 설정할 수 있다. test_theano_matmul.py 파일의 예전 코드를 복사한 다음에 다음 명령을 내려 실행 시간을 벤치마크하자.

```
$ THEANO_FLAGS=device=gpu python test_theano_gpu.py
Matrix multiply (5000) took 0.4182612895965576 seconds
Device used: gpu
```

마찬가지로 device=cpu 구성 옵션을 사용해 CPU에서 동일한 코드를 실행할 수 있다.

```
$ THEANO_FLAGS=device=cpu python test_theano.py
Matrix multiply (5000) took 2.9623231887817383 seconds
Device used: cpu
```

보는 바와 같이 이 예제의 경우 GPU가 CPU보다 7.2배 빠르다.

비교를 위해 동일한 코드를 텐서플로로 벤치마크할 수 있다. 다음 코드 조각에 텐서플로 버전 구현을 붙였다. 테아노 버전과의 주된 차이점은 다음과 같다.

- 대상 장치 (/cpu:0 또는 /gpu:0)를 지정하는 역할을 하는 tf.device 구성 매니 저 사용법
- tf.matmul 연산자를 사용해 행렬 곱셈 수행

```python
import tensorflow as tf
import time
import numpy as np

N = 5000

A_data = np.random.rand(N, N)
B_data = np.random.rand(N, N)

# 그래프를 생성한다.

with tf.device('/gpu:0'):
    A = tf.placeholder('float32')
```

```
    B = tf.placeholder('float32')

    C = tf.matmul(A, B)

with tf.Session() as sess:
    start = time.time()
    sess.run(C, {A: A_data, B: B_data})
    print('Matrix multiply ({}) took: {}'.format(N, time.time() start))
```

test_tensorflow_matmul.py 스크립트를 적절한 tf.device 옵션과 함께 실행한다면 다음과 같은 시간 측정 값을 얻는다.

```
# tf.device('/gpu:0') 옵션을 주어 실행
Matrix multiply (5000) took: 1.417285680770874

# tf.device('/cpu:0') 옵션을 주어 실행
Matrix multiply (5000) took: 2.9646761417388916
```

보다시피 이 간단한 경우에 대해 성능 이득이 상당하다(테아노 버전만큼 좋지는 않지만).

자동적으로 GPU 계산을 하는 또 다른 방법은 이제 친숙한 Numba다. Numba를 사용해 파이썬 코드를 GPU에서 실행될 수 있는 코드로 컴파일할 수 있다. 이러한 유연성 덕분에 고급 GPU 프로그램만이 아니라 단순화된 인터페이스도 제공할 수 있다. 특히 Numba는 매우 작성하기 쉽고 GPU 활용이 가능하고 범용화된 유니버설 함수를 만든다.

다음 예제에서 두 숫자에 지수 함수를 적용하고 결과를 더하는 유니버설 함수를 작성하는 방법을 보이겠다. 이미 5장, '컴파일러 탐색'에서 봤듯이 nb.vectorize 함수를 사용해 이를 수행할 수 있다(또한 target이 cpu라는 것도 명시적으로 지정하겠다).

```
import numba as nb
import math
@nb.vectorize(target='cpu')
```

```
def expon_cpu(x, y):
    return math.exp(x) + math.exp(y)
```

target='cuda' 옵션을 사용해 expon_cpu 유니버셜 함수를 GPU 장치에 대응하도록 컴파일할 수 있다. CUDA 유니버셜 함수에 대해 입력 형식도 지정해야 한다. expon_gpu 구현은 다음과 같다.

```
@nb.vectorize(['float32(float32, float32)'], target='cuda')
def expon_gpu(x, y):
    return math.exp(x) + math.exp(y)
```

크기가 백만인 배열 두 개에 함수를 적용해서 두 함수의 실행을 벤치마크해보자. 또한 Numba에게 JIT 컴파일을 시키기 위해 타이밍을 측정하기 전 함수를 실행한다.

```
import numpy as np
import time

N = 1000000
niter = 100

a = np.random.rand(N).astype('float32')
b = np.random.rand(N).astype('float32')

# 컴파일 시작
expon_cpu(a, b)
expon_gpu(a, b)

# 시간 측정
start = time.time()
for i in range(niter):
    expon_cpu(a, b)
print("CPU:", time.time() - start)
```

```
start = time.time()
for i in range(niter):
    expon_gpu(a, b)
print("GPU:", time.time() - start)
# 출력:
# CPU: 2.4762887954711914
# GPU: 0.8668839931488037
```

GPU 실행 덕에 GPU 버전보다 3배 빠른 속도를 낼 수 있었다. GPU로 데이터를 전송하는 것은 비용이 매우 크기 때문에 GPU 실행은 매우 큰 배열에서만 유리하다.

▌ 요약

병렬 처리는 대규모 데이터 집합에 대해 성능을 향상시키는 효율적인 방법이다.

극도로 병렬적인 문제는 상당한 성능 확장을 얻기 위해 쉽게 구현할 수 있는 병렬 실행 후보다.

7장에서는 파이썬 병렬 프로그래밍 기초를 설명했다. 파이썬 표준 라이브러리가 제공하는 도구를 사용해 프로세스를 생성하여 파이썬 스레드 제한을 우회하는 방법을 배웠다. Cython과 OpenMP를 사용해 다중 스레드 프로그램을 구현하는 방법도 탐구했다.

더 복잡한 문제에 대해 배열 집약적인 표현식을 CPU와 GPU 장치에서 병렬적으로 실행할 목적으로 자동적으로 컴파일하기 위해 테아노와 텐서플로, Numba 패키지를 사용하는 방법을 배웠다.

8장에서 Dask와 파이스파크와 같은 라이브러리를 사용해 여러 프로세서와 컴퓨터에서 병렬 프로그램을 작성하고 실행하는 방법을 배우겠다.

08

분산 처리

7장에서는 병렬 처리 개념을 소개하고 멀티코어 프로세서와 GPU를 활용하는 방법을 도입했다. 이제는 판을 좀 더 넓혀 여러 컴퓨터에서 작업을 실행해 특정 문제를 해결하는 작업이 포함하는 분산 처리에 관심을 돌릴 수 있다.

8장에서는 클러스터에서 코드를 실행하는 방법의 도전 과제와 사용 사례, 예제를 설명하겠다. 파이썬은 분산 처리를 위한 사용하기 쉽고 안정적인 패키지를 제공한다. 이 패키지 덕분에 비교적 쉽게 확장성 및 고장 내성이 있는 코드를 구현할 수 있다.

8장에서 다룰 주제는 다음과 같다.

- 분산 컴퓨팅과 맵리듀스 모델
- Dask를 사용한 방향성 비순환 그래프

- Dask의 배열과 백^{Bag}, 데이터프레임 데이터 구조를 사용해 병렬적인 코드 작성하기
- Dask Distributed로 병렬 알고리즘 분산하기
- 파이스파크 소개
- 스파크의 RDD$^{Resilient\ Distributed\ Dataset}$와 데이터프레임
- mpi4py를 사용한 과학 기술 컴퓨팅

■ 분산 컴퓨팅 소개

오늘날 컴퓨터와 스마트폰 등의 기기는 삶에 필수적이 됐다. 매일 엄청난 양의 데이터가 생성된다. 수십억의 사람들이 인터넷상의 서비스에 접근하며 회사들이 효과적으로 제품이 목표하는 사용자를 정하고 사용자 경험을 개선하기 위해 서비스 사용자에 대해 배울 목적으로 지속적으로 데이터를 수집한다.

이렇게 계속 증가하는 데이터의 처리는 상당히 도전적인 문제를 안겨줬다. 큰 회사와 조직은 크고 복잡한 데이터셋을 저장하고 처리하고 분석할 목적으로 설계된 장비 클러스터를 구축하기도 한다. 환경 과학 및 건강 관리 같은 데이터 집약적 분야에서도 이와 유사한 데이터셋을 생성한다. 이러한 대규모 데이터셋을 최근에는 빅데이터라고 부른다. 빅데이터에 적용되는 분석 기법은 보통 기계 학습과 정보 탐색 및 시각화의 조합을 수반한다.

컴퓨팅 클러스터는 수십 년간 복잡한 과학 문제의 연구가 고성능 분산 시스템에서 실행될 병렬 알고리즘을 필요로 하는 경우 컴퓨팅에 사용됐다. 그러한 애플리케이션의 경우 대학과 그 외 조직이 연구 개발 목적의 슈퍼컴퓨터를 제공하고 관리했다. 슈퍼컴퓨터에서 실행되는 애플리케이션은 일반적으로 단백질 및 분자 시뮬레이션, 양자 역학 계산, 기후 모델 등과 같은 고도의 수치 작업 부하에 초점을 둔다.

데이터 및 계산 작업을 지역 네트워크에 분산하는 데 따라 통신 비용이 증가하는 정도를 돌이켜보면 분산 시스템을 위한 프로그래밍의 과제가 무엇인지는 확실하다. 프로세서 속도와 비교하여 네트워크 전송 속도가 극도로 느리기 때문에 분산 처리를 사용하는 경우 가능한 한 네트워크 통신을 제한하는 것이 더욱 중요해진다. 지역 데이터 처리를 선호하고 전적으로 필요할 때만 데이터 전송에 의존하는 몇 가지 전략을 사용해 네트워크 통신을 제한할 수 있다.

전반적인 컴퓨터 네트워크가 불안정하다는 것도 분산 처리가 해결할 문제다. 컴퓨팅 클러스터에 수천 대의 장비가 있다고 보면 (확률적으로 말해서) 고장난 장비가 굉장히 흔할 것이라는 사실이 확실하다. 그렇기 때문에 분산 시스템은 우아하면서 진행되는 일을 방해하지 않는 방식으로 고장을 다뤄야 한다. 다행히 기업들이 이 측면을 자동으로 다루는 내결함성이 있는 분산 엔진을 개발하는 데 제법 많은 자원을 투자해왔다.

맵리듀스 소개

맵리듀스^{MapReduce}는 알고리즘이 분산 시스템에서 효율적으로 실행되도록 표현하게 해주는 프로그래밍 모델이다. 맵리듀스 모델은 2004년 구글이 처음 도입했다(https://research.google.com/archive/mapreduce.html). 이 모델은 데이터셋을 여러 컴퓨터에 자동으로 분할하고 자동적인 지역 처리 및 클러스터 노드 간 통신을 하기 위해 사용됐다.

맵리듀스 프레임워크는 컴퓨팅 클러스터에 데이터를 분할하고 복제하도록 설계된 GFS^{GoogleFS 또는 Google File System}라는 분산 파일시스템과 함께 사용됐다. 시스템이 고장을 우아하게 처리할 수 있게 복제로 보장하는 경우, 단일 노드로 처리할 수 없는 데이터셋을 저장하고 처리하는 데 분할이 유용했다. 구글이 웹 페이지를 인덱싱하기 위해 GFS와 함께 맵리듀스를 사용했다. 이후에 더그 키팅^{Doug Cutting}이 맵리듀스와 GFS 개념을 구현해서 HDFS^{Hadoop Distributed File System}(하둡 분산 파일 시스템)와 하둡 맵리듀스^{Hadoop MapReduce}의 최초 버전을 만들어냈다(그 당시 키팅은 야후 직원).

맵리듀스가 드러낸 프로그래밍 모델은 실제 상당히 단순하다. 계산을 상당히 보편적인 단계 맵^{Map}과 리듀스^{Reduce}의 조합으로 표현하는 것이다. 어쩌면 독자 중 일부는 파이썬의 map과 reduce 함수에 익숙할 것이다. 그렇지만 맵리듀스 맥락에서 맵과 리듀스 단계는 더 넓은 범위의 연산을 나타낼 수 있다.

맵은 데이터의 컬렉션을 입력으로 받아 데이터에 대한 변환^{transformation}을 생성한다. 맵이 보통 배출하는 것은 리듀스 단계로 보낼 수 있는 일련의 키-값 쌍이다. 리듀스 단계는 동일한 키를 갖는 항목을 집계하고 이 컬렉션에 함수를 적용해서 보통 더 적은 값의 컬렉션을 얻는다.

7장에서 본 파이 추정은 대수롭지 않게 일련의 맵과 리듀스 단계를 사용해 변환할 수 있다. 이 경우 입력은 임의의 숫자 쌍의 컬렉션이다. 변환(맵 단계)은 적중 테스트고 리듀스 단계는 적중한 횟수를 세는 것이다.

맵리듀스 모델의 프로토타입 예제는 단어 수 세기 구현이다. 이 프로그램은 일련의 문서를 입력으로 받고, 단어마다 문서 컬렉션에서 그 단어가 출현한 횟수를 반환한다. 다음 그림이 단어 수 세기 프로그램의 맵과 리듀스 단계를 보여준다. 왼편에 입력 문서가 있다. 맵 연산은 첫 요소가 단어이고 두 번째 요소가 1(모든 단어의 출현은 최종 출현 횟수에 1로 취급되어 합쳐져야 하기 때문이다)씩인 (키, 값) 쌍 항목을 생성할 것이다.

그 다음 리듀스 작업을 수행하여 동일한 키의 모든 요소를 집계하고 단어별로 전체 출현 횟수를 산출한다. 그림에서 어떻게 키와 연결된 항목의 모든 값을 합산해서 최종 항목 (the, 4)을 생성하는지 볼 수 있다.

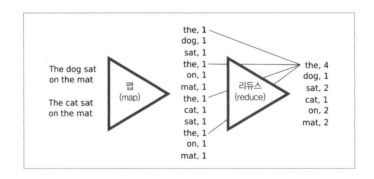

맵과 리듀스 연산으로 알고리즘을 구현한다면, 프레임워크 구현이 노드 간 통신을 똑똑한 알고리즘을 통해 제한함으로 효율적으로 데이터를 생성하고 집계함을 보장한다.

그런데 어떻게 맵리듀스가 통신을 최소한으로 유지할까? 맵리듀스 작업의 흐름을 따라가 보자. 노드가 두 개인 클러스터가 있고 데이터의 파티션(보통 각 노드에서 지역적으로 발견됨)이 디스크로부터 적재됐고 처리할 수 있는 상태라고 생각해보자. 각 노드가 매퍼 프로세스를 생성하고 이 프로세스가 데이터를 처리해서 중간 결과를 생성한다.

그 다음 이어서 데이터를 처리하기 위해 리듀서에 데이터를 전송해야 한다. 전송하려면 키 값이 동일한 모든 항목이 같은 리듀서로 전달돼야 한다. 이 연산을 셔플링shuffling이라고 하며 맵리듀스 모델의 주된 통신 작업이다.

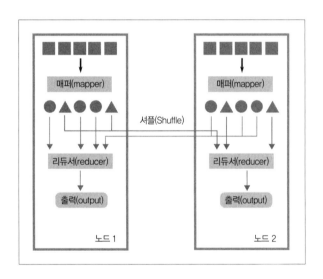

데이터를 교환하기 전에 각 리듀서에 키의 부분집합을 할당해야 한다. 이 단계를 분할 partitioning이라고 한다. 리듀서가 자신의 키 분할을 받고 나면 데이터를 처리한 다음 출력 결과를 디스크에 기록할 수 있다.

많은 기업과 조직에서 (아파치 하둡Apache Hadoop 프로젝트를 통한) 맵리듀스 프레임워크를 원래 형태로 광범위하게 사용했다. 최근에는 맵리듀스가 도입한 아이디어를 확장하는 새로운 프레임 워크가 개발돼 좀 더 복잡한 작업 흐름을 표현하고 더욱 효율적으로 메모리를 사용하며 분산 작업을 적은 자원을 사용해 효율적으로 수행할 수 있다.

이어지는 절에서 파이썬 분산 환경에서 가장 많이 사용되는 라이브러리인 Dask와 파이스파크^{PySpark}에 대해 설명하겠다.

▌ Dask

Dask는 컨티눔 애널리틱스$^{Continuum\ Analytics}$(Numba와 conda 패키지 관리자를 관리하는 회사)의 프로젝트이며 병렬 및 분산 계산 용도의 순수 파이썬 라이브러리다. Dask는 데이터 분석 작업을 수행하는 데 탁월하며 파이썬 생태계에 잘 통합돼 있다.

Dask는 처음에 단일 장비의 메모리보다 큰 계산을 하기 위한 패키지로 시작됐다. 최근 Dask Distributed 프로젝트로 Dask의 코드가 뛰어난 성능과 고장 내성 능력을 갖추고 작업을 클러스터에서 실행하도록 변경됐다. 맵리듀스 방식의 작업 및 복잡한 수치 계산 알고리즘을 지원한다.

방향성 비순환 그래프

Dask의 아이디어는 테아노와 텐서플로를 설명한 마지막 장에서 이미 본 아이디어와 상당히 유사하다. 실행 계획을 구축하는 데 친숙한 파이썬 API를 사용할 수 있고, 프레임 워크가 자동적으로 작업 흐름을 여러 프로세스나 컴퓨터로 보내져 실행될 작업으로 나눈다.

Dask는 간단한 파이썬 딕셔너리로 나타낼 수 있는 방향성 비순환 그래프$^{DAG,\ Directed\ Acyclic}$ ^{Graph}로 변수와 연산을 표현한다. 동작 방식을 대략 설명하기 위해 Dask로 두 숫자의 합계를 구현하겠다. 입력 변수의 값을 딕셔너리에 저장해 계산 그래프를 정의하겠다. 입력 변수 a와 b의 값이 2로 지정된다.

```
dsk = {
    "a" : 2,
    "b" : 2,
}
```

변수 각각이 DAG에서의 노드를 나타낸다. DAG를 구축하기 위해 필요한 다음 단계는 방금 정의한 노드에 대해 연산을 실행하는 것이다. Dask에서 작업task은 파이썬 함수와 dsk 딕셔너리에 담긴 위치 인수의 튜플로 정의할 수 있다. 합계를 구현하기 위해 result(실제 이름은 완전히 임의적이다)라는 새 노드를 실행하려는 함수와 그 인수를 담은 튜플로 정의하자. 다음 코드로 정의를 나타냈다.

```
dsk = {
    "a" : 2,
    "b" : 2,
    "result": (lambda x, y: x + y, "a", "b")
}
```

표현 형식을 다듬고 명료하게 하기 위해 lambda 구문을 표준 operator.add 라이브러리 함수로 교체해 합계를 계산할 수 있다.

```
from operator import add
dsk = {
    "a" : 2,
    "b" : 2,
    "result": (add, "a", "b")
}
```

함수에 전달하려는 인수가 문자열 "a"와 "b"이며 이들이 그래프의 노드 a와 b를 참조한다는 점이 중요하다. DAG를 정의하는 데 어떤 Dask 특화 함수도 사용하지 않았다.

모든 조작을 간단하고 친숙한 파이썬 딕셔너리에서 수행하기 때문에 프레임워크가 얼마나 유연하고 군더더기가 적은지를 나타내는 첫 예시다.

DAG와 실행하려는 작업(들)을 받아 계산 결과를 반환하는 함수인 스케줄러가 작업을 실행한다. 기본 Dask 스케줄러는 다음과 같이 사용할 수 있는 `dask.get` 함수다.

```
import dask

res = dask.get(dsk, "result")
print(res)
# 결과:
# 4
```

모든 복잡한 내용이 스레드나 프로세스, 혹은 다른 장비로까지 작업을 분배하는 스케줄러 뒤로 숨겨진다. dask.get 스케줄러는 동기적이며 순차적인 구현이며 테스트와 디버깅 목적에 유용하다.

그래프 정의가 간단한 딕셔너리라서 Dask가 어떻게 마법을 부리는지 이해하는 데 유용하며 디버깅 목적으로도 유용하다. Dask API가 다루지 않는 더 복잡한 알고리즘을 구현하는 데에도 원시 사전을 사용할 수 있다. 이제 Dask가 친숙한 NumPy나 Pandas 유사 인터페이스를 통해 자동적으로 작업을 생성하는 방법을 배우겠다.

Dask 배열

Dask의 주 사용처 중 한 가지는 메모리에 들어가지 않는 배열 처리를 크게 단순화해주는 자동적인 병렬 배열 연산 생성이다. Dask가 채택한 전략은 배열을 Dask 배열 용어로는 청크chunk라고 하는 여러 개의 부분 단위로 나누는 것이다.

Dask는 `dask.array` 모듈(앞으로 da로 줄임)에서 유사 NumPy 배열 인터페이스를 구현한다. 청크 크기를 지정해야 하는 `da.from_array` 함수를 사용해 유사 NumPy 배열에서 배열을 생성할 수 있다. da.from_array 함수는 원본 배열을 지정된 청크 크기로 분할하는 작업을 처리할 da.array 객체를 반환한다. 다음 예제에서 요소가 30개인 배열을 생성한 다음 각각 요소 10개인 청크로 분할하겠다.

```
import numpy as np
import dask.array as da

a = np.random.rand(30)
a_da = da.from_array(a, chunks=10)
# 결과:
# dask.array<array-4..., shape=(30,), dtype=float64, chunksize=(10,)>
```

a_da 변수가 dask 속성을 통해 접근할 수 있는 Dask 그래프를 유지한다. Dask가 내부에서 수행하는 작업을 이해하기 위해 내용을 검사해보자. 다음 예제에서 Dask 그래프가 4개의 노드를 가졌음을 볼 수 있다. 'array-original-4c76' 키로 지시되는 원본 배열이 노드 중 하나이고, a_da.dask 딕셔너리의 나머지 키 세 개는 dask.array.core. getarray 함수를 사용해 원본 배열의 청크에 접근하는 데 사용하는 작업이며, 각 작업은 요소 10개인 슬라이스를 얻는다.

```
dict(a_da.dask)
# 결과
{('array-4c76', 0): (<function dask.array.core.getarray>,
          'array-original-4c76',
          (slice(0, 10, None),)),
 ('array-4c76', 2): (<function dask.array.core.getarray>,
          'array-original-4c76',
          (slice(20, 30, None),)),
 ('array-4c76', 1): (<function dask.array.core.getarray>,
          'array-original-4c76',
          (slice(10, 20, None),)),
 'array-original-4c76': array([ ... ])
}
```

a_da 배열에 연산을 실행하면 Dask는 좀 더 작은 청크에서 실행될 부분 작업을 생성해서 병렬성을 얻을 수 있는 가능성을 얻을 것이다. da.array가 노출하는 인터페이스는 NumPy 의미 체계 및 브로드캐스팅 규칙과 호환된다. 다음과 같은 전체 코드가 NumPy 브로드캐스팅 규칙과 요소별 연산, 그 외 메소드가 Dask와 잘 호환됨을 보여준다.

```
N = 10000
chunksize = 1000

x_data = np.random.uniform(-1, 1, N)
y_data = np.random.uniform(-1, 1, N)

x = da.from_array(x_data, chunks=chunksize)
y = da.from_array(y_data, chunks=chunksize)

hit_test = x ** 2 + y ** 2 < 1
hits = hit_test.sum()
pi = 4 * hits / N
```

compute 메소드를 사용해 파이의 값을 계산할 수 있다. 이 메소드에 get 옵션 인수를 주어 호출해서 다른 스케줄러를 지정할 수도 있다(기본적으로 da.array는 다중 스레드 스케줄러를 사용한다).

```
pi.compute() # 혹은: pi.compute(get=dask.get)
# 결과:
# 3.1804000000000001
```

파이 추정처럼 믿지 못할 만큼 간단한 알고리즘을 계산하는 데도 수행해야 하는 작업이 많을 수 있다. Dask는 계산 그래프computational graph를 시각화하는 유틸리티를 제공한다. 다음 그림은 파이 추정에 대한 Dask 그래프의 일부를 보여준다. pi.visualize() 메소드를 실행해서 이 그래프를 얻는다. 그래프에서 원은 사각형으로 표현된 노드에 적용된 변환을 나타낸다. 이 예제는 Dask 그래프가 복잡함을 느끼고 적절한 작업 순서 및 병렬 실행될 작업 선택이 포함된 효율적인 실행 계획을 생성하는 스케줄러의 역할을 이해하는 데 도움이 된다.

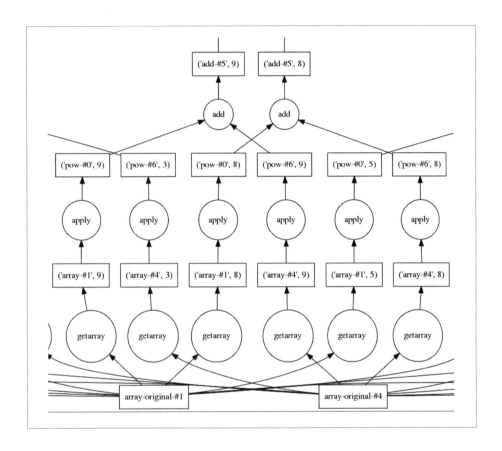

Dask Bag과 DataFrame

Dask는 계산 그래프를 자동으로 생성하는 데 필요한 기타 데이터 구조를 제공한다. 이번 절에서 맵리듀스 방식의 알고리즘 코드를 작성하는 데 사용할 수 있는 보편적 요소 컬렉션인 dask.bag.Bag과 pandas.DataFrame의 분산 버전인 dask.dataframe.DataFrame을 살펴본다.

파이썬 컬렉션으로 쉽게 Bag을 생성할 수 있다. 예를 들어 from_sequence 팩토리 함수를 사용해 리스트로 Bag을 생성할 수 있다. npartitions 인수를 사용해 병렬성의 수준을 지정할 수 있다(지정하면 Bag의 컨텐츠가 그 수만큼의 파티션에 분산된다). 다음 예제에서는 0에서 99까지의 숫자를 담은 Bag을 네 개의 청크로 분할하면서 생성한다.

```
import dask.bag as dab
dab.from_sequence(range(100), npartitions=4)
# 결과:
# dask.bag<from_se..., npartitions=4>
```

다음 예제에서 맵리듀스와 유사한 알고리즘을 사용해 문자열 집합의 단어 수를 세는 방법을 보인다. 시퀀스의 컬렉션이 주어지면 str.split을 적용하고 그 다음 concat을 사용해 문서에서 단어의 선형 리스트를 얻는다. 그 다음 단어와 숫자값 1을 담은 딕셔너리를 단어마다 생성한다(이에 대한 설명은 '맵리듀스 소개' 절을 참고하라). 그 다음 foldby 연산을 사용해 리듀스 단계를 작성해 단어 수를 계산한다.

foldby 변환은 모든 요소를 네트워크상에서 셔플할 필요 없이 단어 출현 횟수를 합치는 리듀스 단계를 구현하는 데 유용하다. 단어 데이터셋이 두 개로 분할됐다고 생각해보라. 전체 출현 횟수를 계산하는 좋은 전략은 먼저 각 파티션의 단어 출현 횟수를 더하고 그다음 이 부분합을 합쳐 최종 결과를 구하는 것이다. 다음 그림이 이 개념을 설명한다. 왼편에 입력 파티션이 있다. 개별 파티션 각각에서 부분합을 계산하고(이항 연산 binop을 사용해 수행), 그 다음 combine 함수를 사용해 개별 합계를 더해 최종 합계를 계산한다.

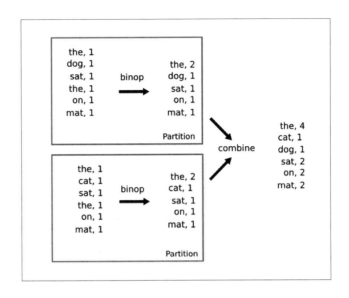

다음 코드가 Bag과 foldby 연산자를 사용해 단어 출현 횟수를 계산하는 방법을 설명한다. foldby 연산자에 넘기기 위해 다섯 개의 인수를 받는 두 개의 함수를 정의해야한다.

- key: 리듀스 연산에 대한 키를 반환하는 함수
- binop: total과 x라는 두 인수를 취하는 함수 합계 값(지금까지 누적된 값)이 주어지면 binop은 다음 항목을 합계에 더한다.
- initial: binop이 구하는 누적값의 초깃값이다.
- combine: 각 파티션의 합계를 더하는 함수다(이번 경우에는 단순합).
- intial_combine: combine이 구하는 누적값의 초깃값이다.

이제 코드를 살펴보자.

```
collection = dab.from_sequence(["the cat sat on the mat",
                                "the dog sat on the mat"], npartitions=2)

binop = lambda total, x: total + x["count"]
```

```
combine = lambda a, b: a + b
(collection
 .map(str.split)
 .concat()
 .map(lambda x: {"word": x, "count": 1})
 .foldby(lambda x: x["word"], binop, 0, combine, 0)
 .compute())
# 출력:
# [('dog', 1), ('cat', 1), ('sat', 2), ('on', 2), ('mat', 2), ('the', 4)]
```

직전에 본 것처럼 Bag을 사용해 복잡한 작업을 효율적으로 표현하기는 번거로울 수 있다. 그래서 Dask는 분석 작업 부하에 맞춰 설계된 또 다른 데이터 구조인 dask. dataframe.DataFrame을 제공한다. Dask에서 DataFrame을 분산 파일시스템의 CSV 파일로부터 혹은 Bag으로부터 등 다양한 메소드를 사용해 초기화할 수 있다. da.array가 NumPy 기능을 밀접하게 반영하는 API를 제공하는 것처럼 Dask DataFrame도 pandas. DataFrame의 분산 버전으로 사용할 수 있다.

DataFrame을 사용해 단어 합계를 다시 구현해 이를 보인다. 먼저 데이터를 적재해 단어의 Bag을 얻고, to_dataframe 메소드를 사용해 Bag을 DataFrame으로 변환하겠다. to_dataframe 메소드에 열 이름을 넘겨 words라는 이름의 단일 열을 담은 DataFrame을 초기화할 수 있다.

```
collection = dab.from_sequence(["the cat sat on the mat",
                               "the dog sat on the mat"], npartitions=2)

words = collection.map(str.split).concat()
df = words.to_dataframe(['words'])
df.head()
# 결과:
#words
# 0 the
# 1 cat
```

```
# 2 sat
# 3 on
# 4 the
```

Dask DataFrame은 pandas.DataFrame API를 거의 복제한다. 단어 출현 횟수를 계산하기 위해 words 열에 value_counts 메소드만 호출하면 Dask가 자동적으로 병렬 계산 전략을 짠다. 계산을 촉발하려면 compute 메소드만 호출하면 된다.

```
df.words.value_counts().compute()
# 결과:
# the 4
# sat 2
# on 2
# mat 2
# dog 1
# cat 1
# Name: words, dtype: int64
```

"DataFrame이 내부에서 어떤 종류의 알고리즘을 사용하는가?"와 같은 흥미로운 질문을 할 수도 있다. 질문의 답은 다음 그림에 나타낸 생성된 Dask 그래프의 상단에서 찾을 수 있다. 다음장의 첫 사각형 두 개는 각각 pd.Series 인스턴스로 저장된 데이터 집합의 파티션을 나타낸다. 전반적 합계를 구하기 위해 Dask는 먼저 pd.Series 각각에 value_counts를 실행하고 이 합계를 value_counts_aggregate 단계로 합친다.

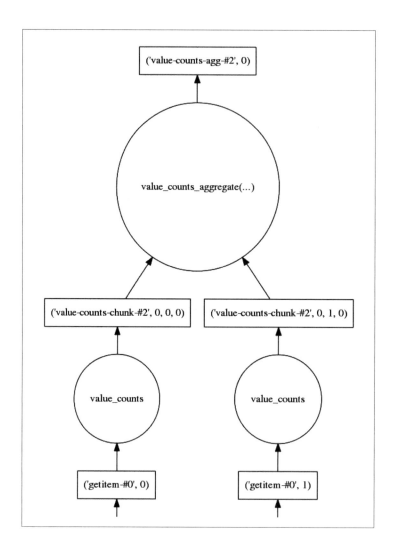

보는 것처럼 Dask array와 DataFrame은 NumPy와 Pandas의 벡터화된 고속 구현을 이용하여 탁월한 성능과 안정성을 얻는다.

Dask distributed

Dask 프로젝트의 첫 이터레이션은 스레드 혹은 프로세스 기반 스케줄러를 사용해 단일 장비에서 실행되도록 설계됐다. 최근에는 Dask 그래프를 컴퓨터 네트워크에 설정하고 실행하는 데 새로운 분산 백엔드 구현을 사용할 수 있다.

 Dask distributed는 Dask와 자동적으로 같이 설치되지 않는다. 이 라이브러리를 conda 패키지 관리자나($ conda install distributed 명령 사용) pip($ pip install distributed 명령)를 통해 얻을 수 있다.

Dask distributed를 시작하기는 정말 쉽다. Client 객체를 인스턴스화해 가장 기본적 설정을 얻는다.

```
from dask.distributed import Client

client = Client()
# 결과:
# <Client: scheduler='tcp://127.0.0.1:46472' processes=4 cores=4>
```

기본적으로 Dask는 Client 인스턴스를 통해 분산 작업을 스케줄링하고 실행하는 데 필요한 (지역 장비에) 몇 개의 주요 프로세스를 시작한다. Dask 클러스터의 주요 구성 요소는 단일 스케줄러와 워커 컬렉션이다.

스케줄러는 워커에 작업을 분산하고 그 결과를 감시하고 관리하는 역할을 하는 프로세스다. 보통 사용자에게 작업이 제출되면 스케줄러는 가용한 워커를 찾아 실행할 작업을 제출한다. 워커의 작업이 끝나면 스케줄러가 그 결과를 사용할 수 있다는 정보를 받는다.

워커는 들어오는 작업을 받아 결과를 만드는 프로세스다. 워커는 네트워크상의 서로 다른 장비에 있을 수 있다. 워커는 ThreadPoolExecutor를 사용해 작업을 실행한다. ThreadPoolExecutor를 사용한 실행 방식은 GIL을 걸지 않는 함수(nogil 블록 안의 NumPy, Pandas, Cython 함수 등)를 사용할 때 병렬 처리를 수행하도록 할 수 있다. 순수 파이썬 코드를 실행하는 경우 여러 개의 단일 스레드 워커 프로세스를 시작하는 편이 좋다.

그렇게 해야 GIL을 잡는 코드를 병렬적으로 처리할 수 있기 때문이다.

친숙한 비동기 메소드를 사용해 작업을 수동으로 스케줄러에 제출하는 데 Client 클래스를 사용할 수 있다. 예를 들어 클러스터에서 실행할 함수를 제출하는 데 Client.map과 Client.submit 메소드를 사용할 수 있다. 다음 코드에서 숫자 몇 개의 제곱을 구하는 데 Client.map과 Client.submit을 사용하는 것을 보인다. 클라이언트가 스케줄러에 일련의 작업을 제출하면 작업마다 하나의 Future 인스턴스를 얻는다.

```
def square(x):
    return x ** 2

fut = client.submit(square, 2)
# 결과:
# <Future: status: pending, key: square-05236e00d545104559e0cd20f94cd8ab>

client.map(square)
futs = client.map(square, [0, 1, 2, 3, 4])
# 결과:
# [<Future: status: pending, key: square-d043f00c1427622a694f518348870a2f>,
# <Future: status: pending, key: square-9352eac1fb1f6659e8442ca4838b6f8d>,
# <Future: status: finished, type: int, key:
# square-05236e00d545104559e0cd20f94cd8ab>,
# <Future: status: pending, key:
# square-c89f4c21ae6004ce0fe5206f1a8d619d>,
# <Future: status: pending, key:
# square-a66f1c13e2a46762b092a4f2922e9db9>]
```

지금까지의 내용은 7장에서 다룬 TheadPoolExecutor 및 ProcessPoolExecutor 사용법과 상당히 비슷하다. 그러나 Dask Distributed는 작업을 제출하는 데 그치지 않고 워커 메모리에 계산 결과를 캐시하기도 한다. 앞선 코드 예제를 살펴보면 실제 캐시를 볼 수 있다. client.submit을 처음 호출하면 square(2) 작업이 생성되고 생성된 작업의 상태가 대기로 설정된다. 연이어 client.map을 호출하면 square(2) 작업이 스케줄러에게 다시 제출되지만 이번에는 결괏값 계산을 반복하는 대신 스케줄러가 직접 워커에게 결과를 받는다. 그 결과 map이 반환한 세 번째 Future는 이미 완료 상태다.

Client.gather 메소드를 사용해 Future 인스턴스의 컬렉션에서 결과를 얻을 수 있다.

```
client.gather(futs)
# 결과:
# [0, 1, 4, 9, 16]
```

임의의 Dask 그래프를 실행하는 데도 Client를 사용할 수 있다. 예를 들어 pi.compute 함수에 client.get 함수를 옵션 인수로 넘겨 파이 추정을 간단히 실행할 수 있다.

```
pi.compute(get=client.get)
```

이 특징 덕분에 Dask가 극도의 확장성을 가질 수 있는데, 비교적 단순한 스케줄러 중 하나를 사용해 로컬 장비에서 알고리즘을 개발하고 실행하고, 성능이 만족할 수준이 아니라면 동일한 알고리즘을 수백 대의 장비로 구성된 클러스터에서 실행할 수 있기 때문이다.

클러스터 수동 설정

수동으로 스케줄러와 워커를 인스턴스화하는 데 명령행 유틸리티인 dask-scheduler와 dask-worker를 사용할 수 있다. 먼저 dask-scheduler 명령을 사용해 스케줄러를 초기화해보자.

```
$ dask-scheduler
distributed.scheduler - INFO - -------------------------------------------
distributed.scheduler - INFO - Scheduler at: tcp://192.168.0.102:8786
distributed.scheduler - INFO - bokeh at: 0.0.0.0:8788
distributed.scheduler - INFO - http at: 0.0.0.0:9786
```

```
distributed.bokeh.application - INFO - Web UI:
http://127.0.0.1:8787/status/
distributed.scheduler - INFO - --------------------------------------------
```

명령을 내리면 스케줄러의 주소와 클러스터의 상태를 감시하기 위해 접근할 수 있는 웹 UI 주소가 나타난다. 이제 스케줄러에 워커를 몇 개 할당해보자. dask-worker 명령을 사용해 스케줄러의 주소를 넘겨 할당할 수 있다. 이렇게 하면 스레드가 네 개인 워커를 자동으로 시작한다.

```
$ dask-worker 192.168.0.102:8786
distributed.nanny - INFO - Start Nanny at: 'tcp://192.168.0.102:45711'
distributed.worker - INFO - Start worker at: tcp://192.168.0.102:45928
distributed.worker - INFO - bokeh at: 192.168.0.102:8789
distributed.worker - INFO - http at: 192.168.0.102:46154
distributed.worker - INFO - nanny at: 192.168.0.102:45711
distributed.worker - INFO - Waiting to connect to: tcp://192.168.0.102:8786
distributed.worker - INFO - --------------------------------------------
distributed.worker - INFO - Threads: 4
distributed.worker - INFO - Memory: 4.97 GB
distributed.worker - INFO - Local Directory: /tmp/nanny-jh1esoo7
distributed.worker - INFO - --------------------------------------------
distributed.worker - INFO - Registered to: tcp://192.168.0.102:8786
distributed.worker - INFO - --------------------------------------------
distributed.nanny - INFO - Nanny 'tcp://192.168.0.102:45711' starts worker
process 'tcp://192.168.0.102:45928'
```

Dask 스케줄러는 워커를 추가하고 제거하는 경우 스케줄러가 어떤 결과를 사용할 수 없는지를 추적하고 필요할 때 재계산할 수 있다는 면에서 상당히 탄력적이다. 마지막으로 초기화된 스케줄러를 파이썬 세션에서 사용하기 위해서는 Client 인스턴스를 초기화한 다음 스케줄러의 주소를 주기만 하면 된다.

```
client = Client(address='192.168.0.102:8786')
# 결과:
# <Client: scheduler='tcp://192.168.0.102:8786' processes=1 cores=4>
```

Dask는 클러스터에서 수행되는 각 작업의 상태와 소요되는 시간을 모니터링하는 데 사용할 수 있는 편리한 진단용 웹 UI도 제공한다. 다음 그림에서 Task Stream은 pi 추정을 실행하는 데 들어간 시간을 보여준다. 그림에서 회색 가로줄 각각은 워커가 사용하는 스레드에 해당하고(이 경우에는 Worker Core라고도 하는 스레드가 네 개인 워커) 직사각형 상자 각각은 작업에 해당하며 동일한 작업 유형끼리 동일한 색을 갖게 된다(예를 들면 덧셈, 거듭제곱, 지수). 이 그림에서 상자가 굉장히 작고 서로 멀리 떨어져 있는지 알 수 있다. 작업의 크기가 통신 부담에 비해 상당히 작다는 의미다.

이 경우 청크 크기를 증가시켜 각 작업 실행에 필요한 시간을 통신 시간에 비해 늘리면 도움이 된다.

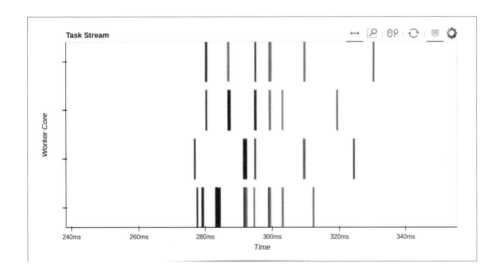

파이스파크 사용하기

요즘 아파치 스파크$^{Apache\ Spark}$는 분산 컴퓨팅의 가장 인기 있는 프로젝트 중 하나다. 스칼라^{Scala} 언어로 개발된 스파크는 2014년 출시됐으며 HDFS와 통합돼 하둡 맵리듀스 프레임워크보다 더 좋거나 개선된 기능을 제공한다.

하둡 맵리듀스와 다르게 스파크는 대화형으로 데이터를 처리하도록 설계됐으며 자바와 스칼라, 파이썬 프로그래밍 언어 API를 지원한다. 하둡 맵리듀스와 다른 아키텍처를 감안해서, 특히 스파크가 결과를 메모리에 유지한다는 사실 때문에 스파크는 하둡 맵리듀스보다 보통 훨씬 빠르다.

스파크와 파이스파크 설정

파이스파크를 처음부터 설치하려면 스파크 설치본과 함께 사용할 수 있도록 자바와 스칼라 런타임을 설치하고 프로젝트 소스를 컴파일하고 파이썬 및 주피터 노트북을 설정해야 한다. 파이스파크 설정을 오류를 덜 일으키면서 쉽게 하는 방법은 도커^{Docker} 컨테이너를 통해 사용할 수 있게 이미 구성된 스파크 클러스터를 사용하는 것이다.

 도커는 https://www.docker.com에서 다운로드할 수 있다. 컨테이너를 처음 접한다면 9장에서 도커 소개를 읽어보라.

스파크 클러스터를 설정하려면 8장의 코드 파일(Dockerfile이라는 파일이 위치한)이 있는 위치로 가서 다음 명령을 내리기만 하면 된다.

```
$ docker build -t pyspark
```

이 명령을 내리면 스파크, 파이썬, 주피터 노트북을 분리된 환경에 자동적으로 내려받고 설치하며 구성한다. 다음 명령을 실행해서 스파크와 주피터 노트북 세션을 시작하라.

```
$ docker run -d -p 8888:8888 -p 4040:4040 pyspark
22b9dbc2767c260e525dcbc562b84a399a7f338fe1c06418cbe6b351c998e239
```

명령을 내리면 (컨테이너 아이디라고 하는) 애플리케이션 컨테이너를 참조할 때 사용할 수 있는 유일 ID를 출력하고 스파크와 주피터 노트북을 백그라운드에 실행시킬 것이다. -p 옵션을 사용해 로컬 장비에서 SparkUI와 주피터 노트북의 네트워크 포트에 접근할 수 있다. 명령을 내린 다음에 브라우저를 열어 http://127.0.0.1:8888에 접속하면 주피터 노트북 세션에 접근할 수 있다. 새 노트북을 만들고 다음 내용을 셀 안에서 실행시켜 스파크 초기화가 올바르게 되는지 시험할 수 있다.

```
import pyspark
sc = pyspark.SparkContext('local[*]')

rdd = sc.parallelize(range(1000))
rdd.first()
# 결과:
# 0
```

이 코드는 SparkContext를 초기화하고 컬렉션의 첫 요소를 얻는다(새로운 용어는 이후에 자세히 설명하겠다). SparkContext를 초기화하고 나면 http://127.0.0.1:4040으로 가서 스파크 WebUI도 열 수 있다.

이제 설정이 완료됐으니 다음에는 스파크가 동작하는 방식과 스파크의 강력한 API를 사용해 간단한 병렬 알고리즘을 구현하는 방법을 알아보겠다.

스파크 아키텍처

스파크 클러스터는 서로 다른 장비에 분산돼 있는 프로세스의 집합이다. 드라이버 프로그램Driver Program은 스칼라나 파이썬 인터프리터처럼 사용자가 실행시킬 작업을 제출할 때 사용하는 프로세스다.

Dask와 비슷하게 사용자가 특별한 API를 사용해 작업 그래프^{task graph}를 구축하고 이 작업들을 클러스터 관리자^{Cluster Manager}에게 제출한다. 클러스터 관리자는 이 작업들을 작업을 실제로 실행하는 역할인 실행자^{Executor}에게 할당한다. 다중 사용자 시스템에서 클러스터 관리자는 사용자 단위로 자원을 할당하는 역할도 맡는다.

사용자는 드라이버 프로그램을 통해 클러스터 관리자와 상호작용한다. 사용자와 스파크 클러스터 간의 통신을 맡은 클래스를 SparkContext라고 한다. 이 클래스는 사용자가 이용할 수 있는 자원에 기반해 클러스터상의 실행자에 접속하고 실행자를 구성할 수 있다.

가장 일반적인 사용 사례의 경우 스파크는 RDD^{Resilient Distributed Datasets}라는 데이터 구조를 통해 데이터를 관리한다. RDD는 데이터 요소를 분할하고 병렬로 분할된 파티션을 처리해서 대량의 데이터셋을 다룰 수 있다(대개 사용자에게는 이러한 처리 방식이 보이지 않는다). 빠르게 접근하거나 비용이 큰 중간 결과를 캐시하기 위해 RDD를 메모리에 저장(선택적으로, 적절한 경우)할 수도 있다.

RDD를 사용하면 작업과 변환을 정의할 수 있으며(Dask에서 계산 그래프를 자동으로 생성했던 방법과 유사하게), 요청하는 경우에 클러스터 관리자가 가용한 실행자로 작업을 보내고 거기서 작업을 실행할 수 있다.

실행자가 클러스터 관리자로부터 작업을 받아 실행한 다음 필요하다면 결과를 유지한다. 실행자가 여러 코어를 가질 수 있으며 클러스터의 노드 각각이 다수의 실행자를 가질 수 있다. 대체적으로 스파크는 실행자의 실패에 대해 내성을 가진다.

앞서 설명한 구성 요소가 스파크 클러스터에서 상호작용하는 방식을 다음 그림에서 보인다. 드라이버 프로그램은 서로 다른 노드에 있는 실행자 인스턴스를 관리하는 클러스터 관리자와 상호 작용한다(각 실행자 인스턴스는 다중 스레드를 가질 수도 있다). 드라이버 프로그램이 실행자를 직접 제어하지 않더라도 실행자 인스턴스에 저장된 결과는 드라이버 프로그램과 실행자 사이에서 직접 전송된다. 그렇기 때문에 실행자 프로세스가 네트워크를 통해 드라이버 프로그램에 접근할 수 있어야 한다.

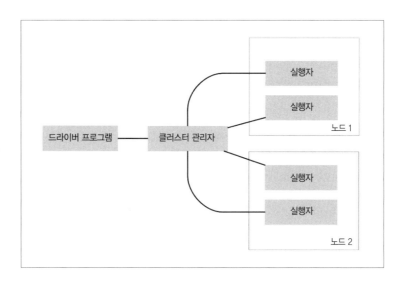

자연스럽게 갖게 되는 의문은 스칼라로 작성된 스파크가 어떻게 파이썬 코드를 실행할 수 있는가다. 파이썬 프로세스를 유지하며 그 프로세스와 소켓을 통해 통신하는(프로세스 간 통신 형태) Py4J 라이브러리를 통해 스파크와 파이썬 코드가 통합된다. 작업을 실행하기 위해 실행자는 일련의 파이썬 프로세스를 유지하여 파이썬 코드를 병렬로 처리할 수 있다.

드라이버 프로그램상의 파이썬 프로세스에 정의된 RDD와 변수들은 직렬화되고, 클러스터 관리자와 실행자 사이의 통신(셔플링을 포함해)은 스파크의 스칼라 코드가 처리한다. 파이썬과 스칼라 간의 교환에 필요한 별도의 직렬화 단계는 모두 다 통신 부담을 더한다. 따라서 파이스파크를 사용할 때 데이터 구조가 효율적으로 직렬화되며 데이터 파티션이 통신 비용을 실행 비용에 비해 무시할 수 있을 만큼 작도록 세심하게 주의해야 한다.

다음 다이어그램이 파이스파크를 실행하는 데 필요한 추가 파이썬 프로세스를 설명한다. 파이썬 프로세스를 추기히기 때문에 메모리 비용이 늘어나고 오류 보고를 복삽하게 만느는 별도의 추가 계층이 생긴다.

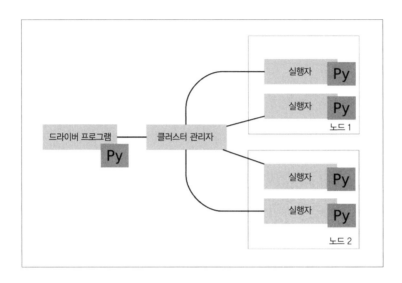

이러한 단점이 있지만 파이스파크는 활기찬 파이썬 생태계를 산업에 사용될 정도의 하둡 인프라와 연결하기 때문에 여전히 도구로 널리 사용된다.

RDD

파이썬으로 RDD를 생성할 때 SparkContext.parallelize 메소드를 사용하면 가장 쉽게 생성할 수 있다. 앞서 0에서 1000 사이의 정수 컬렉션을 병렬 처리했을 때에도 이 메소드를 사용했다.

```
rdd = sc.parallelize(range(1001))
# 결과:
# PythonRDD[3] at RDD at PythonRDD.scala:48
```

rdd 컬렉션은 여러 개의, 이 경우에는 기본값인 4개의 파티션으로 나눠진다(구성 옵션을 사용해 기본값을 변경할 수 있다). 파티션의 수를 명시적으로 지정하기 위해 parallelize에 추가 인자를 전달할 수 있다.

```
rdd = sc.parallelize(range(1000), 2)
rdd.getNumPartitions() # 이 함수는 파티션의 갯수를 반환할 것이다
# 결과:
# 2
```

RDD는 이전에 6장, '동시성 구현'에서 반응형 프로그래밍 및 데이터 스트림에 사용한 것 (비록 그 연산자들이 일반적인 컬렉션이 아니라 시간이 흐르면서 발생하는 사건에 대해 동작하도록 설계되기는 했지만)과 유사한 다수의 함수형 프로그래밍 연산을 지원한다. 이제는 상당히 친숙할 기본 map 함수를 예시로 설명할 수 있다. 다음 코드에서 일련의 숫자 제곱을 계산하기 위해 map을 사용한다.

```
square_rdd = rdd.map(lambda x: x**2)
# 결과:
# PythonRDD[5] at RDD at PythonRDD.scala:48
```

map 함수는 새 RDD를 반환하지만 아직은 아무것도 계산하지 않는다. 실행을 촉발시키기 위해 컬렉션의 모든 요소를 받아오는 collect 메소드 혹은 첫 열 개의 요소를 반환하는 take 메소드를 사용해보자.

```
square_rdd.collect()
# 결과:
# [0, 1, ... ]

square_rdd.take(10)
# 결과:
# [0, 1, 4, 9, 16, 25, 36, 49, 64, 81]
```

파이스파크와과 Dask, 앞선 장에서 탐구한 병렬 처리 프로그래밍 라이브러리를 비교하기 위해 파이 값의 추정을 다시 구현하겠다. 파이스파크 구현은 먼저 parallelize로 임

의의 숫자를 갖는 두 RDD를 생성한 다음 zip 함수로 데이터 집합을 결합하고(이는 파이썬의 zip과 동등하다), 마지막으로 임의의 좌표들이 원 안에 들어가는지 시험한다.

```python
import numpy as np

N = 10000
x = np.random.uniform(-1, 1, N)
y = np.random.uniform(-1, 1, N)

rdd_x = sc.parallelize(x)
rdd_y = sc.parallelize(y)

hit_test = rdd_x.zip(rdd_y).map(lambda xy: xy[0] ** 2 + xy[1] ** 2 < 1)
pi = 4 * hit_test.sum()/N
```

zip과 map 연산 모두 새로운 RDD를 생성하며 하부 데이터에 실제로 명령을 실행하지는 않는 데 유의해야 한다. 앞서의 예제에서 정수를 반환하는 hit_test.sum 함수를 호출하는 시점에 코드 실행이 촉발된다. 이 동작 방식은 전체 계산(최종 결과인 pi 포함)이 실행을 촉발하지 않았던 Dask API와 다르다.

이제 더 많은 RDD 메소드 사용 예를 보이기 위해 더욱 흥미로운 애플리케이션으로 넘어가보자.

웹사이트의 사용자 각각이 하루 동안 방문하는 횟수를 세는 방법을 배워보자. 실제 세계 시나리오에서 방문 횟수 데이터는 데이터베이스에 수집되고(수집되거나) HDFS 같은 분산 파일 시스템에 저장된다. 그러나 예제에서는 분석할 데이터를 약간 생성하겠다.

다음 코드에서 각각이 (20명의 사용자 중 선택된) 사용자 하나와 타임스탬프 하나를 갖는 딕셔너리의 리스트를 생성한다. 데이터셋을 만드는 단계는 다음과 같다.

1. 사용자 20명이 있는 사용자 풀을 생성한다(users 변수).
2. 두 날짜 사이 임의의 시각을 반환하는 함수를 정의한다.

3. 만 번에 걸쳐 users 풀에서 임의의 사용자 하나를, 2017년 1월 1일과 2017년 1월 7일 사이에서 임의의 타임스탬프 하나를 선택한다.

```python
import datetime

from uuid import uuid4
from random import randrange, choice

# 사용자 20명을 생성한다
n_users = 20
users = [uuid4() for i in range(n_users)]

def random_time(start, end):
    '''시작 날짜와 종료 날짜 사이에 있는 임의의 타임스탬프를 반환한다'''
    # 몇 초를 더할지 선택한다
    total_seconds = (end - start).total_seconds()
    return start +datetime.timedelta(seconds=randrange(total_seconds))

start = datetime.datetime(2017, 1, 1)
end = datetime.datetime(2017, 1, 7)

entries = []
N = 10000
for i in range(N):
    entries.append({
        'user': choice(users),
        'timestamp': random_time(start, end)
    })
```

이 데이터셋을 가지고 질문하고 파이스파크로 답을 찾아보자. "주어진 사용자가 몇 번이나 웹사이트를 방문했는가?"라는 일반적인 질문이 있다. 전체 RDD를 사용자로 그룹핑(groupBy 연산자 사용)하고 각 사용자마다 몇 개의 항목이 있는지 세어 이 결과를 고지식하게 계산할 수 있다. 파이스파크에서 groupBy는 각 요소에 대한 그룹핑 키를 추출하는 함수를 인자로 받아 (키, 그룹) 형태의 튜플을 담은 새로운 RDD를 반환한다. 다음 예제에서 사용자 ID를 groupBy의 키로 사용하고 first를 사용해 첫 요소를 검사하겠다.

```
entries_rdd = sc.parallelize(entries)
entries_rdd.groupBy(lambda x: x['user']).first()
# 결과:
# (UUID('0604aab5-c7ba-4d5b-b1e0-16091052fb11'),
# <pyspark.resultiterable.ResultIterable at 0x7faced4cd0b8>)
```

groupBy의 반환값은 각 사용자 ID에 대한 ResultIterable(기본적으로 리스트인)이다. 사용자당 방문 횟수를 세려면 각 ResultIterable의 길이를 계산하면 된다.

```
(entries_rdd
 .groupBy(lambda x: x['user'])
 .map(lambda kv: (kv[0], len(kv[1])))
 .take(5))
# 결과:
# [(UUID('0604aab5-c7ba-4d5b-b1e0-16091052fb11'), 536),
# (UUID('d72c81c1-83f9-4b3c-a21a-788736c9b2ea'), 504),
# (UUID('e2e125fa-8984-4a9a-9ca1-b0620b113cdb'), 498),
# (UUID('b90acaf9-f279-430d-854f-5df74432dd52'), 561),
# (UUID('00d7be53-22c3-43cf-ace7-974689e9d54b'), 466)]
```

이 알고리즘이 작은 데이터셋에 대해서 잘 동작할 수 있더라도 groupBy를 사용하면 메모리에 각 사용자별로 모든 항목을 모으고 저장해야 하고, 그렇게 하면 저장해야 할 데이터가 각 노드에서 사용 가능한 메모리 크기를 넘어설 수 있다. 항목의 리스트가 아니라 개수만 필요하기 때문에 사용자별로 방문 리스트를 메모리에 보존하지 않고 이 숫자를 계산하는 개선된 방법이 있다.

> **TIP** (키, 값) 쌍의 RDD를 다루는 경우 값에만 어떤 함수를 적용하기 위해 mapValues를 사용할 수 있다. 앞서의 코드에서 map(lambda kv:(kv[0], len(kv[1]))) 호출을 mapValues(len)로 교체해 가독성을 높일 수 있다.

더욱 효율적으로 계산하기 위해 앞서 '맵리듀스 소개' 절에서 본 리듀스 단계와 유사한 단계를 수행할 reduceByKey 함수를 이용할 수 있다. reduceByKey 함수는 첫 요소가 키이고 두 번째 요소가 값인 튜플의 RDD에서 호출될 수 있으며 리덕션을 계산할 함수를 첫 인자로 허용한다. reduceByKey 함수를 사용하는 간단한 예제를 다음 코드 조각으로 설명하겠다. 정수와 연결된 몇 개의 문자열 키가 있고, 각 키에 대한 값의 합을 구하고 싶다. 리덕션은 요소의 합에 해당하는 labmda로 표현했다.

```
rdd = sc.parallelize([("a", 1), ("b", 2), ("a", 3), ("b", 4), ("c", 5)])
rdd.reduceByKey(lambda a, b: a + b).collect()
# 결과:
# [('c', 5), ('b', 6), ('a', 4)]
```

reduceByKey 함수는 리덕션을 병렬 처리할 수 있고 그룹에 대한 메모리 저장 공간을 필요로 하지 않기 때문에 groupBy보다 훨씬 더 효율적이다. 또한 reduceByKey는 실행자 간에 셔플되는 데이터도 제한한다(앞서 설명한 Dask의 foldby와 유사한 연산을 수행한다). 이 시점에서 reduceByKey로 방문 횟수 계산을 재작성해보자.

```
(entries_rdd
    .map(lambda x: (x['user'], 1))
    .reduceByKey(lambda a, b: a + b)
    .take(3))
# 결과:
# [(UUID('0604aab5-c7ba-4d5b-b1e0-16091052fb11'), 536),
# (UUID('d72c81c1-83f9-4b3c-a21a-788736c9b2ea'), 504),
# (UUID('e2e125fa-8984-4a9a-9ca1-b0620b113cdb'), 498)]
```

스파크의 RDD API를 사용하면 "웹사이트에 날짜별 방문 횟수는 얼마인가?"와 같은 질문에 답하기도 쉽다. 적절한 키(타임스탬프에서 추출한 날짜)로 reduceByKey를 사용해 날짜별 방문 횟수를 계산할 수 있다. 다음 예제로 날짜별 방문 횟수 계산을 보인다. 날짜에 따라 정렬된 방문 횟수를 반환하기 위해 sortByKey 연산자를 사용하는 데도 유의하라.

```
(entries_rdd
 .map(lambda x: (x['timestamp'].date(), 1))
 .reduceByKey(lambda a, b: a + b)
 .sortByKey()
 .collect())
# 결과:
# [(datetime.date(2017, 1, 1), 1685),
# (datetime.date(2017, 1, 2), 1625),
# (datetime.date(2017, 1, 3), 1663),
# (datetime.date(2017, 1, 4), 1643),
# (datetime.date(2017, 1, 5), 1731),
# (datetime.date(2017, 1, 6), 1653)]
```

스파크 데이터프레임

스파크는 수치 계산과 분석 작업을 위해 (SparkSQL이라고도 하는) pyspark.sql 모듈을 통해 사용할 수 있는 편의 인터페이스를 제공한다. 이 모듈에는 Pandas와 유사한 효율적인 SQL 스타일 질의에 사용할 수 있는 spark.sql.DataFrame 클래스가 포함돼 있다. SparkSession 클래스를 통해 SQL 인터페이스에 접근한다.

```
from pyspark.sql import SparkSession
spark = SparkSession.builder.getOrCreate()
```

그 다음 SparkSession을 createDataFrame 함수를 통해 데이터프레임을 생성하는 데 사용할 수 있다. createDataFrame 함수는 RDD나 list, pandas.DataFrame을 받아들일 수 있다.

다음 예제에서 Row 인스턴스의 컬렉션을 담은 RDD인 row를 변환하여 spark.sql.DataFrame을 생성하겠다. Row 인스턴스는 pd.DataFrame에서의 열과 같이 열 이름의 집합과 값의 집합 간의 연결을 나타낸다. 이번 예제에서는 x, y 칼럼이 있고 여기에 임의의 숫자를 연결한다.

```
# 앞에서 정의한 x_rdd와 y_rdd를 사용하겠다.
rows = rdd_x.zip(rdd_y).map(lambda xy: Row(x=float(xy[0]), y=float(xy[1])))

rows.first()  # 첫 요소 검사
# 결과:
# Row(x=0.18432163061239137, y=0.632310101419016)
```

Row 인스턴스 컬렉션을 얻은 다음 다음과 같이 이들을 DataFrame으로 결합하자. show 메소드를 사용해 DataFrame의 내용을 검사할 수도 있다.

```
df = spark.createDataFrame(rows)
df.show(5)
#  출력:
# +-------------------+-------------------+
# |                  x|                  y|
# +-------------------+-------------------+
# |0.18432163061239137|   0.632310101419016|
# | 0.8159145525577987|-0.9578448778029829|
# |-0.6565050226033042|  0.4644773453129496|
# |-0.1566191476553318|-0.11542211978216432|
# | 0.7536730082381564|  0.269530554760747171|
# +-------------------+-------------------+
# only showing top 5 rows
```

spark.sql.DataFrame은 편리한 SQL 문법을 사용한 분산 데이터셋 변환을 지원한다. 예를 들어 SQL 표현식을 사용해 값을 계산하기 위해 selectExpr 메소드를 사용할 수 있다. 다음 코드에서 열 x,y와 SQL 함수 pow를 사용해 적중 테스트를 계산한다.

```
hits_df = df.selectExpr("pow(x, 2) + pow(y, 2) < 1 as hits")
hits_df.show(5)
# 출력:
# +-----+
# | hits|
# +-----+
# | true|
# |false|
# | true|
# | true|
# | true|
# +-----+
# only showing top 5 rows
```

SQL의 표현 능력을 보이기 위해 단일 표현식으로 파이 어림값 계산도 해본다. 이 표현식에는 sum과 pow, cast, count와 같은 SQL 함수 사용이 수반된다.

```
result = df.selectExpr('4 * sum(cast(pow(x, 2) +
                        pow(y, 2) < 1 as int))/count(x) as pi')
result.first()
# 결과:
# Row(pi=3.13976)
```

스파크 SQL은 하둡 위에 구축된 분산 데이터셋을 위한 SQL 엔진인 Hive와 동일한 문법을 따른다. 완전한 문법 참조 자료를 보려면 https://cwiki.apache.org/confluence/display/Hive/LanguageManual을 참조하라.

데이터프레임은 파이썬 인터페이스를 사용하면서도 스칼라의 강력한 기능과 최적화를 활용할 수 있는 좋은 방법이다. 그렇게 되는 주된 이유는 SparkSQL이 질의를 기호로 해석하며 파이썬을 통해 중간 결과를 넘길 필요 없이 직접 스칼라에서 실행되기 때문이다. 따라서 직렬화 부담이 크게 줄어들고 SparkSQL이 수행하는 질의 최적화를 활용할 수 있다. 최적화와 질의 실행 계획 덕분에 RDD에 직접 groupBy를 사용했을 때 겪은 것과 같은 성능 손해 없이 GROUP BY와 같은 SQL 연산자를 사용할 수 있다.

▎ mpi4py를 사용한 과학기술 컴퓨팅

Dask와 스파크가 IT 산업에서 널리 사용되는 훌륭한 기술이지만 학문 연구에는 널리 채택되지 않았다. 집중적인 수치 계산 애플리케이션을 실행하기 위해 학계에서는 수십 년간 수천 개의 프로세서를 가진 고성능 슈퍼컴퓨터를 사용해왔다. 이 때문에 슈퍼컴퓨터는 보편적으로 C나 포트란, 심지어는 어셈블리와 같은 저수준 언어로 구현된 계산 집중적 알고리즘에 초점을 맞춘 매우 다른 소프트웨어 계층을 사용해 구성됐다.

이러한 유형의 시스템에서 병렬 실행에 사용하는 주요 라이브러리는 MPI[Message Passing Interface](메시지 전달 인터페이스)로 Dask나 스파크에 비해서는 편리하거나 정교하지 않지만 병렬 알고리즘을 완벽히 표현할 수 있으며 우수한 성능을 얻을 수 있다.

Dask와 스파크와 정반대로 MPI는 맵리듀스 모델을 따르지 않으며 아주 적은 데이터만 주고받는 수천 개의 프로세스를 실행하는 경우 사용하기 가장 적합한 라이브러리다.

MPI는 지금까지 본 것과는 상당히 다르게 동작한다. MPI의 병렬 처리는 동일한 스크립트를 (서로 다른 노드에 존재할 수 있는) 다수의 프로세스에서 실행하는 식으로 이루어진다. 보통 루트라고 하며 대개 ID 0으로 식별되는 지정된 프로세스가 프로세스 간의 통신과 동기화를 처리한다.

이번 절에서 mpi4py 파이썬 인터페이스를 사용해 MPI의 주요 개념을 간략히 보인다.

다음 예제에서 MPI로 작성할 수 있는 가장 간단한 병렬 코드를 보인다. 이 코드는 MPI 모듈을 임포트하고 다른 MPI 프로세스와 대화하는 데 사용할 수 있는 인터페이스인 COMM_WORLD를 받는다. Get_rank 함수는 현재 프로세스의 정수 식별자를 반환한다.

```python
from mpi4py import MPI

comm = MPI.COMM_WORLD
rank = comm.Get_rank()
print("This is process", rank)
```

앞의 코드를 mpi_example.py 파일에 저장하고 실행해보자. 이 스크립트를 실행하면 보통 단일 프로세스 실행에 관련된 것처럼 특별한 작업을 수행하지 않는다.

```
$ python mpi_example.py
This is process 0
```

MPI 작업은 -n 옵션으로 병렬 프로세스의 수를 나타내는 mpiexec 명령을 사용해 실행된다. 다음 명령으로 스크립트를 실행하면 동일한 스크립트를 서로 다른 ID를 갖는 네 개의 독립적인 실행으로 생성한다.

```
$ mpiexec -n 4 python mpi_example.py
This is process 0
This is process 2
This is process 1
This is process 3
```

(TORQUE 같은) 리소스 관리자를 통해 자동적으로 프로세스를 네트워크 사이에 분산한다. 보편적으로 시스템 관리자가 슈퍼컴퓨터를 구성하며 MPI 소프트웨어 실행 방법에 대한 지침도 제공한다.

MPI 프로그램이 어떻게 보이는지 알아보기 위해 pi 근사값을 다시 구현한다. 전체 코드를 여기 보였다. 이 프로그램은 다음의 일을 한다.

- 각 프로세스에 대해 N/n_procs 크기의 임의의 배열을 생성하여 프로세스 각각이 동일한 양의 샘플을 테스트하게 한다(n_procs는 Get_size 함수를 통해 얻는다).
- 각 분리된 프로세스에서 적중 테스트의 합을 계산하고 각 프로세스에서의 부분합을 나타내는 hits_count에 저장한다.
- 부분합의 전체 합을 계산하기 위해 reduce 함수를 사용한다. reduce를 사용할 때 어떤 프로세스가 결과를 받을지 지정하기 위해 root 인자를 지정해야 한다.
- 루트 프로세스에 해당하는 프로세스에서만 최종 결과를 프린트한다.

```python
from mpi4py import MPI

comm = MPI.COMM_WORLD
rank = comm.Get_rank()

import numpy as np

N = 10000

n_procs = comm.Get_size()

print("This is process", rank)

# 배열 생성
x_part = np.random.uniform(-1, 1, int(N/n_procs))
y_part = np.random.uniform(-1, 1, int(N/n_procs))

hits_part = x_part**2 + y_part**2 < 1
hits_count = hits_part.sum()

print("partial counts", hits_count)
```

```
total_counts = comm.reduce(hits_count, root=0)

if rank == 0:
    print("Total hits:", total_counts)
    print("Final result:", 4 * total_counts/N)
```

이제 앞서의 코드를 mpi_pi.py 파일에 저장하고 mpiexec로 실행하자. reduce 호출이 발생할 때까지 4개의 프로세스 실행이 어떻게 얽혀 있는지 출력이 보여준다.

```
$ mpiexec -n 4 python mpi_pi.py
This is process 3
partial counts 1966
This is process 1
partial counts 1944
This is process 2
partial counts 1998
This is process 0
partial counts 1950
Total hits: 7858
Final result: 3.1432
```

▌ 요약

컴퓨터 클러스터에 작은 작업을 분산하여 대량의 데이터셋을 처리할 수 있는 알고리즘을 구현하는 데 분산 처리를 사용할 수 있다. 안정적이면서 좋은 성능으로 실행되는 분산 소프트웨어를 구현하기 위해 수년 동안 아파치 하둡과 같은 여러 소프트웨어 패키지가 개발됐다.

8장에서는 수백 대의 장비로 확장할 수 있는 프로그램을 설계하고 실행하기 위한 강력한 API를 제공하는 Dask와 파이스파크와 같은 파이썬 패키지의 아키텍처와 사용법에 대해 배웠다. 수십 년 동안 학술 연구를 위해 설계된 슈퍼컴퓨터에 작업을 분산하는 데 사용해 온 MPI도 간략히 살펴봤다.

이 책 전반에 걸쳐 프로그램 성능을 향상하고 프로그램의 속도를 높이고 처리할 수 있는 데이터셋의 크기를 늘리는 여러 가지 기법을 살펴봤다. 9장에서는 고성능 코드를 작성하고 유지하는 전략과 모범 사례를 설명하겠다.

09

성능을 높이는 설계

8장에서 파이썬 표준 라이브러리 및 서드파티 패키지가 제공하는 방대한 도구를 사용해 파이썬 애플리케이션의 성능을 평가하고 향상시키는 방법을 배웠다. 9장에서는 여러 종류의 애플리케이션에 대한 성능을 높이는 접근법에 대한 일반적인 지침을 제공하고 여러 파이썬 프로젝트에서 일반적으로 채택된 좋은 사례를 설명하겠다.

9장에서는 다음의 주제를 다룬다.

- 일반적인 애플리케이션과 수치 계산 및 빅데이터 애플리케이션에 적합한 성능 향상 기법 선택하기
- 파이썬 프로젝트 구조화하기
- 가상 환경을 사용하고 컨테이너화해 파이썬 설치 격리하기
- 트래비스 CI를 사용해 지속적 통합 설정하기

▌ 적절한 전략 선택하기

프로그램 성능을 향상시키기 위해 사용할 수 있는 패키지가 많이 있지만 어떻게 프로그램에 대한 최선의 최적화 전략을 결정할 수 있을까? 어떤 메소드를 사용할지 결정하는 요소는 다양하다. 이번 절에서는 최적화 전략을 어떻게 결정할지 묻는 질문에 광범위한 애플리케이션 범주에 따라 가능한 한 포괄적으로 답해 보겠다.

제일 먼저 애플리케이션의 유형을 고려해야 한다. 파이썬은 웹 서비스와 시스템 스크립팅, 게임, 기계 학습 등을 망라하는 매우 다양한 여러 커뮤니티를 지원하는 언어다. 이렇게 다양한 여러 가지 애플리케이션에 대해서는 프로그램에서 최적화하는 부분도 달라져야 한다.

예를 들어 웹 서비스의 응답 시간이 매우 짧도록 최적화할 수 있다. 수치적 코드가 실행에 여러 주 걸릴 수 있는 반면 웹 서비스는 가능한 적은 자원으로 최대한 많은 요청에 응답할 수 있어야 한다(즉 대기 시간을 줄이려 할 것이다). 구동 비용이 상당하다고 해도 시스템이 처리할 수 있는 데이터의 양을 늘리는 것이 중요하다(이 경우 관심사는 처리량이다).

개발 중인 플랫폼과 아키텍처도 고려해야 하는 요소다. 파이썬이 지원하는 플랫폼과 아키텍처가 많지만, 서드파티 라이브러리 중 일부는 특정 플랫폼에 대한 지원이 제한될 수 있으며, 특히 C 확장에 바인드되는 패키지를 다루는 경우에 그렇다. 이러한 이유로 라이브러리를 대상 플랫폼 및 아키텍처에 대해 사용할 수 있는지 확인해야 한다.

임베디드 시스템이나 소형 장치와 같은 일부 아키텍처에서는 CPU와 메모리가 심각하게 제한될 수도 있다. 이 제한은 염두에 두어야 할 중요한 요소인데, 멀티프로세싱 등 일부 기술이 너무 많은 메모리를 소비하거나 추가 소프트웨어 실행을 요구하기 때문이다.

마지막으로 비즈니스 요구 사항도 앞의 내용만큼 중요하다. 많은 경우 소프트웨어 제품은 빠르게 반복하며 제품의 코드를 신속하게 변경할 수 있어야 한다. 일반적으로 소프트웨어 스택을 최소한으로 유지해 소프트웨어 수정과 테스트, 배포, 추가적인 플랫폼 지원을 단기간에 쉽게 실행할 수 있게 하려 한다. 개발팀도 그렇다. 소프트웨어 스택의 설치와 개발 시작은 가능한 한 원활해야 한다. 이러한 이유 때문에 NumPy와 같이 견고하며 실전에서 검증된 라이브러리를 제외하고는 보통은 확장보다는 순수 파이썬 라이브러리를 선호해야 한다. 다양한 비즈니스 측면을 고려하는 것도 먼저 최적화할 작업을 결정하는 데 도움이 된다(너무 이른 최적화는 모든 악의 근원임을 항상 기억하라).

일반 애플리케이션

웹앱이나 모바일 애플리케이션 백엔드와 같은 일반 애플리케이션은 보통 원격 서비스와 데이터베이스를 호출한다. 이러한 경우 6장, '동시성 구현'에서 제시한 것과 같은 비동기 프레임워크가 유용할 수 있다. 비동기 프레임워크를 사용하면 애플리케이션 로직과 시스템 설계, 응답성이 향상되며 거기 더해 네트워크 장애 처리도 간단해진다.

비동기 프로그래밍을 사용하면 마이크로 서비스를 좀 더 쉽게 구현하고 사용할 수 있다. 마이크로서비스가 무엇을 가리키는지는 표준 정의가 없지만 애플리케이션의 특정 기능적 측면(예를 들면 인증)에 초점을 맞춘 원격 서비스로 생각할 수 있다.

마이크로서비스의 아이디어는 (gRPC나 REST 호출, 전용 메시지 대기열과 같은) 간단한 프로토콜을 통해 통신하는 다양한 마이크로서비스를 작성해 애플리케이션을 구축할 수 있다는 것이다. 마이크로서비스 아키텍처는 모든 서비스를 동일한 파이썬 프로세스로 처리하는 단일체monolithic 애플리케이션과는 대조적이다.

애플리케이션을 구성하는 서로 다른 부분이 강력하게 분리된다는 점도 마이크로서비스의 장점이다. 작고 간단한 서비스는 서로 다른 팀에서 구현하고 유지 관리할 수 있을 뿐 아니라 다른 시간에 업데이트하고 배포할 수 있다. 더 많은 사용자를 처리할 수 있도록 마이크로서비스를 쉽게 복제할 수도 있다. 게다가 마이크로서비스가 간단한 프로토콜을 통해 통신하기 때문에 특정 애플리케이션에 대해서 파이썬보다 더 적합한 다른 언어로 마이크로서비스를 구현할 수 있다.

서비스 성능이 만족스럽지 않다면 속도를 충분히 향상시키기 위해 PyPy와 같은 다른 파이썬 인터프리터에서 애플리케이션을 실행할 수 있다(모든 서드파티 확장이 호환되는 경우). 그렇지 않으면 알고리즘 전략을 바꾸거나 병목 지점을 Cython으로 포팅하면 일반적으로 만족스러운 성능을 얻을 수 있다.

수치 코드

수치Numerical 코드를 작성하는 것이 목표라면 곧바로 NumPy 구현을 사용해 작성하기 시작하는 편이 좋다. NumPy는 많은 플랫폼에서 테스트됐으며 많은 플랫폼에서 사용할 수 있고, 8장에서 봤듯이 NumPy 배열을 일급 시민first-class citizen으로 취급하는 패키지가 많기 때문에 안전한 선택지다.

적절하게 작성된 경우 (2장, '순수 파이썬 최적화'에서 배운 브로드캐스팅 및 기타 기법을 활용하는 등) NumPy 성능이 이미 C코드로 달성할 수 있는 성능에 거의 근접하기 때문에 추가적으로 최적화할 필요가 없다. 특정 알고리즘은 NumPy의 데이터 구조와 메소드로 효율적으로 표현하기가 어렵다. 이런 경우 Numba나 Cython처럼 아주 좋은 두 가지 옵션을 사용할 수 있다.

Cython은 scipy 및 scikit-learn과 같은 여러 중요한 프로젝트에서 자주 사용되는 매우 성숙한 도구다. 명시적인 정적 형식 선언이 있는 Cython 코드는 매우 이해하기 쉬우며 대부분의 파이썬 프로그래머가 Cython의 익숙한 구문의 사용법을 터득하는 데 아무런 문제가 없다. 또한 "마법"이 없고 훌륭한 검사 도구가 있기 때문에 프로그래머가 성능을 예측하기 쉽고 최대 성능을 얻기 위해 무엇을 변경해야 하는지 추측하기 쉽다.

그러나 Cython에는 몇 가지 단점이 있다. Cython 코드를 실행하기 전에 컴파일해야 하기 때문에 파이썬 편집-실행 주기의 편리함을 누릴 수 없다. 대상 플랫폼과 호환되는 C 컴파일러도 필요하다. 여러 플랫폼과 아키텍처, 구성 및 컴파일러를 모든 대상에 대해 테스트해야 하므로 분산과 배포 작업도 복잡해진다.

반면 Numba API는 실행하면서 바로 컴파일될 순수 파이썬 함수 정의만 필요로 하며 빠른 파이썬 편집−실행 주기를 유지한다. 일반적으로 Numba를 사용하려면 타깃 플랫폼에서 사용할 수 있는 LLVM 도구 체인을 설치해야 한다. 버전 0.30부터 Numba 함수에 대한 AOT^Ahead-Of-Time 컴파일을 제한적으로 지원하므로 Numba 및 LLVM를 설치하지 않고도 Numba로 컴파일된 함수를 패키징하고 배포할 수 있다.

일반적으로 conda 패키지 관리자의 기본 채널에서 Numba 및 Cython, 미리 패키지로 만든 (컴파일러를 포함한) 모든 의존성 항목을 사용할 수 있다.

따라서 Cython의 배포를 conda 패키지 관리자를 사용할 수 있는 플랫폼에서는 크게 단순화할 수 있다.

 Cython과 Numba로 아직 충분하지 않다면 어떻게 할까? 보통 필요하지 않지만 순수한 C 모듈(컴파일러 플래그를 사용하거나 수동으로 튜닝해 추가로 최적화할 수 있는)을 구현하고 cffi(https://cffi.readthedocs.io/en/latest/) 패키지나 Cython에서 이 모듈을 사용하도록 전략을 더할 수도 있다.

NumPy와 Numba, Cython을 사용하는 전략은 직렬 코드에 대해 거의 최적의 성능을 얻을 수 있는 매우 효과적인 전략이다. 많은 애플리케이션에 대해 직렬 코드로 충분하고 궁극적으로 병렬 알고리즘을 사용할 계획인 경우에도 직렬 참조 구현에 대한 작업이 디버깅을 위해 여전히 가치가 있으며 직렬 구현이 작은 데이터셋을 더 빠르게 처리할 가능성이 높기 때문에도 가치가 있다.

병렬 구현은 특정 애플리케이션에 따라 복잡한 정도가 크게 다르다. 대부분 프로그램을 치후에 일종의 집계 처리를 하는 일련의 독립적인 계산으로 쉽게 표현할 수 있으며, `multiprocessing.Pool`이나 `ProcessPoolExecutor`처럼 큰 문제 없이 일빈 파이썬 코드를 병렬로 처리할 수 있는 장점이 있는 간단한 프로세스 기반 인터페이스를 사용해 병렬로 처리할 수 있다.

여러 프로세스를 시작하는 데 필요한 시간과 메모리 오버헤드를 피하기 위해 스레드를 사용할 수 있다. NumPy 함수는 일반적으로 GIL을 해제하며 스레드 기반으로 병렬화하기에 좋은 후보가 된다. 또한 Cython과 Numba는 자동 병렬화만 제공하는 것이 아니라 특별한 nogil 구문도 제공해 간단하고 가벼운 병렬화에 적합하다.

보다 복잡한 사용 사례의 경우 알고리즘을 크게 변경해야 할 수 있다. 이러한 경우 Dask 배열은 표준 NumPy를 거의 대체하기에 적절한 선택지다. Dask는 매우 투명하게 작동한다는 이점이 있으며 조정하기 쉽다.

(딥러닝 및 컴퓨터 그래픽 같은) 선형 대수 루틴을 집중적으로 사용하는 특화된 애플리케이션은 테아노나 텐서플로처럼 내장된 GPU 지원 기능으로 고성능 및 자동 병렬 처리를 할 수 있는 패키지를 활용할 수 있다.

마지막으로 mpi4py를 MPI 기반 슈퍼컴퓨터(대학 연구자가 일반적으로 사용할 수 있는)에 병렬 파이썬 스크립트를 배포하는 데 사용할 수 있다.

빅데이터

(일반적으로 1TB 이상인) 대규모 데이터셋이 점차 보편화되고 있으며 그 데이터를 수집과 저장, 분석할 수 있는 기술 개발에 많은 자원이 투자됐다. 일반적으로 어떤 프레임워크를 사용할지 선택하는 것은 데이터를 저장하는 방식에 먼저 달려 있다.

대부분의 경우 전체 데이터셋을 단일 장비에 둘 수 없더라도, 데이터 전체를 조사하지 않고도 해답을 추출하는 전략을 고안할 수 있다. 예를 들어 메모리에 쉽게 적재할 수 있으며 Pandas처럼 매우 편리하고 효율적인 라이브러리로 분석할 수 있는 작고 흥미로운 데이터의 부분집합을 추출해 문제의 해답을 찾을 수 있다. 데이터 포인트를 필터링하거나 무작위로 표본을 추출해 큰 데이터 도구를 사용하지 않고도 비즈니스 문제에 대해 충분히 좋은 답을 찾을 수 있다.

회사의 소프트웨어가 파이썬으로 작성돼 있고 자유롭게 소프트웨어 스택을 결정할 수 있다면 Dask distributed를 사용하는 것이 좋다. Dask distributed 소프트웨어 패키지는 설정이 매우 간단하며 파이썬 생태계와 긴밀하게 통합된다. Dask 배열 및 DataFrame과 같은 것을 사용하면 NumPy와 Pandas 코드를 변경해 기존의 파이썬 알고리즘을 쉽게 확장할 수 있다.

많은 경우 어떤 회사는 이미 스파크 클러스터를 구성했을 수도 있다. 그렇다면 PySpark 선택이 최적이며 SparkSQL을 사용하면 성능이 향상된다. Spark의 장점 중 하나는 스칼라나 자바와 같은 다른 언어를 사용할 수 있다는 것이다.

▌ 소스 코드 구조화하기

일반적인 파이썬 프로젝트의 저장소 구조는 최소한 README.md 파일과 애플리케이션 혹은 라이브러리의 소스 코드가 포함된 파이썬 모듈 또는 패키지, setup.py 파일이 들어 있는 디렉터리로 구성된다. 프로젝트에 따라 회사 정책이나 사용 중인 특정 프레임워크에 맞추기 위해 다른 규칙을 채택할 수도 있다. 이번 절에서는 커뮤니티 중심 파이썬 프로젝트에서 흔히 볼 수 있는 몇 가지 일반적인 사례를 설명하며, 이 사례에는 8장에서 설명한 도구 중 일부가 포함될 수 있다.

myapp이라는 파이썬 프로젝트의 일반적인 디렉터리 구조는 다음과 같다. 이제 각 파일과 디렉터리의 역할을 설명할 것이다.

```
myapp/
  README.md
  LICENSE
  setup.py
  myapp/
    __init__.py
    module1.py
```

```
    cmodule1.pyx
    module2/
      __init__.py
  src/
    module.c
    module.h
  tests/
    __init__.py
    test_module1.py
    test_module2.py
  benchmarks/
    __init__.py
    test_module1.py
    test_module2.py
  docs/
  tools/
```

README.md는 프로젝트가 다루는 범위와 설치, 빠른 시작, 유용한 링크 등 소프트웨어에 대한 일반적인 정보가 들어 있는 텍스트 파일이다. 소프트웨어가 공개되면 LICENSE 파일을 사용해 사용 조건을 지정한다.

일반적으로 setup.py 파일에서 **setuptools** 라이브러리를 사용해 파이썬 소프트웨어를 패키지로 만든다. 8장에서 봤듯이 setup.py는 Cython 코드를 컴파일하고 배포하기에 효과적인 방법이기도 하다.

myapp 패키지에는 Cython 모듈도 포함하는 애플리케이션 소스 코드가 들어 있다.

때로는 Cython에 최적화된 기능 외 순수 파이썬 구현을 유지하는 것이 편리하다. 일반적으로 모듈의 Cython 버전의 이름에는 c라는 접두어가 붙는다(앞선 예제의 cmodule1.pyx 처럼).

외부 .c와 .h 파일이 필요한 경우, 일반적으로 최상위 (myapp) 프로젝트 디렉터리에 있는 추가적 src/ 디렉터리 아래에 저장된다.

tests/ 디렉터리에는 unittest나 pytest와 같은 테스트 러너를 사용해 실행할 수 있는 애플리케이션 테스트 코드(일반적으로 단위 테스트 형식)가 포함돼 있다. 그러나 일부 프로젝트는 myapp 패키지 내에 tests/ 디렉터리를 배치하는 것을 선호한다. 고성능 코드는 지속적으로 수정되고 재작성되기 때문에, 가능한 한 빨리 버그를 발견하고 테스트-편집-실행 주기를 단축해 개발자 경험을 향상시키기 위해 견고한 테스트 스위트를 사용하는 것이 중요하다.

벤치마크는 benchmarks 디렉터리에 위치할 수 있다. 벤치마크가 잠재적으로 실행하는 데 드는 시간이 더 길 수 있기 때문에 테스트와 벤치마크를 분리하는 이점이 있다. 벤치마크는 버전의 성능을 비교하는 간단한 수단으로 빌드 서버('연속 통합' 절 참조)에서 실행할 수도 있다. 벤치마크는 일반적으로 단위 테스트보다 실행하는 데 시간이 오래 걸리지만 리소스를 낭비하지 않도록 가능한 한 짧게 실행하는 것이 가장 낫다.

마지막으로 docs/ 디렉터리에는 사용자 및 개발자 문서와 API 참조가 포함돼 있다. 여기에는 보통 sphinx같은 문서 도구용 구성 파일도 포함된다. 다른 도구와 스크립트는 tools/ 디렉터리에 위치할 수 있다.

▌ 격리와 가상 환경, 컨테이너

코드 테스트 환경과 실행 환경을 고립시켜야 한다는 사실은 친구에게 파이썬 스크립트 중 하나를 실행하도록 요청할 때 일어나는 일을 인지하면 분명해진다. 파이썬 버전 X와 의존하는 패키지 Y, X를 설치하고 컴퓨터에 스크립트를 복사하고 실행하라고 지시하게 된다.

대부분의 경우, 친구가 계속 작업을 진행해 플랫폼과 의존하는 라이브러리에 맞는 파이썬을 내려받고 스크립트를 실행하려고 한다. 그러나 컴퓨터가 원래의 운영체제와 다른 운영체제를 갖고 있거나 설치된 라이브러리가 원래 스크립트를 사용하던 컴퓨터에 설치된 것과 동일하지 않기 때문에 스크립트가 실패하게 된다. 다른 경우에는 부적절하게 제거된 이전 설치 버전이 있을 수 있으며 디버깅이 어려운 충돌과 함께 큰 좌절감을 느낄 수 있다.

가상 환경을 사용하면 이 시나리오를 아주 쉽게 피할 수 있다. 가상 환경은 파이썬과 관련 실행 파일, 서드파티 패키지를 격리해 파이썬 설치본을 여러 개 만들고 관리하는 데 사용된다. 파이썬 3.3 버전 이후로 표준 라이브러리에는 격리된 단순한 환경을 만들고 관리하도록 설계된 도구인 venv 모듈(예전의 virtualenv)이 포함돼 있다. venv에 기반한 가상 환경에 setup.py 파일을 사용하거나 pip를 사용해 파이썬 패키지를 설치할 수 있다.

고성능 코드를 처리하는 경우에는 정확한 특정 라이브러리 버전을 제공하는 것이 중요하다. 라이브러리는 릴리스 사이에 항상 진화하며 알고리즘 변경 사항이 성능에 큰 영향을 줄 수 있다. 예를 들어 scipy나 scikit-learn처럼 인기 있는 라이브러리는 종종 코드와 데이터 구조 일부를 Cython으로 이식하므로 최적의 성능을 얻으려면 사용자가 올바른 버전을 설치해야 한다.

Conda 환경 사용하기

대부분의 경우 venv를 사용하면 좋다. 그러나 고성능 코드를 작성할 때 일부 고성능 라이브러리에서 파이썬이 아닌 소프트웨어도 설치해야 하는 경우가 있다. 일반적으로 추가로 설치해야 하는 소프트웨어에는 파이썬 패키지가 링크되는 컴파일러와 고성능 네이티브 라이브러리(C나 C++, Fortran)의 설치가 포함된다. venv와 pip는 파이썬 패키지만 처리하도록 설계됐으므로 이러한 도구가 이 시나리오를 제대로 지원하지 않는다.

conda 패키지 관리자는 파이썬 외의 소프트웨어도 설치해야 하는 경우를 처리하기 위해 특별히 작성됐다. conda를 사용해 가상 환경을 작성하려면 conda create 명령을 사용하라. 이 명령은 새로 생성된 환경과 설치할 패키지에 대한 식별자를 지정하는 -n 인자(-n은 --name을 의미함)를 사용한다. 파이썬 버전 3.5와 최신 버전의 NumPy를 사용하는 환경을 만들려면 다음 명령을 사용한다.

```
$ conda create -n myenv Python=3.5 numpy
```

Conda는 저장소에서 관계된 패키지를 가져와 격리된 파이썬 설치본에 둔다. 가상 환경을 활성화하려면 source activate 명령을 사용하라.

```
$ source activate myenv
```

이 명령을 실행하면 기본 파이썬 인터프리터가 환경을 생성할 때 지정한 버전으로 전환된다. 실행 파일의 전체 경로를 반환하는 which 명령을 사용해 파이썬 실행 파일의 위치를 쉽게 확인할 수 있다.

```
(myenv) $ which python
/home/gabriele/anaconda/envs/myenv/bin/python
```

이 시점에서 전역 파이썬 설치에 영향을 미치지 않으면서 가상 환경에 패키지를 추가하고 제거하며 수정할 수 있다. conda install <패키지명> 명령을 사용하거나 pip를 통해 그 이상의 패키지를 설치할 수 있다.

가상 환경의 장점은 원하는 소프트웨어를 격리가 잘된 방식으로 설치하거나 컴파일할 수 있다는 점이다. 즉, 어떤 이유에서든 환경이 손상되면 손상된 환경을 지우고 처음부터 시작할 수 있다.

myenv 환경을 제거하려면 먼저 환경을 비활성화한 후 다음과 같이 conda env remove 명령을 사용해야 한다.

```
(myenv) $ source deactivate
$ conda env remove -n myenv
```

표준 conda 저장소에서 패키지를 사용할 수 없다면 어떻게 될까? conda-forge 커뮤니티 채널에서 패키지를 사용할 수 있는지 여부를 확인하는 옵션이 있다. conda-forge에서 패키지를 검색하려면 conda search 명령에 -c 옵션(--channel을 의미함)을 추가하라.

```
$ conda search -c conda-forge scipy
```

이 명령은 scipy 질의 문자열에 일치하는 일련의 사용 가능한 패키지 및 버전을 나열한다. 또 다른 옵션은 아나콘다 클라우드^{Anaconda Cloud}에서 호스팅하는 공개 채널에서 패키지를 검색하는 것이다. 아나콘다 클라이언트용 명령행 클라이언트는 anaconda-client 패키지를 설치하면 내려받을 수 있다.

```
$ conda install anaconda-client
```

클라이언트가 설치되면 아나콘다 명령행 클라이언트를 사용해 패키지를 검색할 수 있다. 다음 예제에서는 chemview 패키지를 찾는 방법을 보여준다.

```
$ anaconda search chemview
Using Anaconda API: https://api.anaconda.org
Run 'anaconda show <USER/PACKAGE>' to get more details:
Packages:
  Name                     | Version | Package Types | Platforms
  ------------------------- | ------- | ------------- | ---------------
  cjs14/chemview           | 0.3     | conda         | linux-64, win-64,
osx-64
                                      : WebGL Molecular Viewer for IPython
notebook.
  gabrielelanaro/chemview  | 0.7     | conda         | linux-64, osx-64
                                      : WebGL Molecular Viewer for IPython
notebook.
```

-c 옵션으로 적절한 채널을 지정하여 설치를 쉽게 수행할 수 있다.

```
$ conda install -c gabrielelanaro chemlab
```

가상화와 컨테이너

오랫동안 물리적 자원을 보다 효율적으로 활용하기 위해 여러 운영체제를 동일한 장비에서 실행하기 위한 방법으로 가상화를 사용해왔다.

가상 장비의 도입도 가상화를 달성하는 한 가지 방법이다. 가상 장비는 CPU와 메모리, 장치와 같은 하드웨어 자원을 가상 자원으로 만들어 동일한 장비에 여러 운영체제를 설치하고 실행하는 식으로 작동한다. 운영체제(호스트라고 함) 위에 하이퍼바이저^{hypervisor} 애플리케이션을 설치해 가상화할 수 있다. 하이퍼바이저는 가상 장비와 해당 운영체제(게스트라고 함)를 만들고 관리하고 모니터링할 수 있다.

 가상 환경은 이름에 가상이라는 단어가 포함돼 있지만 가상 장비와는 아무 관련이 없다. 가상 환경은 파이썬과 관련이 있으며 셸 스크립트로 다른 파이썬 인터프리터를 설정하는 식으로 동작한다.

컨테이너는 호스트 운영 체제와 분리된 환경을 만들어 애플리케이션을 격리하고 필요한 의존성만 포함하는 방법이다. 컨테이너는 운영체제 커널이 제공하는 하드웨어 리소스를 여러 인스턴스에 공유할 수 있는 운영체제 기능이다. 컨테이너는 하드웨어 리소스를 추상화하지 않고 운영체제 커널만 공유하기 때문에 가상 컴퓨터와 다르다.

컨테이너는 커널을 통해 기본적으로 접근하는 것과 같이 하드웨어 자원을 효율적으로 활용할 수 있다. 이러한 이유로 컨테이너는 고성능 애플리케이션을 위한 탁월한 솔루션이다. 컨테이너를 생성하고 삭제하는 속도도 빨라 애플리케이션을 독립적으로 신속하게 테스트하는 데 컨테이너를 사용할 수 있다. 컨테이너는 배포를 단순화하고(특히 마이크로 서비스) 이전 절에서 언급한 것과 같은 빌드 서버를 개발하는 데도 사용된다.

8장, '분산 처리'에서 도커를 사용해 파이스파크를 쉽게 설치했다.

도커는 오늘날 가장 인기 있는 컨테이너화 솔루션 중 하나다. 공식 웹사이트(https://www.docker.com/) 지침을 따르는 것이 도커를 가장 잘 설치하는 방법이다. 설치가 끝나면 docker 명령행 인터페이스를 사용해 컨테이너를 쉽게 만들고 관리할 수 있다.

docker run 명령을 사용해 새 컨테이너를 시작할 수 있다. 다음 예제는 Ubuntu 16.04 컨테이너에서 셸 세션을 실행하기 위해 docker run을 사용하는 방법을 보여준다. docker run을 실행하려면 다음 인자를 지정해야 한다.

- -i 인자는 대화식 세션을 시작하려 함을 나타낸다. 대화형 기능 없이 개별 docker 명령을 실행할 수도 있다 (예를 들면 웹 서버를 시작하는 경우).
- -t <이미지 이름>은 사용할 시스템 이미지를 지정한다. 다음 예제에서는 ubuntu:16.04 이미지를 사용한다.
- 컨테이너 내부에서 실행할 명령 /bin/bash는 다음과 같이 나타난다.

```
$ docker run -i -t ubuntu:16.04 /bin/bash
root@585f53e77ce9:/#
```

이 명령을 사용하면 즉시 별도로 분리된 셸로 시스템을 옮겨 호스트 운영체제를 건드리지 않고 소프트웨어를 설치할 수 있다. 다양한 리눅스 환경에서 설치 및 배포를 테스트하는 데 컨테이너를 사용하면 아주 좋다. 대화식 셸에서 작업이 끝나면 exit 명령을 입력해 호스트 시스템으로 돌아갈 수 있다.

마지막 장에서는 실행 파일 pyspark를 실행하기 위해 포트와 분리detach 옵션인 -p와 -d를 사용했다. -d 옵션은 도커가 백그라운드에서 명령을 실행하도록 단순히 요청한다. 대신 호스트 운영체제의 네트워크 포트를 게스트 시스템에 매핑하기 위해 -p <호스트 포트

>:<게스트 포트> 옵션이 필요했다. 이 옵션이 없으면 호스트 시스템에서 실행 중인 브라우저에서 주피터 노트북에 연결할 수 없었다.

다음 코드 조각에서 볼 수 있듯이 docker ps로 컨테이너의 상태를 모니터링할 수 있다. (all을 나타내는) -a 옵션은 현재 실행 여부에 상관없이 모든 컨테이너에 대한 정보를 출력한다.

```
$ docker ps -a
CONTAINER ID IMAGE COMMAND CREATED STATUS PORTS NAMES
585f53e77ce9 ubuntu:16.04 "/bin/bash" 2 minutes ago Exited (0) 2
minutes ago pensive_hamilton
```

docker ps가 제공한 정보에는 16진수 식별자 585f53e77ce9와 사람이 읽을 수 있는 이름인 pensive_hamilton이 포함돼 있으며, 두 이름 모두 다른 docker 명령에서 컨테이너를 지정하는 용도로 사용할 수 있다. 여기에는 실행된 명령과 생성 시간, 현재 실행 상태에 대한 추가 정보도 포함된다.

docker start 명령을 사용해 종료된 컨테이너의 실행을 재개할 수 있다.

컨테이너의 셸에 접근하기 위해 docker attach를 사용할 수 있다. 이 두 명령 뒤에는 컨테이너 ID나 사람이 읽을 수 있는 이름이 올 수 있다.

```
$ docker start pensive_hamilton
pensive_hamilton
$ docker attach pensive_hamilton
root@585f53e77ce9:/#
```

docker rm 명령 다음에 컨테이너 식별자를 주어 컨테이너를 쉽게 제거할 수 있다.

```
$ docker rm pensive_hamilton
```

본 바와 같이 1초도 되기 전에 필요에 따라 컨테이너에 명령을 실행하고 컨테이너를 실행하고 중지하고 재개할 수 있다. 도커 컨테이너를 대화식으로 사용하면 호스트 운영체제를 방해하지 않고 작업을 시험하며 새로운 패키지를 다룰 수 있다. 동시에 많은 컨테이너를 실행할 수 있기 때문에 값비싼 컴퓨팅 클러스터가 없어도 도커를 사용해 분산 시스템을 (테스트와 학습 목적으로) 시뮬레이션할 수 있다.

도커를 사용하면 배포와 테스트, 배포, 문서화 작업에 유용한 고유한 시스템 이미지를 만들 수 있다. 이미지 생성이 다음 절의 주제다.

도커 이미지 만들기

도커 이미지는 바로 사용할 수 있게 미리 구성된 시스템이다. `docker run` 명령은 DockerHub(https://hub.docker.com)에서 사용할 수 있는 docker 이미지에 접근하고 이미지를 설치하는 데 사용할 수 있다. DockerHub는 패키지 관리자가 다양한 애플리케이션을 테스트하고 배포할 수 있도록 즉시 사용할 수 있는 이미지를 업로드하는 웹 서비스다.

도커 이미지를 만드는 한 가지 방법은 기존 컨테이너에서 `docker commit` 명령을 내리는 것이다. `docker commit` 명령은 컨테이너 참조와 출력될 이미지의 이름을 인자로 받는다.

```
$ docker commit <container_id> <new_image_name>
```

특정 컨테이너의 스냅샷을 저장하는 데 이 방법을 유용하게 사용할 수 있지만 이미지를 시스템에서 제거하면 이미지를 다시 만드는 중간 단계도 손실된다.

Dockerfile을 사용해 이미지를 만드는 편이 더 낫다. Dockerfile은 다른 이미지에서 시작해 이미지를 작성하는 방법에 대한 지침을 제공하는 텍스트 파일이다. 예를 들어 주피터 노트북을 지원하는 PySpark를 설정하기 위해 마지막 장에서 사용한 Dockerfile의 내용을 설명하겠다. 전체 파일을 여기 기록했다.

각 Dockerfile에는 FROM 명령으로 선언할 수 있는 시작 이미지가 필요하다. 여기서의 시작 이미지는 jupyter/scipy-notebook이며 DockerHub(https://hub.docker.com/r/jupyter/scipy-notebook/)를 통해 사용할 수 있다.

시작 이미지를 정의하고 나면 패키지를 설치하기 위한 셸 명령을 실행하고 일련의 RUN 및 ENV 명령을 사용해 다른 구성을 수행할 수 있다. 다음 예제에서 Java Runtime Environment(openjdk-7-jre-headless) 설치 및 Spark 다운로드, 관련 환경 변수 설정을 인식할 수 있다. 후속 명령을 실행할 사용자를 지정하는 데 USER 명령어를 사용할 수 있다.

```
FROM jupyter/scipy-notebook
MAINTAINER Jupyter Project <jupyter@googlegroups.com>
USER root

# 스파크 의존성
ENV APACHE_SPARK_VERSION 2.0.2
RUN apt-get -y update &&
    apt-get install -y --no-install-recommends
    openjdk-7-jre-headless &&
    apt-get clean &&
    rm -rf /var/lib/apt/lists/*
RUN cd /tmp &&
    wget -q http://d3kbcqa49mib13.cloudfront.net/spark${
    APACHE_SPARK_VERSION}-bin-hadoop2.6.tgz &&
    echo "ca39ac3edd216a4d568b316c3af00199
        b77a52d05ecf4f9698da2bae37be998a
        *spark-${APACHE_SPARK_VERSION}-bin-hadoop2.6.tgz" |
    sha256sum -c - &&
    tar xzf spark-${APACHE_SPARK_VERSION}
    -bin-hadoop2.6.tgz -C /usr/local &&
    rm spark-${APACHE_SPARK_VERSION}-bin-hadoop2.6.tgz
RUN cd /usr/local && ln -s spark-${APACHE_SPARK_VERSION}
    -bin-hadoop2.6 spark
```

```
# 스파크와 Mesos 설정
ENV SPARK_HOME /usr/local/spark
ENV PYTHONPATH $SPARK_HOME/python:$SPARK_HOME/python/lib/py4j-0.10.3-src.zip
ENV SPARK_OPTS --driver-java-options=-Xms1024M
    --driver-java-options=Xmx4096M
    --driver-java-options=-Dlog4j.logLevel=info

USER $NB_USER
```

Dockerfile이 위치한 디렉터리에서 다음 명령을 사용해 이미지를 만드는 데 Dockerfile을 사용할 수 있다. -t 옵션을 사용해 이미지를 저장하는 데 사용할 태그를 지정할 수 있다. 다음 행의 명령을 사용해 이전 Dockerfile에서 pyspark 이미지를 만들 수 있다.

```
$ docker build -t pyspark .
```

이 명령은 자동으로 시작 이미지인 jupyter/scipy-notebook을 검색하고 pyspark라는 새 이미지를 생성한다.

▌ 지속적인 통합

지속적인 통합Continuous integration은 모든 개발 이터레이션에 걸쳐 애플리케이션이 버그 없이 유지되도록 하는 훌륭한 방법이다. 지속적인 통합의 기본 아이디어는 프로젝트의 테스트 스위트를 매우 빈번하게 실행하는 것이며 보통 프로젝트 저장소에서 코드를 직접 가져오는 별도의 빌드 서버에서 테스트 스위트를 실행한다.

젠킨스Jenkins(https://jenkins.io/), 빌드봇Buildbot(http://buildbot.net/), 드론Drone(https://github.com/drone/drone)과 같은 소프트웨어를 수동으로 설치해 빌드 서버를 설치할 수 있다. 특히 소규모 팀 및 개인 프로젝트의 경우 수동으로 빌드 서버를 설치하는 것이 편리하고 저렴한 솔루션이다.

대부분의 오픈소스 프로젝트는 깃허브^{GitHub}와 긴밀하게 통합되어 저장소에서 자동으로 코드를 작성하고 테스트할 수 있는 트래비스 CI^{Travis CI}(https://travis-ci.org/)를 활용한다. 현재 트래비스 CI는 오픈소스 프로젝트를 위한 무료 플랜을 제공한다. 많은 오픈소스 파이썬 프로젝트는 트래비스 CI를 활용해 프로그램이 여러 파이썬 버전과 여러 플랫폼에서 올바르게 실행되도록 한다.

깃허브 저장소에 프로젝트 등록 지침이 포함된 .travis.yml 파일을 두고, 계정을 등록한 다음 트래비스 CI 웹사이트(https://travis-ci.org/)에서 빌드를 활성화하는 방식으로 트래비스 CI를 쉽게 설정할 수 있다.

고성능 애플리케이션용 .travis.yml 예제를 여기에 설명했다. 이 파일에는 지정한 소프트웨어를 빌드하고 실행하기 위한 지침이 YAML 구문으로 작성한 몇 개의 항목 형태로 들어 있다.

python 항목은 사용할 파이썬 버전을 지정한다. install 항목은 테스트와 의존성 설치, 프로젝트 설정을 위해 conda를 다운로드하고 설정한다. 이 단계가 필수적이지 않지만 (pip를 대신 사용할 수 있음) conda는 유용한 네이티브 패키지를 포함하기 때문에 고성능 애플리케이션을 위한 훌륭한 패키지 관리자다.

script 항목에는 코드를 테스트하는 데 필요한 코드가 들어 있다. 이 예제에서는 테스트와 벤치마크를 실행하기 위해 다음과 같이 제한을 둔다.

```
language: python
python:
    -"2.7"
    -"3.5"
install:
# miniconda 설치
-sudo apt-get update
-if [[ "$TRAVIS_PYTHON_VERSION" == "2.7" ]]; then
   wget https://repo.continuum.io/miniconda/
   Miniconda2-latest-Linux-x86_64.sh -O miniconda.sh;
```

```
else
    wget https://repo.continuum.io/miniconda/
    Miniconda3-latest-Linux-x86_64.sh -O miniconda.sh;
  fi
-bash miniconda.sh -b -p $HOME/miniconda
-export PATH="$HOME/miniconda/bin:$PATH"
-hash -r
-conda config --set always_yes yes --set changeps1 no
-conda update -q conda
# conda 의존성 설치
-conda create -q -n test-environment python=
$TRAVIS_PYTHON_VERSION numpy pandas cython pytest
-source activate test-environment
# pip 의존성 설치
  -pip install pytest-benchmark
-python setup.py install

script:
    pytest tests/
    pytest benchmarks/
```

새로운 코드를 깃허브 저장소에 푸시할 때마다 트래비스 CI가 컨테이너의 시동을 걸고 의존성 패키지를 설치하고 테스트 스위트를 실행한다. 프로젝트의 상태에 대하여 지속적으로 피드백을 얻으며 지속적으로 테스트된 .travis.yml 파일을 통해 최신 설치 지침을 제공받을 수 있기 때문에 오픈소스 프로젝트에서 트래비스 CI를 사용하는 것이 좋다.

▌ 요약

소프트웨어 최적화 전략을 결정하는 것은 애플리케이션 유형과 대상 플랫폼, 비즈니스 요구 사항에 달려 있는 복잡하고 정교한 작업이다. 9장에서는 애플리케이션에 적합한 소프트웨어 스택을 생각하고 선택할 수 있도록 몇 가지 지침을 제공했다.

고성능 수치 애플리케이션은 종종 외부 도구와 네이티브 확장을 처리해야 할 수 있는 서드파티 패키지를 설치하고 배포 관리해야 한다. 9장에서는 테스트와 벤치 마크, 문서, Cython 모듈, C 확장을 포함하는 파이썬 프로젝트 구조화 방법을 살펴봤다. 또한 깃허브에서 호스팅되는 프로젝트를 지속적으로 테스트할 수 있는 지속적인 통합 서비스인 트래비스 CI를 도입했다.

마지막으로 애플리케이션을 독립적으로 테스트하고 배포를 크게 단순화하고 여러 개발자가 동일한 플랫폼에 접근할 수 있게 만드는 데 사용할 수 있는 가상 환경과 도커 컨테이너에 대해서도 알아봤다.

찾아보기

에이콘출판의 기틀을 마련하신 故 정완재 선생님 (1935-2004)

파이썬 성능 높이기 2/e

프로그램 병목 찾기부터 파이썬 구현 선택, 병렬 시스템 확장까지

발 행 | 2019년 1월 2일

지은이 | 가브리엘레 라나로
옮긴이 | 임 혜 연

펴낸이 | 권 성 준
편집장 | 황 영 주
편 집 | 조 유 나
디자인 | 박 주 란

에이콘출판주식회사
서울특별시 양천구 국회대로 287 (목동)
전화 02-2653-7600, 팩스 02-2653-0433
www.acornpub.co.kr / editor@acornpub.co.kr

한국어판 ⓒ 에이콘출판주식회사, 2019, Printed in Korea.
ISBN 979-11-6175-241-9
ISBN 978-89-6077-210-6 (세트)
http://www.acornpub.co.kr/book/python-high-2e

이 도서의 국립중앙도서관 출판시도서목록(CIP)은 서지정보유통지원시스템 홈페이지(http://seoji.nl.go.kr)와
국가자료공동목록시스템(http://www.nl.go.kr/kolisnet)에서 이용하실 수 있습니다.(CIP제어번호: CIP2018037711)

책값은 뒤표지에 있습니다.